日本大败局 II

从珍珠港到中途岛

关河五十州 著

中国出版集团 现代出版社

图书在版编目（CIP）数据

日本大败局 .II，从珍珠港到中途岛 / 关河五十州著 . -- 北京：现代出版社，2020.6

ISBN 978-7-5143-8482-6

I . ①日… II . ①关… III . ①第二次世界大战—史料—日本 IV . ① K313.46

中国版本图书馆 CIP 数据核字 (2020) 第 057007 号

日本大败局 II: 从珍珠港到中途岛

作　　者：关河五十州
责任编辑：张　霆　姚冬霞
出版发行：现代出版社
通信地址：北京市安定门外安华里 504 号
邮政编码：100011
电　　话：010-64267325　64245264（传真）
网　　址：www.1980xd.com
电子邮箱：xiandai@vip.sina.com
印　　刷：固安兰星球彩色印刷有限公司

开　　本：710mm×1000mm　1/16
印　　张：20.25　　　　　　　字　　数：328 千
版　　次：2020 年 6 月第 1 版　　印　　次：2023 年 5 月第 2 次印刷
书　　号：ISBN 978-7-5143-8482-6
定　　价：49.80 元

目 录

东条喜欢把各种芝麻绿豆的小事都记在一本小册子上，还喜欢有事没事经常去翻翻垃圾箱，查一下有没有铺张浪费的现象发生，甚至会去走访鱼店，以便显示自己的亲民。这些当然都没有错，有错的是，东条恰恰对国家的大略方针表现得漫不经心，所以有人说："如果让东条担任村长办事处的户籍吏，是再适当不过的。"

鬼在美国军政两界，不管对麦克阿瑟持有什么看法，有一点，大家是公认的，即不管是战略战术的水平，还是统御大军的能力，麦克阿瑟都可以称得上是那个时代美国陆军中最优秀的将领，因此，从罗斯福到马歇尔，均对之礼让三分。

本海陆军对军官的精神教育完全不同，海军把"协力"作为作战基石，陆军不讲"协力"，讲"竞争"。日本陆军的竞争意识已经深入骨髓，战场上若同时出现两个师团，必有争先恐后的现象。

奎松与麦克阿瑟私谊颇深，奎松夫妇还是麦克阿瑟孩子的教父教母，双方有着割头不换的朋友交情。临别之时，奎松脱下刻有自己印章的戒指，把它套在了老麦的手指上："如果你战死疆场，当他们找到你的尸体时，我要所有菲律宾国民知道，你是为我的国家战死的。"

尼米兹此前担任航海局长，这位局长大人有着惊人的预见力。20 世纪 30 年代中期，在一次家庭成员的私下谈话中，他说他确信美国将同日本和德国大战一场，而这场战争将从残酷的突然袭击开始，并且美军将首先失利。尼米兹甚至神到对金梅尔等人的命运都提前做了预测："华盛顿方面会对海军指挥官感到反感，虽然那并不是指挥官的错，但他们将会被撤职。"

在罗彻福特亲自把控下，夏威夷情报站 24 小时对日本军方的无线电进行监听和破译。到 1942 年春，情报人员的技术越加精湛，他们仅仅根据报务员发报速度的快慢，指法的轻重，就能迅速辨别出究竟是谁在发报。比如，南云的旗舰"赤城"号航母，其报务员的指法就很重，听起来就好像是坐在电键上蹦跶一样，听到这样的信号，情报站马上就能确定"赤城"号在哪里。

第一章 / 世纪豪赌

山本五十六担任日本联合舰队司令时，正好是五十六岁，与他父亲生他的那一年同岁。山本是长冈人，他神采飞扬地问他的同乡好友："你以前曾想过，在长冈这块土地上，也能出一个海军联合舰队的司令长官吗？"

就日本海军军人而言，联合舰队司令不仅是职位，还代表着最高荣誉，山本没有理由不为之欣喜，然而仅隔一年，这种踌躇满志就变成了忧郁纠结，他对秘书说："你将至少三次看到东京被夷为平地，我们在劫难逃。"

让山本陷入焦灼不安的，是当时日本朝野间盛行的一个主张：与德国结盟。

这个结盟可不是光一起拉拉小手、搂搂肩膀那样简单，它是军事同盟，并且矛头直指英、美。换言之，如果日本跟德国成了两肋插刀的铁哥们儿，就得跟美国成为势不两立的冤家对头，而这一点恰恰是山本最为忌惮的。

年轻时，山本曾去欧美进行考察，考察结束，他大发感慨："凭日本的国力，根本不能以美国为敌。在海军建设上，更不能与之进行军备竞赛。"

直到已过知天命的年龄，山本还是这个观点，认为与美国相比，日本的军事力量还差着老鼻子呢，所以绝不能在太岁头上动土，更不能替德国人火中取栗。

因为坚持己见，山本不仅被视为海军里的亲英美派，还差一点儿给自己惹来杀身之祸。

兜裆布

那还是山本担任海军次官的时候，有一段时间，经常有些不伦不类的人跑到海军省，一进门就叫嚷着要见山本。这些人都穿着长至膝盖的和服，蹬着木屐。负责接待的海军省秘书官实松让察言观色，左看右看，都觉得不像是山本的"粉丝"，便把他们引进秘书室，想听听到底对方有些什么要求。

　　没什么特别的要求，程序都是一样的，就是先宣读"劝辞书"，要求山本老老实实请辞下台，如果不干呢，后面还有"锄奸书"，即"替天行道，诛讨山本"，有人甚至扬言第二天就要给山本放放血。

　　在意识到山本有生命危险之后，实松一边设法打发这些不速之客，一边通知山本赶快躲避。山本嘴上还挺硬，说："就算杀了我也没有用，本人深信，即使换上五个甚至十个新的次官，都丝毫不能改变海军的观点和立场。"

　　话虽然是这么说，可是看到外面的人都排着队要他的脑袋，山本心里也是咚咚咚直打鼓。昭和时代，死于刺客之手的军人政客太多了，连首相犬养毅都让人给杀了，偏偏海军省又没有宪兵队，只好靠警察来进行巡逻保护，试想

山本五十六。日本海军联合舰队的灵魂人物，由于担任过驻美国的武官，他对美国有着比其他人更深刻和更清醒的认识，而且其能力在海军中无人能够替代

一下，连首相府的卫兵都救不了首相，几个警察又能顶什么用呢？

　　日本人的习俗，临死前要换新的兜裆布，在被死亡威胁笼罩的那些黑色日子里，山本几乎每天都要换上一块兜裆布，为此，他还写了遗书，秘密藏在海军次官的保险柜里。

　　如果不是执政联合舰队，山本的兜裆布兴许还真派上了用场，之后，他就不存在这种担心了——海军司令可以在海军舰艇上办公，刺客再牛再狠，但也没法混到军舰上去。

　　山本长长地松了口气，笑着对副官说："你看，'长官'（联合舰队司令长官）这个称呼还不错嘛，也挺吃香的。海军'次官'算什么，不过是个高级的勤杂工而已。"

　　山本自己的人身安全虽然有了保障，但是关于日德结盟的争论并没有结束，还在朝着与他愿望完全相悖的方向发展。

　　就在山本出任联合舰队司令官的当天，也就是1939年9月1日，德国突然出

兵波兰，仅仅三周过后，波兰便告整体沦陷。

进入1940年，德军的闪电战更显彪悍，在极短的时间内先后攻下荷兰、比利时、法国等一长溜欧洲国家，并迫使英法军队进行敦刻尔克大撤退。

在缺乏道义的世界里，大家讲究的通常都是一个原则，即"得势叠肩而来，失势掉臂而去"，现在德国如此得势，直把个日本人看得目瞪口呆。

昭和时代的日本，政府不过是橡皮图章，左右这块图章的是陆军。既然有可能跟着德国捡便宜，陆军便抱着"日本不能落伍"的想法，来了个见风使舵，不停地推着政府与德国和意大利进行谈判，以便商议签署三国同盟条约。

此前海陆军一直陷于分裂，山本、原海军大臣（海相）米内光政，加上海军省军务局长井上成美，被称为海军亲英美派的"三驾马车"，这三人公然与陆军唱反调，成为日本迟迟无法与德国结盟的一个重要原因。

到了1940年，"三驾马车"已经分崩离析，米内辞去了海相一职，井上也被调去中国战场，担任了舰队参谋长，在海军高层，唯一能够说得上些话的，只剩下一个山本。

签约之前，现任海相及川古志郎在东京召开了海军首脑会议。与"三驾马车"不同，及川是一个信奉"和为贵，忍为高"的人，有人揶揄他说，就是有一只咬人的狗扑来，及川也会绕道躲避。

这样的人当然是多一事不如少一事，更不愿意继续与陆军闹别扭。说到底，大家都是给天皇打工的，一天少不了你三顿饭，有什么必要去惹那些闲气？

及川主持的这次海军会议，名为征求意见，实际上是向陆军妥协，为签约扫清道路，所以还没展开充分讨论，他就提前定了调："如果海军继续反对结盟，势必导致政府内阁总辞职，作为海军来说，是负不起这样重大责任的。希望诸位最好表示赞成。"

这话一抛出来，分明就是只准举手，不让说话的意思。众人你看看我，我看看你，都不敢言语了。山本见此情景，首先站起来说："我任海军省次官时，就看过军用物资的进口计划，上面80%都来源于英美，如果与德意缔结了同盟条约，势必要失去这一来源，那么，我们用什么办法来弥补这一损失呢？"

及川听了无动于衷，只是一个劲儿地重复他那车轱辘话，也就是意见可以保留，举手还是照旧。

山本的忧虑有没有道理？当然有道理，但是与会官僚大多跟及川差不多，属于做一天和尚撞一天钟的类型，像山本这样，就算是丢下块砖头瓦片，都要求一片片着地的认真主儿，又能有几个，于是在及川的主导下，会议很快呈现出一边倒的趋势，山本成了孤家寡人。

会议结束后，及川向山本表示抱歉："事情也是迫不得已，在三国结盟这件事上，政府和天皇都已做出决定，我们只能执行命令。请多原谅吧。"

山本不听这话还好，一听更加气愤："难道一句原谅就算了吗？"

1940 年 9 月 27 日，德、意、日三国政府的代表在柏林正式签署了三国同盟条约。

日本选择与德国结盟，并不是真的想马上与美国翻脸，恰恰相反，它是要刺激美国，逼对方跟自己多亲近亲近。

孰料，在美国人的眼里，英国和欧洲国家才是关系最铁的哥们儿，平时或许瞧不出来，你经常会看到他们拌拌嘴、吵吵架什么的，只有到了危难关头，人家那种"你吃饭我喝粥，你喝粥我喝水"的真情就出来了，这哪是日本能比得了的。

德国是英法不共戴天的敌人，现在日本又与德国成了盟国，自然美国就不会对日本有什么好感。当时的美国报纸宣称，"日本已用政策做出决定，要与我们为敌"了。

美国国民注视日本人的目光一天比一天冷淡，物资禁运措施也越来越苛刻，山本的担心逐渐成为现实。

山本在给同学的信中愤然写道："现在才感到美国的压力，未免为时太晚了吧！这不正像一个小学生只图一时的痛快，而盲目从事吗？"

不过，在说出这一番话的时候，山本的内心其实已经迸发出了另外一个念头。

战争就是赌博

实松回忆，有一天他和山本在办公室闲谈，山本突然问他："实松，有没有认真考虑过向美国开战？"

以日本海军的现有实力，要主动同美国交战，无论是对山本自己，还是对日本海军，都无异于一场赌博，而山本业余生活的一大嗜好，恰恰就是赌博。

在考察欧美的那趟行程中，山本曾特意到赌城摩纳哥去了一趟。在赌场，他每场必赢，赢得赌场老板都要哭了，不得不禁止他进场。据说这是赌场开设以来，第二个因赌技过于高超而被限制入场的人。

山本对此扬扬得意，夸口说："如果给我两年时间游遍欧洲各地，我能赚到建造一艘战舰的费用。"

结束考察回国，山本担任轻巡洋舰"五十铃"号的舰长，"五十铃"号舰上赌博成风，就连操练时间，都有许多军官聚在一起偷偷打麻将，前任舰长屡禁不止。

跟前任不同，山本遇到下属赌博，不仅不批评，还会笑嘻嘻地站在一旁观战。军官一看，这个长官好，多有人情味，于是赌博的时候也不避着山本了。

当时舰上的人都不知道山本是赌博高手，他故意装作对麻将一窍不通的样子，并向部下请教如何玩法。

听完讲解，山本兴致勃勃地卷起了袖子："好像也不难嘛，我试试。"

几天之内，喜欢赌博的军官的口袋都空空如也，活活地被山本给掏空了。

这下大家傻了眼，想赌都没钱啦。山本将全舰官兵召集到一起，把赢到的钱悉数归还给每个军官，然后正色宣布："我这几天陪诸位玩了个够，我也非常喜欢玩麻将，但是我决定从今天开始不再玩了，请你们自律！"

"五十铃"号的赌风被刹住了，山本的赌术之高也由此尽人皆知。

与一般赌徒不同的是，山本不会单纯为赌而赌，为玩而玩，他把赌博引申到了一种人生哲学，常说的一句话是："战争就是赌博。"

日德结盟之前，山本曾冒着各种危险竭力表示反对，但在事实既成之后，他决定破釜沉舟，索性赌一把大的："我们要同美国打仗，要做好向全世界挑战的准备……"

上了赌场就是要赢钱，山本首先想从美国人手里赢到的，是珍珠港。

珍珠港位于夏威夷群岛之上，是美国在太平洋上的主要海军基地，素有"太平洋心脏"之称。由于战略地位显要，它很早就成为日本海军的假想打击目标，山本还在海军大学读书的时候，学校的兵棋演习课目里，就有袭击珍珠港这一章。

理论毕竟是理论，到了现实之中，还得是山归山，水归水，土归土。日本海军的假想敌一直是美国，每年制订作战计划，也都把与美国海军作战放到头等重要的位置，但是计划内容不管如何增减，从来没有人提到过珍珠港。

因为在大多数人看来，袭击珍珠港是不可想象的，从1939年开始，美国就把常驻西海岸的太平洋舰队调往珍珠港，

在夏威夷的美国巡洋舰。照片源自美国《生活》图片库，拍摄于1941年的夏威夷

港口巨舰密集，在这种情况下，防它还来不及，你还能偷袭？

日本海军的对美作战计划被称作"正统的战略思想"，它复制于日俄战争时期的对马海战（又称日本海海战）。在那一战中，日本海军由联合舰队司令东乡平八郎指挥，采用以逸待劳的战术，一举摧毁了俄国波罗的海舰队。

对马海战成了日本海军的经典，乃至于从海军大学到各舰队，绕来绕去都离不开"以逸待劳"这一招，即便袭击珍珠港，其主旨也不在袭击本身，而是为了诱使港口里的美国舰队出战。

有一次日本海军大学举行毕业典礼，天皇出席。为了给天皇助一助兴，海军方面便特意举行了沙盘作战演习。演习中，日本海军采用"正统的战略思想"，先集中力量攻击美军控制下的菲律宾，在诱使美国海军来援后，再与之进行舰队决战。演习末尾，美国太平洋舰队被打得落花流水，军舰一艘接一艘沉入海底。

现实里的战争，其实是一场场无法回放的绝版电影，甚至有可能演习中有多拉风，真打时就有多狼狈。这种连野猪都骗不过的假大空，让山本等人看后忍俊不禁："这不是把天皇当成傻瓜吗，拉洋片给他看哪？"

山本十分崇拜东乡平八郎，但这并不意味着会墨守成规，他要按照自己的想法走一条新路。

1940年11月，山本向海相及川提交了袭击珍珠港的初步计划，同时还掏心窝子地当面表示，他愿意辞去联合舰队司令官一职，只求担任袭击编队的司令，亲自率队进行袭击。

到 1941 年初，突袭方案在山本的脑海中已经最后形成。在对马海战中，东乡平八郎升起过"Z"字旗，为了向自己的偶像致敬，山本便将突袭计划定为"Z"计划，史学家称之为"山本计划"。

"Z"计划虽已新鲜出炉，可是它起初引来的不是掌声，而是倒彩。

红舞鞋

海相及川的态度和他的为人一样，从来都是模棱两可，这还可以理解，最为糟糕的是，即便在联合舰队内部，也没有几个人对"Z"计划表示认同。

不认同有不认同的道理，从 1941 年 5 月起，美国太平洋舰队的绝大部分军舰都停泊在了珍珠港，仅水面舰艇就猛增到一百多艘，看上去黑压压的，别说打，就算是拿手指碰一碰，都会烫到起泡。

山本对这些当然不会不予关注，但他这个人，红舞鞋要不就不穿，一旦穿上，就一定要不停地跳下去。

1941 年 6 月，山本主持了一次对美作战的图上演习。与历次演习一样，攻击菲律宾总是百试不爽的一块固定甜点，然而还是有人发现，作战方案中竟然没有使用大型航母。

一问才知道，山本把大型航母都用到了珍珠港，此人惊呼："这完全是冒险，真是个赌徒！"

联合舰队的高级将领大多觉得不靠谱，弄到后来连"Z"计划的具体执笔者都动摇起来，当面对山本说："日本去进攻菲律宾或其他地方都是可以的，就是不能去攻击珍珠港。"

就在众人议论纷纷、莫衷一是的时候，日美矛盾呈现出继续恶化的趋势。6 月 5 日，近卫内阁在御前会议上正式做出决定，要对美国开战，不过在此之前，仍会同美国进行谈判。

裕仁对此非常生气，认为谈判成败还是个未知数，怎么就能决定对美开战呢？他将陆军参谋总长和海军军令部长召到皇宫，一人数落了一通，还尖着嗓子念了一首他祖父明治天皇写的两句诗："四海之内皆兄弟，为何风雨乱人间？"

　　两位大臣诺诺而退，可是最终并没有采取任何措施。其实事情明摆着，虽然说要谈判，但大臣都知道，这样的谈判很难有什么实际结果，因为双方缺乏利益交合点，最后撕破脸打架是必然的，天皇实在把未来的画面想得太小资了。

　　7月，日本大举"南进"，出兵占领印度支那南部，此举犹如用刀尖顶住了英美的喉咙。美国立即做出强烈反应，先是冻结日本在美国的全部资产，接着又宣布禁止向日本出口石油。

　　日本的石油主要依赖进口，"南进"说白了，就是去找石油的。没想到，南洋石油还没见到影子，美国却先下手为强，提前把石油脐带给弄断了。

　　美国此举，犹如给日本那受伤的小心灵上又插了一把瑞士军刀。在实施石油禁运后，日本海军的石油储藏量仅能维持一年，高速运转的舰队眼看就要停摆了。二战结束，日本那些史学家每回扯这些闲篇，都能悔恨到把自个儿胸口给捶青了。

　　事情闹到这个份儿上，究竟是吊桶落在井里，还是井落在吊桶里，一定得有个说法了，否则对大家都是一个折磨。1941年9月6日，近卫内阁再次召开御前会议，提出到10月上旬为止，如果日美还不能在谈判中达成协议，日本就要对美开战。

　　会后，日本海陆军开始加紧备战，关于作战计划的讨论也逐渐进入关键时期。

　　10月3日，联合舰队的两名高级将领专程前去拜见山本，两人在战术思想上并不保守，属于和山本一样的创新派，但他们又都认为，即将开始的对美之战关系到日本的国家命运，"切不可抱侥幸投机心理，更不应该像对待赌博一样地对待它"。

　　山本听完陈述，做了一个假设："我们去打菲律宾，如果太平洋舰队从东面空袭日本本土，该怎么办？你们愿意东京、大阪变成一片焦土吗？"

　　山本说只要他做联合舰队司令一天，就绝不会放弃偷袭珍珠港的计划，他还用轻松的口气回应外界的"赌博论"："再不要因为我喜欢玩桥牌、扑克，就把这说成是什么抱侥幸心理，是投机赌博了。"

　　屋宽不如心亮，山本口才出众，语言感染力强，加上他本人在联合舰队又拥有强大的号召力，所以在珍珠港一战上，联合舰队内部很快达成了一致。

　　相对于下属，说服上级和同僚，显然要困难得多。日本海军是一个三位一体的结构，由海军省、军令部、联合舰队三部分组成，职责上大体分别为内务管理、计划、作战。

及川所在的海军省态度如何，对于"Z"计划来说，倒并不是最重要的，最重要的是负责计划的军令部得通过。

山本早就把"Z"计划递送军令部，但是军令部作战课长富冈定俊始终不肯在计划上签字。

富冈问了山本两个问题，第一个问题："一个庞大的偷袭编队，要跨过半个太平洋，很难保证不被美军发现。一旦被发现，这支舰队便可能成为对方的鱼口之食，到时怎么办？"

第二个问题："你怎么知道偷袭时，太平洋舰队的主力正好都停泊在珍珠港里，万一不在呢？"

山本没有正面回答这两个问题，他只坚持一条："同美国作战，本身就没有取胜的希望。明知如此，还要坚持硬打的话，就必须在大战的一开始，就先发制人地摧毁对方主力，使之半年内无法投入西太平洋的作战，要不然，这场战争就无法进行。"

经过一番唇枪舌剑，富冈答应提前举行海军大学的例行图上作业，以便推演"Z"计划。

既然山本把他的计划说得如此神乎其神，大家也都想看一看，这颗蛋是不是真有那么足的分量。

战争内阁

不同于以前的走过场，这次图上作业非常认真。模拟美军的指挥官是一位美军通，对美军战术很有研究，他得到的指示是，演习中不要有所顾忌，要放开手脚，把日军当真敌人打。

推演一共进行了两次。第一次，袭击失败了。第二次，总裁判终于做出裁定：袭击成功！

图上作业一结束，山本马上要求军令部再次批准"Z"计划，他声称，如果这次计划还是无法通过，他宁愿辞去联合舰队司令一职。

"Z"计划获准的这一天是 1941 年 10 月 19 日，之前的一天，东条英机完成组阁，以现役军人的身份，同时担任首相、陆军大臣（陆相）、内务大臣（内相）三大要职。

平心而论，东条在处理琐碎事务方面是能干的，而且也很努力，但他缺乏大局观，并非经纶天下之才。有观察家评价道，在当时世界上的领导人中间，东条的天赋和能力是最差的。

东条喜欢把各种芝麻绿豆的小事都记在一本小册子上，还喜欢有事没事经常去翻翻垃圾箱，查一下有没有铺张浪费的现象发生，甚至会去走访鱼店，以便显示自己的亲民。这些当然都没有错，有错的是，东条恰恰对国家的大

时任日本首相的东条英机，他出身陆军，有"剃刀东条"的称谓，在对美问题上坚决支持对美开战

略方针表现得漫不经心，所以有人说："如果让东条担任村长办事处的户籍吏，是再适当不过的。"

在他组阁后，有一位大臣进谏："我认为担任一国总理大臣的人，看看垃圾箱，拍拍鱼店伙计的肩膀，这类事太不像样子，以后还是别那么干的好。"

这话惹怒了东条，他听后大为光火："照样干！"

东条还特别容易感情用事，为此曾得到一个著名的评价："在东条的头脑里没有脑髓，只有感情。"

这个人说好听点，叫作爱憎分明，说难听些，就是狭隘刻薄。从东条在近卫内阁中担任陆相起，凡是对他没有好感的人，不是被贬到地方，就是赶到国外。在陆军中，跟他意见不一的石原莞尔、多田骏都相继被免去现役军职，就连大名鼎鼎的板垣征四郎也差一点乌纱帽落地。

不过在那个时代，东条却在日本国内拥有极高的支持率。推荐东条组阁的元老重臣只闻东条之大名，却搞不清他的政治倾向，别人问为什么推荐东条做首相，他竟然回答："希望东条能抑制陆军内部的主战论，避免战争的爆发。"

靠东条来抑制战争，那真是开玩笑，因为一直以来，东条正是陆军中强硬派的

代表，他在组阁初期，就已下决心要对英美开战了。

在一次宴会上，东条无意中说出了这样的话："如果说因为国力不够，不能对英美开战，那是没有办法，但是假如能够战的话，绝对要开战的。"

接着他又得意扬扬地说："对英美开战这件事，即使是小孩子也都在热烈地盼望着，我收到两封民众来信，他们无论如何都希望我实行战争呢。"

知道东条热衷战争，陆军内部的一些所谓有识之士都想予以阻止。有谋略家之称的石原一提到东条的名字就破口大骂："说是为了石油才开战，天下有这种傻事吗？就算是占领了南洋，以日本现有的船舶量，别说是石油，就算是橡胶和大米，也没有办法运来日本啊。"

还有人从另外一个角度出发，认为如果和英美开战，就正好中了蒋介石的圈套，还不如和美国妥协，先解决"中国事变"（侵华战争）再说。

东条对这些反对意见深恶痛绝，不仅一句话听不进去，还恨你恨到骨头里，一有机会就给提意见的人穿小鞋。到了最后，东条内阁也就成了他一个人的内阁，一个名副其实的战争内阁。

自组阁之日起，东条内阁便连续召开会议，商讨对美作战方案。东条的前任近卫曾做过一个决议，说到10月上旬为止，谈判不成便开战，但那只是近卫的一种恫吓策略，看着好像是火星，其实不过是夜间坟地飞出的一丝磷火罢了。

与文臣出身的近卫不同，东条是真敢干，真要干。1941年11月5日，御前会议决定，如果在12月1日0点以前，对美谈判还不能取得成功，便对美发动武装进攻。

在接到海军军令部的命令后，山本正式将开战日定为12月7日，并任命南云忠一为偷袭舰队司令官。

11月20日，由31艘军舰组成的庞大攻击编队在单冠湾进行秘密集结，这是自日俄战争以来，日本联合舰队最大规模的一次集结。此前，任何一艘舰只都不知道调动它们的目的，一位记者如此描述："即使是最富于想象力的舰长，也料想不到作战任务竟然是远征3500海里去偷袭夏威夷。"

11月26日，随着旗舰发出信号，日本海军舰队驶出港湾，向夏威夷开去。

野鸭子

遥想当年，在决定对俄国舰队出击之前，东乡平八郎向大本营拍发过一份电报，在电文末尾他说道："今天天气晴朗，但海浪很高。"对马海战结束，东乡的这句话遂成为日本人津津乐道的名言。

12月3日，南云舰队收到山本发出的电报："攀登新高山一二〇八"。同样是"高"，站在前辈的肩头，山本追求的是更上一层楼，他要求南云按原计划于12月8日发起攻击。

12月8日是东京时间，美国东部时间为12月7日，这就意味着，一场世纪豪赌正式开始了。

海军的山本，陆军的东条，两人都以日本国运为赌注，但他们赌博的手段和方式又截然不同，概而言之，东条用感情，山本则更多地用头脑。

有人说赌博纯粹靠运气，山本则认为这种看法很不全面，运气之外，科学的计算也十分重要。据他说，他在摩纳哥的那次赌博，就运用了高等数学进行计算，所以才能做到每场必胜。

在"Z"计划得到批复之前，军令部曾用两个问题来质问山本，虽然山本当时都未做出正面回应，但他很清楚，要确保偷袭成功，这两个问题就绝不能回避，必须一个个予以解决。

如何解决，就得算哪。怎么算法，你得先扳手指头，如果手指头不够用的话，再加脚指头，总之，一定要算到算无可算为止。

头一个，要确保不被美国发现，这里面至为关键的是选择合适的航线。

从日本本土到珍珠港，共有北、中、南三条航线，三条航线各有利弊，相对于北航线来说，中、南航线距离珍珠港

1941 年早些时候在夏威夷锚泊的美国战列舰

较近，且气候适宜，缺点是往来商船频繁，容易被发现。

山本算来算去，最终还是选择了北航线。之前的两次图上推演，用的都是这条航线，在第一次推演失败后，模拟日军的指挥官曾面带难色地对山本说："北航线有很多危险，一有差错，必然会造成重大损失。"

山本拍着自己的胸脯鼓励他："不必担心，一切责任都由我来承担。"

剩下的，就是要知道，太平洋舰队的主力究竟什么时候在珍珠港，如果等南云舰队好不容易到达珍珠港，港口内真的空空如也，那就要闹国际笑话了。

要解答这个问题，不光要算，还要了解对方。早在"Z"计划尚未成形之时，山本就从海军情报局物色了一名叫作吉川猛夫的间谍，专门潜入珍珠港搜集情报。吉川是退役海军军官出身，原本并非职业间谍，但此人胆大心细，应变能力很强，经过长期观察，他逐渐掌握了美国太平洋舰队的活动规律，并发现了其藏身之处。

吉川激动万分地描述道："这是我从来没有见到过的舰队大集合，那么多舰艇，既没有烟，也没有噪声，静静地停泊在海面上，海水闪着耀眼的白光。"

吉川说，在那一刻，他突然联想到了在家乡打野鸭子的往事，而眼下的情景正同当年打野鸭子一模一样，于是他不禁在心里喊道："我可发现了大批野鸭子！"

山本急于知道的是，这些"野鸭子"会在哪一天集中于港内。

吉川回答：星期天！

山本把开战日定在12月7日，正是依据了吉川所提供的情报，同时他还考虑到，星期天美军值班人员休假最多，戒备也最为松懈。

尽管山本挖空心思，把"Z"计划修订到了他认为最完美的程度，但是与赌桌上的游戏相比，战争中不可预料的因素和环节实在太多，所以自南云舰队出发后，他的心就一直悬在半空之中。

很多人认为北航线危险，首先提及的就是海上气候。过去10年的统计资料显示，每到12月，北太平洋的天气就特别恶劣，一个月里面，只有7天是好天气，余下的全有暴风雨。

幸运的是，南云舰队沿途没有遇到任何大风大浪，山本喜不自禁："天助我也！"

山本不顾种种不利条件，执意选择北航线的一个重要原因，是美国巡逻机不会对这一带进行巡逻，就像完全敞开一样，而且很少有商船会经过北航线，便于南云舰队隐蔽接近珍珠港。

可万一有商船经过，且发现舰队呢？那就各种无趣了。

山本为此制定的预案是，不准主动攻击，只有在受到攻击时，才予以还击。

俗话说得好，怕什么就可能来什么。1941 年 12 月 5 日，南云舰队还是与一艘商船迎面而遇了。

南云十分紧张，虽然他遵照山本的预案，未向商船主动攻击，但仍密切监视着对方，并做好准备，一旦发现商船用无线电报告舰队的行踪，马上在 3 分钟内将它击沉。

不知道商船是怎么想的，反正它过了一会儿，就不声不响地开走了，也替南云除去了一块心病。

由于路途较远，南云舰队必须进行中途补给。当天，该舰队完成了最后一次加油，整个舰队升至一级警戒状态，并接到山本的训令："皇国兴废，在此一举，望全体将士努力奋战。"

这是山本模仿东乡平八郎的口吻，向南云舰队发出的战争动员令。南云立即将电文用灯光信号的方式，通报全舰队，然后在旗舰"赤城"号航母的桅杆上升起了"Z"字旗。

36 年前的对马海战中，东乡在旗舰上升起的也是"Z"字旗，这已经成为日本海军胜利的标志。山本没有重复东乡的打法，但他一心企盼的，是要重演东乡的辉煌。

12 月 6 日，经过长达 12 天的航程，南云舰队终于抵达珍珠港以北的预定海域。

第二天就要动手了，山本彻夜难眠，便找来一个参谋陪他下棋。山本的棋术和他的赌技一样高超，通常情况下都是只赢不输，可是那

前往偷袭珍珠港的日本航空母舰

天晚上臭着迭出。参谋发现不妙，急忙偷偷让棋，但山本还是一副坐立不安、神不守舍的样子。

无独有偶，战后据东条的夫人回忆，当天深夜，她丈夫的卧室里传来了哭声。她起身打开走廊的门，窥视丈夫的房间，只见东条正坐在被褥上面，面向皇宫哭泣。

没办法，珍珠港的这场赌局实在太大了，作为策划者和总指挥，不管是山本还是东条，他们都输不起，这个时候，想做到不失态都很难。

自始至终，这两个人最为关心的是：美国人究竟在想些什么，南云舰队的行踪会被发现吗？

玩聊斋的水平

事实是，即便南云舰队已经杀到眼前，美方仍无一个人认为珍珠港存在危险。

难道美国的情报机构瘫痪啦？当然不是。

二战结束后，日本惊讶地发现，当时的美国政府几乎破获了日本外务省的所有密码电报，尤其在珍珠港遇袭前的 4 个月里，日本外务省与驻外使馆来往的绝密电文中，竟有 108 封被美国方面破译，其范围之广，涉入之深，令人瞠目结舌。

美国针对日本的这次情报战，由罗斯福亲自下令实施。密码分析专家仿制德国发明的猜谜机，成功地制造出专门破译日本外交密码的机器，称为"紫色"，代号"魔术"，根据破译结果写成的报告则被称为"魔术情报"。

罗斯福早就从"魔术情报"中获悉，如果日美谈判不能成功，日本便将在 12 月 1 日后对美发动进攻，为此，他专门在白宫召集会议，并提醒众人："12 月 1 日最危险，日本惯用偷袭伎俩，需要加紧研究对策。"

12 月 1 日这一天并没有出现任何风吹草动，不过罗斯福相信，日本早晚还是要动手。按照战争常规，两国交兵，先发制人总是最有利的，但此时的美国舆论还不允许政府这么做，所以最后罗斯福得出的结论是，不能开第一枪，要让日本首先发动攻击。

日本会首先进攻哪里呢，通过对"魔术情报"的分析，美国政府认为，包括菲律宾在内的东南亚是第一目标。

美国人太依赖"魔术"了，他们不知道这东西有时也会反过来制造错觉，从而遮住他们的视线。

东条既不笨也不傻，在发现美国对本国的外交政策了如指掌，几乎是未卜先知后，他马上意识到，外务省的密码电报对美国人来说，可能早已不是什么秘密了。

日本政府于是做出规定，不允许再使用外务省密码来拍发高度机密的对外电报，这样一来，罗斯福得到的"魔术情报"虽多，但这些情报的价值其实已大打折扣，里面甚至找不到偷袭珍珠港的只言片语。

担任间谍的吉川一共向海军情报局拍发了不下 50 封电报，其中只有 3 封被美方破译，而所有这些电报里面，也没有透露关于偷袭行动的一个字。

山本更吊诡，战前他索性给联合舰队制定了一套全新的作战密码，其构成非常复杂，仅发报用的密码就有 10 万个词，短期内"魔术"根本破译不出。

都是千年的狐狸，玩聊斋的水平自然是一个赛过一个，除严格防止电报泄密外，东条和山本还绞尽脑汁地使出了一系列的障眼法。

就在南云舰队进行秘密集结的时候，东条内阁加派外交官来栖三郎为特使，赴美参与谈判。不过在来栖临行之前，东条却没有告诉他，海陆军其实已经开始行动，这么做，实际上就是为了把戏演得更逼真，好让美国放松警惕。

来栖一个人被压在缸底下，由于不知道真相，其演出便十分地接地气。来到美国的第一天，新闻记者问他，日美是否会发生战争，他马上理直气壮地回答："日本不会做出那样的糊涂蠢事！"

在谈判中，来栖对美国的态度，也完全是"天上下雨地上流，小两口吵架不记仇"，就是好商好量的意思，根本看不出一点要动武的迹象。

来栖这种足以比拼"奥斯卡影帝"的演技，让美国人气急败坏，可是来栖当时确实什么都不知道，他完全是本色出演。

事后，日本陆军省军务局长武藤章颇为自得地透露："在来栖特使出发的时候，我们对战争的决心和准备就已完成。派遣来栖特使这件事，就是为了遮掩战争，现在看来，是收到了很大功效。"

东条是选派演员，山本则是导演、主演兼一身。

联合舰队的电报密码虽然已全部更换，但无论使用什么样的密码，只要发出电波，对方就可以用测定无线电方位的办法，来迅速判明舰船的所在地点。

怎么办？山本让南云舰队装哑巴，在全部关闭无线电后，实行只收不发，与此同时，他将所有参战舰船上的电台、通信军官都留给后备教练大队，指使教练大队频繁拍发旧电码，有的没的说一大堆，由此炮制出大量的假电报。

美国人果真上了当，就在南云舰队出发的当天，美国海军情报局还以为他们停泊在日本南部内海哩。

尽管如此用尽心思，但山本仍旧认定，这次行动要想达到偷袭目的，只有50%的可能。

除了天气恶劣、遭遇商船等因素外，山本最担心的是一个人——对方主将金梅尔。

南辕北辙

美国太平洋舰队司令金梅尔是经历过一战的老兵，此人精力充沛，工作起来一丝不苟，被视为美国军人的楷模。罗斯福对他十分欣赏和器重，不惜越过31名级别更高的军官，将金梅尔晋升为海军上将，使他成为美国海军中仅有的几个四星上将之一。

在接管太平洋舰队之前，金梅尔把妻子留在加利福尼亚，以便集中全部时间和精力进行战斗准备。早在几个月前，他就断定，美日之战将是板上钉钉的事，随后，他收到了美国政府发出的战事警报，这更证实了他的判断。

对金梅尔的精明能干，山本是有所预料的，在给南云等指挥官饯行时，他曾郑重地告诫部下："金梅尔是一位有远见卓识的人物，具有鹰犬般的警惕性，万不可等闲而视之。"

山本估计，金梅尔很有可能会对这次偷袭有所准备，并事先采取周密的警戒措施，如果是那样的话，南云舰队就不得不采取强攻手段了。

金梅尔的确没有闲着，时至1941年12月6日，他完成了全部备战任务，太平洋舰队也已举起刀枪剑戟，随时准备进行反击。

可惜的是，这些刀枪剑戟对准的方向错了。

与美国政府一样，金梅尔受到了"魔术"的误导，他以为，日本一定要通过攻占东南亚来点燃战火。

基于这一认识，金梅尔一方面加强了中途岛等前进基地的防守力量，另一方面把太平洋舰队集结于夏威夷，这样可以在开战后把损失减少到最低限度。

山本为了隐蔽南云舰队的行踪，做足了手脚，但到 11 月底，有着"鹰犬般警惕性"的金梅尔还是发现，日本航母主力已经离开本国水域，突然消失得无影无踪了。

美国太平洋舰队司令金梅尔，刊登于 1941 年 12 月 15 日的《时代》周刊封面

对此，金梅尔一笑置之：没经验还要装黑社会，你们这么半夜三更，熬油费火的，以为我不知道，不过是下南洋，准备去打菲律宾罢了。那就等你们先发动吧，我在夏威夷的舰队主力接着就会让你们尝一尝，什么叫作上午闹得欢，下午拉清单！

认知上的错位，不但使金梅尔在备战方面南辕北辙，而且让他在心理上变得十分麻痹轻敌。岂止是金梅尔，当时许多美国海军将领都深信，一旦美日战争爆发，只需几个小时，美国舰队就可以把日本舰队整个儿端掉。

12 月 2 日，也就是山本下令南云舰队"攀登新高山"的前一天，金梅尔的情报官向他报告，说日本的航母仍然不见踪影。

金梅尔没有表现出任何不安，他用开玩笑的口吻对情报官说："不会是他们此时此刻正在绕过钻石角（位于檀香山东南方的一个海角），而你还不知道吧？"

情报官亦报之以一笑："先生，我希望现在就能发现他们。"

山本选择的偷袭时机太好了。1941 年 12 月 6 日晚，对于太平洋舰队的官兵来说，是一个愉快的周末之夜，所有返航的战列舰整齐地排在珍珠港内，岸上灯火通明，热闹非凡，整个舰队完全解除了武装。

另一边，却是磨刀霍霍，杀机毕露。

12月7日7点53分，远在3000海里以外的山本收到电报："托拉，托拉，托拉。"这三个重复的密码为日文的"虎"字，即"虎，虎，虎"，暗语为"业已偷袭成功"。

在收到电报之前，山本已经一个晚上没有合眼了，这封电报终于让他展眉一笑，紧绷的神经也逐渐松弛。

这个时候偷袭行动其实还没有开始，发出这份电报的也不是南云，而是已飞至珍珠港上空的舰载机编队。

作为海军高层的革新派，"航空制胜"是山本的一贯主张。他认为飞机将是海战的决定性力量，因此在海军航空队的发展上不遗余力。据说有一次开会，东条英机抢先发言，大吹了一通陆军的飞机性能如何如何优越。等他的发言暂告一段落，山本突然搭话："是啊，太了不起了，你们的飞机竟然也能飞了，真是件了不起的事情。不过，你可别忘了，提到海陆军的飞机，人们常说的一句话是，海上的雄鹰，陆上的鸡。"

听者哄堂大笑，全场只有两个人不笑，一个是东条，另一个就是山本。

在海军主力舰对比上，美强日弱，这是很明显的，所以在偷袭珍珠港的行动中，山本不打算以舰对舰，他要以机对舰，也就是通过大规模使用舰载机来攻击太平洋舰队。

舰载机编队由攻击队队长渊田美津雄指挥。渊田曾是第三航空战队参谋，开战前，他突然被任命为舰载机飞行队长，从职务上看，这是降级了。

因过而贬很正常，可我好像没犯什么错啊，渊田颇感疑惑不解，而当他前去赴任时，迎接他的军官又表现得十分羡慕，好像他已连升三级一般。这是怎么一回事？

经别人解释，渊田才知道，"贬"他之人是大名鼎鼎的山本。

就任联合舰队司令官一个月后，山本曾举行过一次演习。演习中，一支飞行队对他的旗舰紧追不舍，所发射的训练用鱼雷更是弹无虚发，颗颗命中。

山本对这一切看得清清楚楚，他自言自语："照这个水平，难道还不能攻击珍珠港吗？"

演习结束，山本得知，这支飞行队的队长叫渊田。等到"Z"计划完成，山本着手挑选攻击队队长，有人又向他推荐渊田，山本略加思索后会心一笑："那就让他好好地大干一场吧。"

显然，渊田的调任不是贬职，而是重用，在半年之内，他要完成对偷袭珍珠港的强化模拟训练。

渊田的训练要求非常苛刻，飞行员必须在 20 米的高度发射鱼雷，这是因为珍珠港的水浅，只有 12 米，如果从通常高度投放鱼雷，它就会一头扎进水底。

飞着飞着，突然把高度降到 20 米，对飞行员来说，简直相当于在自杀。最初训练时，飞行员无不胆战心惊，地面的居民也被吓得要死——鱼雷机突然出现，之后一架接着一架，几乎擦着屋顶掠过，连晾衣服的竹竿都给震倒了。

居民把这种发疯式的飞行训练叫作"海鹫杂技"。"海鹫杂技"正合山本之意，他对渊田说："珍珠港此战关乎帝国命运。联合舰队必须做好 100% 的准备，而绝不是 99%。"

经过严格训练的飞行员个个跃跃欲试，从南云舰队的航母上起飞后，他们就恨不得立即将珍珠港内的舰船大卸八块。可是实战毕竟不同于训练，从刚一开始，编队就出现了意外。

揪心的一幕

山本事先规定了两种偷袭次序。第一种是突袭，鱼雷机在前，轰炸机在后。第二种是强攻，轰炸机在前，鱼雷机在后，缺点是轰炸机轰炸时会升起硝烟，容易妨碍鱼雷攻击。

假如不被美军发现，当然最好是采用突袭的打法，但是，由于不能用无线电下达命令，渊田只能用打信号弹的办法，来进行通知。结果，轰炸机编队理解错误，首先对珍珠港机场实施了俯

珍珠港事件时起飞的日本攻击机（"翔鹤"号）

冲轰炸。

仅仅几分钟时间，机场上的美军飞机便被炸得支离破碎，其防空能力遭到彻底摧毁。有几架飞机侥幸起飞成功，不久也被早有准备的日本零式战斗机击落。

不过让轰炸机这么一冲动，原先的计划也被搅乱了，为了不被烟雾遮住目标，鱼雷机编队临时抄近路投入攻击，和机场一样，海面顿时升起滚滚浓烟。

直到这个时候为止，大多数美国人还没有搞清楚是怎么一回事。有醒悟得较早的，一边指着飞机翼下的太阳旗标志，一边拼命喊："是日本飞机！"周围的人充耳不闻，竟然认为这只是金梅尔组织的演习。

上午8点，美军才回过神来，控制塔拉响了空袭警报。可是已经太晚了，日本鱼雷机以15~30米的超低空投放鱼雷，这些鱼雷经过专门改装，入水后不超过12米，能够对舰船造成致命杀伤。

美军虽进行了零星反击，但因准备不足，大多数高炮炮弹尚在弹药库里，根本来不及投入作战，也无法进行有组织的抵抗。

听到远处此起彼伏的爆炸声，金梅尔冲出屋外，他看到日机正在向珍珠港内的舰只俯冲。隔壁邻居也跑了出来，并且发出一声惊呼："快看，'亚利桑那'号被击中了！"

在太平洋舰队中，"亚利桑那"号是与旗舰处于同等吨位和级别的大型战列舰，见此情景，金梅尔目瞪口呆，脸色煞白。

"亚利桑那"号战列舰被击中后升起阵阵烟雾

金梅尔急忙坐上小车，赶往临时海岸司令部，走进司令部后，他站在窗边对日机的攻击行动进行观察。这时一枚子弹突然击中了他的左胸，如果没有胸口的眼镜盒挡那么一下，金梅尔当时就得撂在地上了。

眼镜盒吧嗒一声落在地面，金梅尔俯身捡起，重新放进口袋，嘴里喃喃自语："要是把我打死就好了。"

人世间最大的悲哀不是肉体死了，而是希望和事业彻底枯萎之后，人还活着。金梅尔绝望到想把自己的眼睛给戳瞎，他面无表情地走进里屋，几分钟后再出来时，他已经自行把四星肩章换成二星肩章，从上将降为了少将。

副官急忙劝阻："哦，上将，不能这么干！"

金梅尔一脸苦涩："朋友，我这么做没有错。"

窗外，揪心的一幕终于暂告一段落。在渊田指挥发起的第一波空袭中，"亚利桑那"号等多艘战列舰不是被击沉，就是遭重创，只有旗舰"宾夕法尼亚"号因正在船坞里进行大修，幸运地躲过一劫，但还是吃了好几枚炸弹。

美军的厄运并没有就此结束。8 点 55 分，第二波攻击开始，这一波是吃不了包着走，在将停泊在锚地里的军舰基本扫清后，矛头重点对准了船坞。

惊魂未定的"宾夕法尼亚"号藏头藏不了尾，在被一枚炸弹击中后，小艇甲板毁坏，其他舰船也多被炸沉炸伤。

所幸这时美军已有准备，高射炮火逐渐趋于猛烈，在第一波攻击中，日机只损失 9 架，而这一波被击落了 20 架。战前，日军飞行员都抱定了必死的决心，没有一个人携带降落伞，因此机上人员也全部死亡。

下午 1 点，参加第二波攻击的日机陆续返回航母。渊田向南云建议，再组织第三波攻击，他说："敌舰虽已被炸沉，但还可以打捞上来修理翻新，应该将珍珠港的军工厂、修理设施和重油罐作为目标，统统予以摧毁。"

在前后两波攻击中，日机都没有轰炸重油罐，那是因为根据吉川所提供的情报，美军的汽油都储存在地下，油罐是空的。不过就算是这样，仅毁掉珍珠港内的所有设施，也够美军受的了。

关键时候，南云却害怕起来。

大头在后面

身为联合舰队第二号人物的南云是鱼雷专家出身，原本对海军航空兵的知识就了解甚少。此前他虽然担任第一航空舰队司令长官，但也只做了 8 个月，8 个月后马上就受命为突袭舰队总指挥，这实际上超出了他的能力范围。

舰队出发之前，南云对自己的参谋长说："我受此重任，实感力不从心，当时我的态度要是再坚决一点，拒绝接受此任就好了。这次出征能取胜吗？我毫无把握。"

因为心中无底，南云一路上都表现得战战兢兢，老是怀疑美国潜艇就跟在自己屁股后面，以至于深夜都睡不着觉，就像得了神经衰弱症一样。

现在偷袭取得了成功，南云心里的一块大石头也落了地，但是太平洋舰队的航母和重巡洋舰都不在港内，他担心，如果自己的舰队逗留时间过长，会遭到对方的犀利反击。

已经成了暴发户，就没必要再额外破财，南云拒绝了渊田的建议，下令返航。

得知南云舰队踏上归途，山本的幕僚展开了激烈争论，大部分人的意见和渊田一样，觉得两波攻击还不够彻底，应该乘胜发动第三波攻击，以扩大战果。

出人意料的是，一贯雷厉风行的山本并没有给南云下达再次攻击的命令，而是说："还是让南云长官自己决断吧。"

至于这么做的理由，山本的说法是："如果想干的话，你不说他也会干；如果他不想干，相距如此遥远，你催促也没有用。"

珍珠港内一片狼藉，包括"亚利桑那"号在内，总计有 4 艘战列舰被击沉，一艘战列舰遭重创，大型军舰损失了一半，飞机损失更高达 70%。

事发前，太平洋舰队的航母去执行别的任务，未在港内，否则也得被一起葬送在大海里。

南云曾估计他的舰队很可能要损失 1/3，但实际仅损失 29 架飞机和 5 艘袖珍潜艇，除此之外，主力舰甚至连一点儿油漆都没有被碰掉，可谓是大获全胜。获悉"捷报"，东京立刻陷入了欢乐的海洋，伴随着贝多芬的

珍珠港被轰炸后，破碎的美军飞机残骸

命运交响曲，广播电台反复播放着这样的内容："帝国海军终于振奋起来了！"

在这场豪赌中，东条和山本都赢得盆满钵满，相形之下，美国政府那边则完全是另一番情景。

1941年12月7日，下午1点50分，美国海军部收到了金梅尔发来的电报："珍珠港遭空袭，这不是演习。"

海军部长诺克斯捏着电报十分惊讶："天哪，这怎么会呢？应该是菲律宾才对。"

他赶紧给总统打电话，罗斯福同样呆住了："不可能！"

此前，罗斯福采取的是所谓"先欧后亚"政策，注意力全部集中在大西洋，美国的战略援助物资随之源源不断地运往英国。同时，总统也非常希望自己任内不要卷入战争，他曾在竞选演说中一再重申："我要反复，反复，再反复地向诸位宣誓，绝不把诸位的子弟送到海外战场上去。"

让罗斯福始料不及的是，日本人翻脸比翻书还快，假如珍珠港遇袭这件事确凿无疑，接下来的事态就不是他所能控制了，因为日本政府已经替他做了决定，"反复演说"的锁链被对方用榔头粗暴地砸开了。

下午2点05分，来栖特使与日本驻美大使野村吉三郎来到美国国务院，求见美国国务卿赫尔。

赫尔已与罗斯福通过电话，知道战争已经开始，这二位就是来送交最后通牒的，但他还是予以了接待。

不看通牒还好，一看赫尔真是气炸了肺——似乎比戏剧更狗血的永远是现实生活，都把人家打成这副样子了，日本政府竟然还能在通牒上写满"和平"二字。

不说瞎话你们会死啊！读完通牒，赫尔再也抑制不住自己的愤怒："在我整整50年的公职生涯中，做梦都不会想到，地球上竟然会存在这样牵强附会、满口谎言的国家。"

当天，美国各电台的节目均中断播出，用以临时插播珍珠港被袭的消息。听到这一消息，绝大部分人都惊呆了，但并没有出现恐慌的表情，相反，他们变得更加团结，就连街上互不相识的路人，都开始以一种全新的亲情在相互对视。

这个国家始终具有一种本能，如果你不去触动它，孤立主义可能会在其国内占有一定市场，然而，一旦意识到国家面临灾难，所有争论便会自动停止，全部让位于携手反击这一条道。

战争爆发后，间谍吉川曾作为可疑人物被押往美国。在餐厅吃饭时，他看到菜单上赫然印着几个醒目大字："勿忘珍珠港。"草草吃完饭，他想喝一杯咖啡，拿起装砂糖的纸袋一看，上面也印着："请节约用糖，协助国家消费定量。"

所有细节都不是刻意为之，全部都是民众的自发行动，而当吉川目睹火车站台上的一幕时，他更加吃惊了。

站台上挤满了即将奔赴前线的军人，他们在与家属拥抱惜别后，义无反顾地踏上了军列。过去吉川总以为，美国人崇尚个人主义，生活也无忧无虑，一定怕死畏战，没有想到他们也会在国家危难之际选择决然奋起。

1941年12月8日，罗斯福向国会发表演讲："昨天是一个廉耻丧失殆尽的日子，美利坚合众国遭到了突然的、有预谋的袭击……"

接着，罗斯福要求国会批准对日宣战，大厅内掌声雷动。33分钟后，国会通过决议，宣布美日处于战争状态。

英国对日宣战的时间，比美国还早2个小时。当从广播中听到日本偷袭珍珠港的消息时，英国首相丘吉尔简直要乐晕了。

你日本惹谁不好，去惹美国，以"山姆大叔"那牛脾气，就算你是善意地耍流氓，他都会跟你急，更别说玩卑鄙的偷袭把戏了。丘吉尔激动地对外相大声嚷道："嗨，看日本人干了什么蠢事，你想想，往牛仔屁股上捅一刀，这会有什么好结果？不管怎么说，我们不会单独作战了。"

丘吉尔还明知故问地给罗斯福打去电话："日本这次是要干什么？"罗斯福给出了一个很敞亮的回答："他们正在夏威夷攻击我们，我们大家已经坐到一条船上了，这艘船不会沉没，也不能沉没。"

丘吉尔要的就是这句话，有了罗斯福的承诺，他从此尽可以好好生活，天天想

美国总统富兰克林·罗斯福签署对日宣战书

象，直奔幸福的日子而去了。

之前，主要是英有求于美，有人问丘吉尔，今后是不是还要继续维持这种态度。丘吉尔的回答是："哦，那是我们向她（指美国）求爱时的说话方式，现在她已跟着我们入了洞房，我们该用不同的方式对她讲话了！"

除英、美之外，中、法、荷、澳等 20 多个国家相继对日宣战。与此同时，一直避免让美国介入的德国和意大利见局面无法挽回，也只得对美宣战，一边是同盟国，一边是所谓的轴心国，正邪两大阵营将在全球范围内展开角逐。

老鼠拖木锨，大头在后边，因为偷袭珍珠港成功，山本曾经兴奋到满脸通红，但是他很快又恢复了常态，面对前来祝贺的官兵，他不无忧虑地说道："我们不过是唤醒了一个沉睡的巨人！"

第二章 / 该大气的时候得大气

在日本偷袭珍珠港的当天上午，美国陆军部第一时间便向菲律宾打去了长途电话。

获悉这一消息，美国远东陆军司令麦克阿瑟也像其他人一样感到惊讶："珍珠港？它应当是我们最强大的据点啊！这帮杂种终于动手了。"

陆军部接着提醒："老麦，你那里不久可能也要遭到进攻。"

麦克阿瑟说："不用担心，我这里没有问题。"

如果日军先包围菲律宾，麦克阿瑟或许还会有所顾忌，现在首选攻击珍珠港，他的心情反而放松下来。

此时，珍珠港之战尚未结束，从陆军部到麦克阿瑟，都还不知道珍珠港被袭的详情。鉴于珍珠港驻军实力较强，又有太平洋舰队支援，麦克阿瑟理所当然地认为，日本人是自不量力，很可能已在珍珠港被打得鼻青脸肿。

显然，受挫后的日军在战力恢复之前，要再在西太平洋的其他地区动手，是件不太可能做到的事，留给菲律宾守军的战斗准备时间仍很充裕。

退一步说，就算日军直奔菲律宾而来，不是还有太平洋舰队在后面保驾护航吗？

美军在战前制订了一个"彩虹五号"计划，按照计划，一旦日军进攻菲律宾，将由太平洋舰队负责保卫其海上补给线，只要麦克阿瑟在陆上坚持4~6个月，太平洋舰队便可将大批援军源源不断地运至菲律宾参战。

正是觉得"没有问题"，麦克阿瑟选择了以静制动。和金梅尔一样，他不知不觉中犯了麻痹轻敌的毛病，完全没有意识到，刺中金梅尔的那把利刃也在同时向他袭来。

鬼使神差

日本发起"南进"行动，是为了夺取东南亚矿产，比如石油、橡胶。作为一个岛国，菲律宾的风景虽是不错，但除了椰树、面包树、花蝴蝶，并没有日本想要的东西，那些宝贝都藏在东南亚的其他国家里，比如石油在爪哇，橡胶在马来亚。

可是日本又必须把菲律宾给拿下。不拿不行啊，因为不管是到婆罗洲，还是去马来亚，航线上都绕不开菲律宾。

地理位置显要，有时候还真不是件好事，所谓"兵家必争之地"，那不是在夸你，而是在咒你呢。菲律宾就像是夹在德国和苏联的波兰，一打仗指定得倒霉。

在计划偷袭珍珠港的同时，山本就决定将麦克阿瑟的空军力量摧毁殆尽，从而在掌握制空权后，协助并掩护陆军在菲律宾登陆。

就像担心金梅尔发现自己的企图一样，山本也生怕麦克阿瑟把棋走到他的前面——菲律宾之战没有航母可以使用，只能借助台湾的航空基地，台湾基地够得着马尼拉郊外的机场，但如果麦克阿瑟先知先觉，将飞机全部移往南方基地，那就鞭长莫及，不好办了。

最好是同时展开攻击，即珍珠港、菲律宾一起打。可问题是，夏威夷和台湾存在时差，夏威夷日出后数小时，台湾才会天亮。在此之前，飞行员没法摸着黑去扔炸弹，所以这个设想虽好，实际做不到。

只有一个办法，在珍珠港之后开打，并且力求在最短时间内将对方击倒在地。

根据情报，驻菲美军共有200多架作战飞机，山本于是集中500多架战机参战，从而形成了至少2∶1的优势。

此次作战任务由山本麾下的第十一航空舰队担任，舰队司令官是塚原三二四。塚原事先对行动进行了高度保密，除他本人及其身边几个重要幕僚外，其余官兵对作战目标都不清楚，尽管如此，他们也知道自己是在从事一项重大行动，因此一个个都把脸绷得紧紧的。

忙碌了一个晚上之后，塚原和部下的脸绷得更紧了——一场大雾突然笼罩机场，而且越来越浓，5米之内看不到人，而这时，400多名飞行员正坐在机舱里待命出发。

塚原看着大雾，脸都绿了："要是推迟出发，将会给我们带来怎样的后果？"

所有飞机都密密麻麻地排列在机场上，而且每架飞机上都挂满炸弹，可是一架也不能起飞。推迟出发事小，万一麦克阿瑟来攻击机场，可怎么办？

麦克阿瑟差一点儿就要这么做了。

获悉珍珠港被袭后，远东空军司令布里尔顿提出了一个大胆设想：出动 18 架 B-17 "飞行堡垒" 式轰炸机，轰炸日军的台湾基地。

B-17 是美国波音公司研制的一种四引擎重型轰炸机，拥有坚实的机体结构和足以击退战斗机的机关炮，且最大航程可达 1000 英里。可以试想一下，只要 "飞行堡垒" 扔下一枚炸弹，下面这些全身弹药满身的日机再跟着一起哄，整个基地必然是一片火海。

可是麦克阿瑟拒绝了这一建议，当然，他的拒绝也有着充分理由。

由于距离较远，战斗机航程有限，无法对这 18 架轰炸机进行掩护。在缺乏战斗机保护的前提下，要轰炸重兵把守的基地，在麦克阿瑟看来，无异于一种自杀行为。更何况，华盛顿方面还未正式授权麦克阿瑟对日作战。

鬼使神差之下，麦克阿瑟错过了一次绝杀对手的机会。

随着时间推移，台湾东部各基地的大雾开始消散，日军的 32 架轰炸机得以率先起飞。当接近吕宋岛时，它们被雷达发现了。

二战以前，雷达虽已被用于预警，但还是个稀罕物，连珍珠港都没有装备，只是先前预计日军会先攻菲律宾，美军才在岛上装了一个雷达站。

接到报告，布里尔顿紧急出动 36 架 P-40 战斧式战斗机升空拦截，同时命令克拉克机场上的所有轰炸机升空，以免遭袭。

B-17 轰炸机，在太平洋战争初期，它的远程对陆攻击能力远远超过日本飞机

首批日军轰炸机因数量太少，来了也只能打打酱油，在轰炸了菲律宾北部的几个小目标后，便匆匆掉头离去。

经历这场虚惊之后，布里尔顿再次建议麦克阿瑟先发制人，对台湾基地进行攻击："克拉克机场是远东航空兵大队的主要基地，大部分飞机都在这里起飞降落，要是真被日本人给扬上了，可不就瞎了。"

这时麦克阿瑟已收到对日作战的授权令，但是仍然没有马上答应布里尔顿。他的顾虑主要是情报严重不足，手上连台湾基地的空中照片也没有一张，就怕去了以后两眼一抹黑，弄得偷鸡不着蚀把米。

为了掌握情报，麦克阿瑟同意先派 3 架轰炸机前去进行侦察。过了 45 分钟，他亲自给布里尔顿打去电话："如果侦察机确定目标，下午晚些时候便对台湾基地实施袭击。"

这个决心下得很好，可惜太晚了。

天晴了，笼罩台湾的浓雾已经完全消散。日军第十一航空舰队的 192 架飞机陆续升空，向克拉克机场扑了过来。

第二个珍珠港

雷达再次发现了敌情，并立即用传真机给克拉克机场发去预警。然而传真发过去后，一直没有收到回音，后来才知道，通信员为了吃午饭，从传真机旁走开了，未能及时接收。

又发电报，还是石沉大海。这倒不是电报员擅离职守，而是电波被日军的技术手段干扰了。

只有打去的电话总算接通了，接到电话的军官答应尽快传达，可还没等他迈出门去，日机 "V" 形编队的第一梯次已经出现在机场上空。

在被迫推迟出击时间后，日军飞行员做好了面对面打硬仗的准备，在大多数人的预想中，将会有大批美军战斗机向他们发起俯冲攻击，但是眼前的情景令人难以置信——整个机场上空没有一架战斗机在巡逻警戒，机翼下方全是一组组活靶子，所有飞机都整整齐齐地码在机场跑道上，好像等着下火锅一般。

曾令塚原汗如雨下的场面，如今一模一样地复制到了克拉克机场，不同的只是飞行员都不在飞机上，他们一边吃午饭，一边侃着大山。

机场餐厅里的喇叭正广播着新闻："据未经证实的消息，日军飞机正在轰炸克拉克机场。"

这句话几乎让每个人都笑得咧歪了嘴。正在轰炸克拉克，炸弹在哪儿？说谎话遭雷劈啊，上面就是要提高我们警惕性，也不是这么个弄法。

一名飞行员顺手捡起一只空的啤酒瓶抛向空中，瓶子落在地上，发出砰的一声："哈，轰炸开始了！"

笑声未绝，炸弹便如雨而下。

仍有人没搞清状况："咦，飞机上怎么往下面扔锡箔？"

回答的人连舌头都捋不直了："什么锡箔，那是天杀的日本佬！"

直到现在，大家才意识到事态的严重性。当"V"编队第二梯次到达时，负责保卫机场的国民警卫队开始用高炮进行射击，但是由于没有装备新型炮弹，射出去的炮弹在轰炸机下方就炸开了，日机毫发无伤。

"V"编队前后共发起三个梯次的攻击，用参战日军飞行员的话说，三次攻击都完美无缺，弹着点非常准确，"事实上，在整个战争过程中，这是我所见到的最准确的轰炸"。

熊熊烈焰冲天而起，到处都是烧焦和正在冒烟的飞机残骸，最后就连飞机库和其他地面设施的碎块残片都没能幸免，被炸得四处纷飞，一座机场仿佛要在隆隆的轰炸中升上天空。

克拉克变成了第二个珍珠港，本来要用以轰炸台湾基地的18架"飞行堡垒"全部变成碎片，而在另一个遭袭的机场，55架战斗机同样没能逃过灭顶之灾。日方付出的代价，只是折损7架零式而已。

在太平洋战争开始后仅仅一个小时内，麦克阿瑟的空中力量便折损了近一半，其空中优势从此荡然无存。

A6M 零式战斗机。零式战斗机是二战期间日本最著名的舰载机，1939 年首次试飞成功，日本命名舰载机的惯例是取皇纪年代的后两位数，1939 年正好是皇纪 2600 年，本应叫"零零"式，但实际只取了一个"零"

1941 年 12 月 7 日这一天，山本五十六令全世界感到了震惊，他的两次出击全部达到既定目的，而金梅尔、麦克阿瑟则在他手下双双败阵，且都败得难堪至极。

在赌桌上威风八面的山本并未就此歇手，这个平时装得温文尔雅、人畜无害的家伙，其实野心比谁都大，他要继续在太平洋上兴风作浪。

要登陆夏威夷，山本自忖还没有这个实力，他的下一个目标，是夺取美国在太平洋的两大前进基地：关岛和威克岛。

关岛在日本以南海面，距东京仅 1000 多海里，地理位置的重要性不言而喻，一旦发生战争，日本理所当然要予以攻取。甚至，如果没有偷袭珍珠港，关岛攻守战毫无争议地会成为美日战争的第一战。

12 月 8 日，日本海军航空部队炸毁了关岛的主要军事设施。这是山本制定的一个战术原则，即先实施航空歼灭战，然后再登陆作战。

12 月 10 日，天还没亮，日本海军陆战队强行登陆关岛。关岛守军虽料到日军一定会来，但他们难以适应这种鸡还没叫，就得从被窝里爬出来折腾的打法，同时岛上又缺乏适当的军事防卫手段，日军基本是不流血登岸，当天上午便占领了岛内要地。

关岛孤悬于日军的军事基地群中，几乎在每个方向上都为日军基地所遮断，所以美国并不认为有增援该岛的价值和必要，海军作战部授权岛上的行政长官，让他自己看着办。关岛行政长官也觉得抵抗已不具有任何意义，选择了率守备部队举手投降。

美国在太平洋上的第一前进基地，不到一天便告失陷，这也是太平洋战争开始以来，日本占领的第一块美国领土。战争进行得如此顺利，日本人自己也没料到，他们一厢情愿地归功于日本国运旺盛。所谓命若穷，掘得黄金化作铜；命若富，拾着白纸变成布。

山本还要在威克岛上再试一次，看看运气是不是一直都那么好。

威克岛是菲律宾和夏威夷之间的海上中转站，作为第二前进基地，该岛有太平洋的踏脚石、永不沉没的航空母舰之称。

山本的登陆战术也同样针对威克岛。威克岛上空气候复杂，日机以厚厚的暴风雨层为掩护，巧妙地逼近目标，最终岛上未及升空的战斗机大半被炸毁或炸伤。

1941 年 12 月 10 日，进攻关岛的同一天，一支日本舰队在梶冈定道的率领下，载运 450 名海军陆战队员，浩浩荡荡地朝威克岛杀来。

按照山本的原计划，海军陆战队将趁黎明前的黑暗发起进攻，也就是说，山本还是想重复地利用自然力。可是，有句老话说得好，人恶人怕天不怕，人善人欺天不欺。当天凌晨，威克岛附近突然狂风大作，巨浪排空，陆战队迟迟难以换乘船只登岸。

磨来磨去，天也亮了，看来那种慢橹摇船捉醉鱼的方式已经行不通了，梶冈临时决定改偷袭为强攻。

防守威克岛的也是陆战队——美国海军陆战队，他们拥有3个炮群，每群2门大炮，另外还有12门高射炮以及许多机关枪。

这么强的火力，才配得上是"永不沉没的航空母舰"，但总指挥坎宁安上校下了一道命令，要求即便在日舰进入射程以后，也不要急于开火。

相反，梶冈捺不住性子，而且距离越近，他的心潮越澎湃，当离海岸4英里时，日军率先向岸上的炮台开了火。

眼看着都欺负到鼻子上来了，美军陆战队仍是一弹未发，直到双方只相隔4000多米，坎宁安才下令实施猛击。

美军一直不还手，梶冈本来已笃笃定定，心里那个美。他没想到的是，随着距离一点点接近，"美"也很快消失得无影无踪，在近距离炮击下，梶冈舰队乱成一团，不久就有两艘军舰被击中，其中就包括旗舰"夕张"号。

两发炮弹正好落在"夕张"号的左舷，浓烟和蒸气不断喷射出来，舰艇的速度变得越来越慢。"夕张"号急忙避逃，但是跑不多远，又来了两发追命炮弹，而且都打在同一个地方，左舷被喷出的蒸气完全笼罩住了。

在旗舰落荒而逃之后，梶冈舰队的厄运并没有结束。

以卒吃帅

美军陆战队的炮手越打越神，一排炮弹恰好击中"疾风"号驱逐舰，随即引爆了弹舱，"疾风"号被炸成两截。

起初只想赶跑麻雀，未料到落下一只大鸟。能够击沉一艘驱逐舰，即便在舰对舰的大海战中也是个了不起的战绩，炮手们欢呼庆祝，一名老兵赶紧喝道："别高兴得太早了，你们这帮家伙，快回到炮位上。你们当这是什么？是场球赛吗？"

不提醒，还真有一种足球赛中射门入网，然后脱衣助兴的感觉。众人收敛心神，回到各自的炮位，继续进行炮击。梶冈舰队又有包括驱逐舰在内的3艘舰船被击中，这些受伤的船只也加入了逃跑的行列。

在遭到空袭后，威克岛上还幸存4架野猫式战斗机。4架"野猫"奋起追击，向梶冈舰队投弹，"如月"号驱逐舰的后甲板被击中，引爆了该舰的深水炸弹舱。在震耳欲聋的爆炸声中，"如月"号迅速沉入海底，舰上无人生还。

至此，梶冈舰队已有2艘驱逐舰被击沉，500多名官兵伤亡。鉴于守军斗志高昂，炮台射击又非常准确，要是再继续强行登陆，没准得全军覆没，梶冈只得下令撤出了战场。

这一天，美军打得十分解气。一位美国历史学家写道："1941年12月10日，应该是美国海军陆战队历史上永远值得骄傲的一天。"

"疾风"号、"如月"号是太平洋战争开始以来，日本海军最早损失的军舰。偷袭珍珠港那么大的战斗，都没有丢掉一艘军舰，在一座小岛上却连毁两艘，山本当然感到无法接受，他勃然大怒，立即电令尚在回航途中的南云舰队派兵支援。

当天，太平洋上一共有两个"永不沉没"跟山本较劲，除了美军的威克岛基地外，还有英军的"威尔士亲王"号。

"威尔士亲王"号是英国于二战前建造的战列舰，也是当时全世界攻防火力最强的战舰，在二战初期，它便击沉了德国最新式战列舰"俾斯麦"号，也因此享誉世界海军，被称为"不沉战舰"。

为了遏制日军"南进"，早在几个月前，丘吉尔就已将"威尔士亲王"号派往新加坡，同行的还有高速战列舰"反击"号。其中，"反击"号虽是一战时期的老舰，但在二战前已经过技术更新，与最新式的战列舰没有太大区别。

两艘重量级主力舰的加盟，

"疾风"号驱逐舰。在威克岛一役中，美军守岛部队不但重挫日军，而且创造了二战中以岸防火炮击沉军舰的唯一战例

极大地增强了英国皇家海军远东舰队（代号"Z"）的实力。新加坡电台发出评论报道："现在的新加坡是铜墙铁壁般的要塞，任何国家的舰队都不可能在此地班门弄斧。"

就在英国对日宣战后，英国远东舰队司令菲利普获悉，一支日本舰队正全速入侵泰国湾。

汤姆·菲利普身材矮小，有人暗地里叫他"大拇指汤姆"，但他性如烈火，在海军部时曾和首相闹翻过，遂有海军中的"小拿破仑"之称。得到情报后，菲利普立即召开紧急会议，决定亲率"Z"舰队御敌。这支"Z"舰队包括了"威尔士亲王"号、"反击"号，以及另外4艘驱逐舰。

在"Z"舰队的编组中，本来至少应该有一艘航母进行护卫，可是计划中的新式航母"无敌"号正好在试航时触礁受损，没法随队出征，这无疑增加了舰队出行的危险系数，设想一下，假如敌机袭来，便没有战斗机可以抵御了。

菲利普还是出发了，他做过军舰的枪炮长，并拥有一个强烈信念，即"轰炸机不是战列舰的对手"。

仅仅"威尔士亲王"号，就拥有百余门火炮，可以说武装到了牙齿。轰炸机来袭，只要在战舰的炮火射程之内，直接击落没商量。若不在炮火射程之内，它投弹的精准度便成问题，那更不用怕了。

1941年12月10日晨，"Z"舰队进入马来亚海面，在那里，他们没有发现任何一艘日本舰船。正当舰队准备折返新加坡港的时候，菲利普突然收到电报，说日军正在马来亚东部的关丹登陆。

战机不可错过，"Z"舰队立即向关丹驶去，可是这份情报同样有误，日本人根本没在关丹露面，后来才知道，原来是水牛踩响了埋在海滩上的地雷。

兴师动众地出门，一弹未发地回家，菲利普实在心有不甘。于是，"Z"舰队并未马上离开马来海域，而是掉头搜索几艘日本拖轮和小舰艇去了。

菲利普没有意识到，自己已经进入了山本的瞄准镜。

"Z"舰队的存在，不仅对联合舰队构成巨大威胁，而且严重阻碍着日本"南进"战略的实施，一直是日本海军的心腹之患。

山本的幕僚主张派出强大舰队去迎击"Z"舰队，但日本在东南亚并没有能够与"威尔士亲王"号一较短长的军舰，联合舰队的主力舰和航母都被抽调到了南云舰队，负责南方作战的舰队只有一些二流战舰和重巡洋舰。

看着幕僚抓耳挠腮，山本说，不用如此大费周章，我们不用军舰，用航空兵，也照样可以把这场战争打得很精致。

他还发挥自己擅赌的特长，用下棋来比喻打仗，给众人算了笔账："对手手里拿来是军舰，如果我们也用军舰去对付他，以'车'对'车'，以'马'对'马'，这样没意思，也没什么便宜可赚。日本要对付英、美这样的对手，绝不能打消耗战，而必须设法用'卒'去吃掉他们的老帅。"

此话一出，对山本不屑的人免不了要翻白眼：你吹牛也背着点儿人好不好，别让全世界都听见！谁不知道以"卒"吃"帅"最划算，可是怎么吃呢？偷袭珍珠港，是人家舰队事先不知情，现在是面对面的海战，谁会一动不动地让你炸？

山本并非信口开河，在军事思想上，除了"航空制胜""航空优先"外，他还坚持与菲利普完全相反的一个观点，即"大战列舰无用论"。

菲利普的那一套，在海军战术思想中曾经是主流。不光英国，日本也是如此，日本海军把它称作"大炮巨舰主义"，他们的共同点，都是认为排水量大、火力威猛的战列舰是海战中的决胜兵器。山本则反驳说，这种理论早就过时，战列舰虽有着八戒一样的体量，却没有悟空一样的灵活，而且船体越大，问题越严重，在海战中，战列舰一定会在没有充分发挥舰炮作用之前，就被飞机击沉。

山本的反对者理屈词穷，他们只好引证一个"铁的证据"："在迄今为止的世界海战史上，没有一艘战列舰是被飞机击沉的。"

谁苍白着谁的等待，谁又无悔着谁的执着。山本等到现在，终于等来了一个机会，他要用航空兵来消灭"Z"舰队，用实战来证明海上的"航空时代"已经到来。

毫无疑问，这又是一次大的赌博。

公海决斗

1941 年 12 月 10 日，黎明时分，日本海军第二十二航空战队奉命从越南西贡的航空基地出发，沿着海面对"Z"舰队进行搜索。

搜索并不顺利，一直忙到 10 点半，连"Z"舰队的影子都没有看到。飞行员十分郁闷，只得返航，这时飞机的燃油已消耗过半。

就在返航途中，一架侦察机发现了尚滞留于关丹的"Z"舰队。飞行员看到的场面十分壮观：身躯庞大的"威尔士亲王"号在前，"反击"号在后，四艘驱逐舰呈三角形状，众星捧星一般在周围进行护卫。

事后，在日军中流传着"天佑"这个词。也许真的是老天保佑，日本人的运气真是太好了，那段时间马来亚近海一带白雾茫茫，唯独"Z"舰队航行的区域雾散天晴，所以一下就被日军侦察机逮个正着。

听到侦察机的呼叫，大批正在返航的日机立即改变航向，蜂拥而至。"威尔士亲王"号、"反击"号名声太大，参战的一名日军飞行员看到这两座大舰时，竟然紧张得全身发抖，感觉就像极端刺激的竞技比赛即将开始一样。

发现日机展开攻击后，从菲利普到一般官兵，起初都没有表现得过于慌张。英国海军曾在地中海遭到德国空军的高空轰炸，此类轰炸误差很大，没什么好特别忌惮的。

很快，大家就不这么想了。

准备出击的日军飞行员

山本的训练标准完全从实战出发，非常严格苛刻，那是真正的魔鬼式训练，不少人都因此殒命，很多航空兵在参加训练时都胆战心惊："这不是在玩命吗？"

谁在训练中玩命玩死了，山本就把他的名字记下来，挂在自己的办公室里，新的航空兵来报到时，必须首先向死亡名单敬礼，然后再向这些人学习，继续玩命。

经过魔鬼训练后的日军航空兵，在投弹的命中精度上，大大超出了英军的想象。

菲利普长期待在英国海军部，缺乏近期的远洋航行和实战经验，落伍的战术思想令他的舰队很快陷入困境。"反击"号首先被击中腰部甲板，危急关头，舰长坦南特少将不得不向新加坡基地发送告急电报，请战斗机前来护航，但英军战斗机最快也得一个小时后才能赶到作战地域，远水解不了近渴。

坦南特的航海和作战经验都非常丰富，他亲自驾舰，避开了一条条鱼雷，然而到后来，恐怕连神都没办法了——15架鱼雷轰炸机从15个不同方向进攻，根本看不清鱼雷的航迹，更无法转舵进行蛇行规避。

15条鱼雷有14条命中目标，连续的爆炸使得船舱内到处出现断裂，大量海水涌入船舱，这艘军舰很快失去了浮力。

在军舰已呈40度角倾斜的情况下，坦南特舰长一手抓住栏杆，一手将麦克风举到嘴边，用颤抖的声音说："船员们，你们已表现得十分出色，我由衷地感谢你们。现在就请你们各人照看自己吧，上帝保佑你们。"

坦南特下令弃舰。"反击"号随即沉没，一名随军记者记述了下沉过程：舰首高高上举，如同石笋一般，而后只一两秒钟的工夫，随着一个巨大漩涡卷起，这座小山般的巨舰瞬间便消失在巨浪之中。

与此同时，菲利普所在的"威尔士亲王"号也遭到了围攻。菲利普下令舰上百余门大小火炮全部开火，倾力对空射击，一时间，空中充满了黄色火药的烟雾，落到海面上的炮弹造成浪花四溅，好像是海面上到处都有沙石落下一般。

即便是没有被炮弹击中的日机，都好像已粘在密集弹幕中而不得脱身了，可是日本航空兵仍一个劲儿地往下冲，有的人事后甚至都已不记得自己究竟是怎样飞行，怎样瞄准，怎样投放鱼雷的，只知道随着惯性反复冲击。

眼看"威尔士亲王"号难逃劫数，幕僚人员劝告菲利普离舰，但他仅说了一句："不，谢谢诸位！"

遭到空袭的"威尔士亲王"号（上）和"反击"号

随着红色火焰在甲板上不断燃烧，在连续发出惊天动地的巨响后，"威尔士亲王"号一头插入海中，"Z"舰队司令也顺着倾斜的舷侧，与舰队一起葬身海底。

几分钟后，5架水牛式战斗机赶到，但已于事无补，飞行员只能悲怆地见证着"威尔士亲王"号被大海完全吞没。

在马来海战中，包括菲利普上将在内，英军阵亡官兵达到840人，日本联合舰队却只损失了4架飞机。

英国曾被称为世界第一海上强国，它曾经的日不落帝国形象大半靠战舰奠定，因此战舰被看作英国国威的象征。如今，连"威尔士亲王"号这座号称世界上最精锐的战舰都沉没了，人们仿佛看到，英国国威也正从半空中坠落下去。

战争开始以来，从来没有一个消息，比马来海战更令丘吉尔感到震惊，一直到深夜，这位首相都辗转反侧，难以入眠，脑子里翻来覆去全是这个可怕的噩耗。

比之于偷袭珍珠港，马来海战更令山本感到骄傲和欣喜。作为一个日本武士，他有武士的标准，对靠偷袭来取胜，他并不觉得有多么光彩。这就跟赌桌上出老千一样，虽然对方没能发觉，可你也不可能捧着一大把钱到处炫耀你的作弊技术吧。

山本自己就在一封给乡人的信中表示："偷袭珍珠港是不宣而战，这种乘敌熟睡之机，割人首级的做法，不足为取，乃东洋武士之精神所不能容。"

偷来的锣鼓敲不响，可马来海战就不一样了，那是双方宣战以后，面对面在公海上展开的决斗，是让对手输得无话可说的正规大海战。

让那些冷言酸语都滚一边去，谁说飞机不能击沉战列舰，他山本用飞机把世界上最精锐的战列舰都击沉了，从此以后，大型战列舰主宰海洋的时代将一去不复返，再大再牛的舰，若没有航母上的战斗机相伴，它都不敢出门！

这次要庆功了。趁山本高兴，副官说："长官，拿十打啤酒来吧！"

"当然，别说十打，就是五十打，也可以。"

"长官，这回天皇该封你为男爵或元帅了。"

"我对那些东西并不感兴趣。要说奖励的话，还不如让我去新加坡买一块地，开设一个大赌场呢。"

兴奋之余，山本又露出了他的赌徒本性，他开玩笑地说："如果让我开这样一个大赌场，世界上的金银财宝都会悄悄地集中到我们日本来呢。"

要说那些天中，也有让山本不爽的，那就是似乎不费吹灰之力，就让他损失了两艘驱逐舰的威克岛。

暗恋就是一笔收不回的呆账，好些日子过去，山本仍对这座"永不沉没"的小岛念念不忘，尤其在击溃"Z"舰队之后，他更要想方设法把这一笔给补上。

烟火表演

1941 年 12 月 22 日夜，日军再次对威克岛发起攻击。

上次攻击失败后，南云便奉山本之命，向威克岛海域派来了大批援兵。梶冈少将重整舰队，除补充舰船外，还增加了 2000 名海军陆战队官兵。

威克岛上指挥防守的坎宁安上校也向金梅尔请求增援，但是太平洋舰队所派的援军出击迟缓，等他们到达时，日军已开始攻击威克岛，并且在外围部署了强大的拦击力量，援军只能是望门墙而不得入。

像上次一样，威克岛的气候一如既往地对登陆不利。海上飓风猛烈，舰艇要想靠上小岛，随时都有触礁的危险，更谈不上让登陆部队换乘了。

见无法顺利换乘，日军指挥官干脆下令两艘巡逻艇突进搁浅，用这种方式，让登陆部队直接抢滩。接到命令后，巡逻艇开足马力，朝岛上径直冲去，搁浅之后，伏在甲板的日军迅速爬起，向美军发起了第一波攻击。

黑暗中，场面极度混乱，但有一点是清楚的，那就是日军在数量上处于压倒性优势，大约 1000 名陆战队员潮水般冲上了海滩。

说时迟，那时快，一道道粉红色的曳光划破了黑暗的夜空，美军朝登陆点开炮了。同一时间，梶冈也下令战舰开炮，使得海滩上像是在举办一场盛大的烟火表演。

坎宁安后来描绘说："景色太美了，简直不是战场。"

对于冲锋中的日军陆战队员来说，这个景色当然一点都不美。美军的探照灯把海滩照得一清二楚，他们成了美军炮火轰击的活靶子，冲在最前面的100名陆战队员几乎全被打死在了沙滩上。

威克岛由三个小珊瑚礁岛组成，岛上一共只有400多名美军陆战队员，因人数太少，无法把守住全部海滩。经过两个小时的激战，日军终于在凌晨时夺得海岸一角的阵地。

一直到第二天早晨7点半，美军渐渐支持不住了。坎宁安考虑，岛上有1000多名从事工程建设的民工，这些人全都手无寸铁，继续战斗下去无异于一场屠杀，于是他下令美军士兵缴械投降。

虽然攻占了威克岛，但日军付出了极大代价，共有800多名陆战队员死亡，前后总计人员损失达到5700人，日本海相在报告战况时说："其壮烈程度，真可以说是惊天地泣鬼神。"

威克岛的失守，切断了美国与菲律宾之间的运输线，在偷袭珍珠港之后，再次从背后给麦克阿瑟以重重一击。

不过麦克阿瑟暂时已顾不上这些了，他的正面同样正遭受着猛烈撞击。就在日本海军登陆威克岛的同一时间，其陆军也登上了菲律宾西北部的仁牙因海滩。

麦克阿瑟早就预计到了这个登陆点。

日军突袭克拉克的成功，可以证明山本的高明，却不能说明麦克阿瑟是无能之辈。克拉克一役马失前蹄，除了一些客观因素外，与他性格中的骄傲不羁也有一定关系。

假使换个角度，把麦克阿瑟履历中的姓名抹去，换成我们中间的任何一位，估计也不可能不骄傲。他享有美国历史上四个"最年轻"头衔：最年轻的准将、最年轻的少将、最年轻的西点军校校长、最年轻的陆军参谋长。当他还是陆军准将的时候，日后叱咤风云的巴顿和马歇尔都只是少校，艾森豪威尔仅为中尉，并且正在麦克阿瑟手下打杂。

可以说，一般军人能达到的巅峰他达到了，一般军人达不到的巅峰他也达到了。菲律宾生涯只是老麦在卸任陆军参谋长，"退居二线"后的一个新起点而已，等于是专家退休了，"二次返聘"。

麦克阿瑟的骄傲对上不对下，对强不对弱。早在他担任陆军参谋长时，由于政府想要削减陆军预算，他就和罗斯福吭吭吭地吵了一架，言辞十分激烈："如果我们的士兵因此死在战场上，他发出了最后的诅咒，我希望被诅咒的是你罗斯福，而不是我麦克阿瑟。"

罗斯福素以宽厚著称，顿时也被气得脸色铁青："你不该对总统这样讲话！"

最后大家各让一步，麦克阿瑟向罗斯福道歉，罗斯福则同意增加预算。

就任西点军校校长时的麦克阿瑟

到了菲律宾，他依然如故。按照规定，既是"二次返聘"，必须由上将降为少将。可为了把自个儿的面子给撑足，麦克阿瑟事先和罗斯福打好招呼，要求对方晚一点宣布他的解职令，以便出现在菲律宾时，他仍然可以佩戴四星上将军衔。

罗斯福起初答应得很好，后来不知为什么突然改变了主意，提前宣布了解职令。这下可好，麦克阿瑟咆哮如雷，将罗斯福大骂了一通，指责他优柔寡断，出尔反尔，给他做部下，简直要委屈一辈子。

有跟麦克阿瑟不对付的，如此评价他："麦克阿瑟是这样一种人，他认为当他登上天堂时，上帝也会步下那神圣的白色宝座，恭恭敬敬地把他请上去。"

在美国军政两界，不管对麦克阿瑟持有什么看法，有一点，大家是公认的，即不管是战略战术的水平，还是统御大军的能力，麦克阿瑟都可以称得上是那个时代美国陆军中最优秀的将领，因此，从罗斯福到马歇尔，均对之礼让三分。

二战爆发之前，老麦又哪里会把日本人放在眼里，也正是因为将对手估计得过低，他着了山本的道。

要是真的拿起刀剑来决斗，老麦不是有两下子，是有好几下子。来到菲律宾之后，他便着手制订出了一份详尽的防御和建军计划，并逐步训练菲律宾当地部队。后来日本陆军省透露，日本迫不及待地要入侵菲律宾，一个重要因素就是害怕麦克阿瑟完成他的防御计划。

日军的提前入侵，打乱了麦克阿瑟的计划。按照这份计划，他要训练出 20 万名菲军，但当日军发动进攻时，他手下只有 1 万多名菲军，就这点家当，要抵挡凶猛的日军，实在是难度不小。

自 1941 年 12 月 10 日起，日军两次在吕宋岛北部展开登陆作战，其中也包括在仁牙因登陆，都被麦克阿瑟击退。在这些反登陆战中，麦克阿瑟始终按住主力不放，因为他发现，日军只是在进行初步的试探性进攻，并未显示出其足够的力量，恶战还在后面。

果不其然，12 月 22 日午夜，本间雅晴来了。

美式幽默

如果说麦克阿瑟给人的出场感觉是帅，日本陆军第十四军司令官本间雅晴就是酷。他身高 1.77 米，这在身材不高的日本军人中并不多见，比如山本五十六及其偶像东乡平八郎，就都超不过 1.60 米。此外，本间还有着堪比拳击手的体格（当然得是轻量级），加上剃着滑溜溜的光头，公开场合很引人注目。据说他在担任陆军报道部长时，几乎所有的军事记者都会捧他的场。

到了战场，酷哥也变得紧张万分。登陆之前，第十四军司令部就像是一只快要撑破的气球，一张张脸全都绷得紧紧的，那氛围简直比山本偷袭珍珠港还要吓人。

出发之后，这种压抑情绪未有片刻消减，登上运输船的一般官兵既不知道要去哪里，也不允许看地图，随着周围景物不断变换，人人都变得局促不安起来。

越紧张越添乱，因为天色太暗，无法判断距离，运输船找不到合适的抛锚位置，只能提前放下登陆艇。

登陆艇离海滩还有很长一段距离，官兵这下可遭罪了，每个人身上都被海浪浇得透湿，更让他们抓狂的是，信号装置也浸了水，再也没法使用，船与船之间自此失去联络，本间已完全无法掌握部队的行动。

这个时候，美菲军只要像威克岛守军那样把炮弹倾泻过来，就能让在海中挣扎的日军像一块块任人食用的点心。当想到这一点的时候，本间全身都颤抖起来，他后来回忆这段经历时说："在通过菲律宾的全面作战之中，我遭遇到三次危机，这是第一次。"

其实完全没必要这么紧张。防御仁牙因的是温赖特少将指挥的北吕宋军，北吕宋军一共只有四门野炮，另外，海岸防御队也掌握着一定数量的机枪，他们对日军进行了猛烈射击。

从仁牙因登陆的日军，为第十四军所属第四十八师团。该师团以台湾旅团为基础改编而成，先后参加过淞沪会战和武汉会战，又在中国的福建沿海进行了登陆实战训练，官兵训练有素且作战经验丰富。

舰艇上的日军

尽管在登陆中伤亡不小，但第四十八师团很快便表现出一种压倒性的强悍，致使海岸防御队不得不慌乱退却。

除了海岸防御队等少数部队外，北吕宋的其他部队根本无抵挡能力。士兵大部分是菲律宾民兵，他们在训练不足的同时，还享受着"三无"待遇，即无钢盔、无挖壕工具、无毛毯，武器也十分低劣，仍是一战时的老式步枪，连温赖特都对自己的部队缺乏信心，直接称为"乌合之众"。

当一波又一波的日军像潮水一样涌上岸来时，民兵纷纷弃枪逃命，日军除了偶尔遭到射击外，几乎没有遇到什么像样的抵抗。

温赖特急报麦克阿瑟。到这个惊心动魄的时候，罗斯福倒是想到了要给足老麦面子，他被正式恢复四星上将军衔。可是光有将没兵也不行啊，你纵然浑身是铁，又能打得多少钉子？

接到失利战报，麦克阿瑟心急火燎地赶到设于仁牙因海湾的前沿阵地。见顶头上司前来视察，疲惫不堪的温赖特如遇救星，急忙请求麦克阿瑟把主力拉上来。

所谓主力，不过是一个美军师，但这是麦克阿瑟手里唯一的一把利器，不到万不得已，他不能动用。

仁牙因的战况已令麦克阿瑟愁肠百结，而当他返回马尼拉时，又一个惊人消息传来——第十四军所属的另一支部队，第十六师团在吕宋岛南部的拉蒙湾强行登陆。

麦克阿瑟所能支配的部队少得可怜，各个方向又都要守，几乎是不敷使用，离拉蒙湾最近的美军还相隔 240 公里，所以当第十六师团登陆时，可以说是畅通无阻，散步一样就上来了。

感觉一好，第十六师团真以为自己是来菲律宾旅游的。他们向登陆点所在的火车站发出通牒，要求提供一班开往马尼拉的列车。火车站站长问麦克阿瑟该如何答复，麦克阿瑟说，大家都是快刀割不断的亲戚，提供列车是应该的，你就这样告诉他们："按照时刻表，到下周的礼拜天才有去马尼拉的班次！"

这是典型的美式幽默，也不知道日本人能不能听懂，反正估计他们不会真的等到下周才出发。

与仁牙因相比，拉蒙湾更接近马尼拉，而能够用来阻击第十六师团的南吕宋军，只下辖两个菲律宾民兵师，比麦克阿瑟刚刚视察过的"乌合之众"北吕宋军还差劲，根本挡不住日军的进攻。

至此，麦克阿瑟已经完全摸清了本间的五脏六腑。这位老兄是要分两路实施钳形攻势，一路指向仁牙因，一路指向拉蒙湾，最终将麦克阿瑟的部队合围在马尼拉。假如两路日军会师，麦克阿瑟就不得不抽出主力，在中吕宋的开阔地域与之作战，从而陷入腹背受敌的困境。

这还不是最危险的，最危险的情况是，日军会将南北吕宋军分割开来，然后逐个予以消灭。

真够毒啊！日本人对侵占菲律宾蓄谋已久，在入侵前的一年多时间里，他们对吕宋岛进行了大量的空中测绘，并广泛搜集情报，麦克阿瑟的部队如何编组，有多少实力，位置在哪里，行军路线怎样，甚至日军该从什么地方登陆进攻，都已一五一十地标注在作战地图和计划上。

美菲军面临着覆灭之险，必须立即出手进行挽救。事到如今，麦

被炸毁在菲律宾港口的美军潜艇

克阿瑟唯一的出路是启动"橘色行动"预案，这个预案规定，一旦马尼拉失守，日军从两个方面进行压缩，美菲军就迅速从中央平原撤出，这样可以将分散的兵力集中起来，进一步组织防御战。

赌命的勇气

1941 年 12 月 24 日，圣诞节前一天，马尼拉市内却没有喜庆，只有沉重和不祥。麦克阿瑟下令南吕宋军先行向巴丹撤退，司令部则迁往科雷希多。

眼睛看得到的地方叫视线，看不到的地方叫视野，丰厚的履历，使麦克阿瑟二者皆备，也就是说，他在具备较强的战役指挥能力的同时，还能站在战略高度上看待军事问题。

菲律宾的防御，一度令美国人备感头疼，这个地方四面环海，几乎无险可守。现任总统罗斯福的叔叔，也就是老罗斯福曾经直言："菲律宾是美国的脚跟。"感叹其位置虽然重要，但极其脆弱。

有人甚至说，美国当年从西班牙手里夺取菲律宾，完全是个巨大的失误，因为无论在菲律宾驻多少军队，都挡不住敌人的进攻。

麦克阿瑟慧眼独具，找到了一把防守菲律宾的钥匙，那就是马尼拉湾，而控制马尼拉湾的要诀，是占领巴丹半岛及其南面的科雷希多岛。

驻防菲律宾期间，麦克阿瑟勘测过巴丹的大部分地区，只要一有时间，他就会步行或骑马，在丛林密布的山地里进行视察，并勾画出一张张防御图。对当地地形，他可谓再熟悉不过，巴丹半岛易守难攻不说，就是有"岩窟"之称的科雷希多，也很难从外面予以攻破。

为了进行大迁移，麦克阿瑟征用了马尼拉市内的所有船舶和舢板，以搬运所能带走的战略物资。凡是带不走的，则尽可能予以破坏，以免被日军利用，最后几百万加仑的燃料都被焚之一炬，燃起的黑烟覆盖了马尼拉市的整个上空。

12 月 26 日，麦克阿瑟发表公告，宣布马尼拉为不设防城市，以避免这座城市遭到无谓的屠戮。不能不说，这是符合西方战争伦理和人道主义的明智之举。

与马尼拉的惨淡景象不同，即将作为根据地的巴丹半岛则显现出一股蓬勃之气。麦克阿瑟在森林中建起了补给站，改善了道路网和码头，军医院、制粉厂、屠宰场、盐田、渔场等一系列配套设施也都一一齐备。

统计了一下，搬来巴丹的物资，最少能够维持6个月。不过要是在遭到日军夹攻之前，美菲军还不能迅速集结于巴丹半岛的话，这种准备就变得毫无意义了。

关键是卡隆比特桥。南吕宋军在撤退中的行军路线不是一条由东往西的直线，他们还要再往北行进6公里，通过卡隆比特桥之后，才能沿着公路进入巴丹。

麦克阿瑟下令南吕宋军先走，是要北吕宋军做掩护，换句话说，在南吕宋军到达巴丹之前，北吕宋军绝不能让敌军接近卡隆比特桥，否则巴丹防御战未打，美菲军就将丧失一半的防卫实力。

此时此刻，老麦面临着异常严峻的考验：北部队要掩护南部队，但一个很可能的结局是，北部队不仅掩护不了对方，还把自个儿也搭了进去，这就不是丧失一半实力的问题了，而是巴丹防御的整个计划都将崩溃。

他不是山本那样的赌徒，可是他和他的部下现在必须有一种赌命的勇气！

北吕宋指挥官温赖特奉命在中央平原上拉起五道防线。这五道防线都是麦克阿瑟在战前就设定好的，它们尽可能地利用了适合防御的自然地形，每道防御线之间距离都不远，部队只需一个晚上的行军便可以到达，这样便于进行层层防御。

该节约的地方得节约，该大气的时候得大气。麦克阿瑟一改先前一个兵都不肯增援的"吝啬"，将手上唯一由轻坦克组成的临时战车大队派到第五道防线侧后，以备万一。

老婆烧香，代替不了老公念佛，在北面拉起防线的同时，还得帮助南吕宋军加快移动速度。看到美军的运输车辆不足，麦克阿瑟迅速把脑筋动到了当地商业性的巴士公司身上，并将其编成了数个临时汽车运输大队。这些巴士汽车混杂于军用货车里面，夜以继日地将南吕宋军的人员和物资运往巴丹。

不管麦克阿瑟如何使尽浑身解数，他终究只能在地面上折腾，菲律宾的制空权是日本人的，要是本间调动航空队来进行轰炸，老麦就是把自己变成千手观音，也只能眼睁睁地看着他的南吕宋军被炸得七零八落。

当然对麦克阿瑟来说，最可怕的还是本间运用空中优势，去摧毁卡隆比特桥，只需扔两枚炸弹，所有后撤部队的道路都将被切断。

可是本间没有这么做，倒不是他跟麦克阿瑟之间有什么山挡水挡都挡不住的交情，而是因为在对方突然变阵之后，他不知道该如何应变了。

本间经历了一个过山车一样的心理过程。在发起仁牙因登陆战初期，由于通信中断，他完全不了解前沿战场的具体情形，看到海边的气候如此不给面子，他以为日军一定会在海水里扑腾扑腾吃足苦头，或者在海滩上给人家当人肉点心。

本间当时满肚子都是苦水，想想自己恐怕本来就是个瘸子，干吗要跑这么远的路来找罪受呢？结果一上来就让人揍个臭死，这个样子，就算爬上岸，进入中央平原，还不照样是溃败的命。

他想不到仁牙因登陆战成功了，更想不到，拉蒙湾登陆比仁牙因还要轻松。我这真是咸吃萝卜淡操心啊。

本间十分满意，尤其是第十六师团让他赞不绝口。第十六师团是建军时间很长的老牌常备师团，曾在中国参加淞沪会战，但战绩很一般，被视为二等兵团。

这个师团打仗虽不出彩，却早已恶名昭彰。它是南京大屠杀的元凶之一，军纪很坏，很快被遣回日本。

不过本间无所谓，他自己就是一条恶狼，既然是恶狼，就不会有什么慈悲心肠，他只要第十六师团能帮着他多杀人就好，其他才不管呢。

自踏上菲律宾的土地后，原先老是板着一张死人脸的本间就换了一副表情，得意的微笑几乎占据了他的整个脸庞。

本间的一招一式，都是照着日军大本营的计划来做的。陆军参谋本部认为，菲律宾具有决定性的战斗将在马尼拉进行，麦克阿瑟一定会调动所有兵力固守这座城池。

就算不会打仗的人都已看出，本间的两路人马占据着绝对优势，要打的话，日军必胜无疑，他怎么可能不得意呢？

可是美国人恰恰没有按照这个套路走，麦克阿瑟宣布马尼拉为不设防城市。本间糊涂了，他搞不清楚麦克

本间检阅日军战车部队

阿瑟的葫芦里卖的究竟是什么药。

再翻计划，想从计划中找答案。无奈大本营事先也没有料到美菲军会向巴丹撤退，计划中没这一条，翻了等于白翻。

"远东的敦刻尔克"

就在本间不知所措的时候，第十四军情报部送来报告，这才得知麦克阿瑟及其司令部已转移至科雷希多，美菲军的一部分也到了巴丹半岛。

就算本间是个天生的榆木脑袋，也弄明白了，麦克阿瑟这是要退一步打防御战。

很多日本人都属于认真得过了头，思维不会转弯儿的人，本间就是个典型。即便在了解麦克阿瑟的企图后，他最惦记的，还是大本营给予自己的那个任务，即占领马尼拉。

本间的幕僚全是跟主官差不多的货色，他们给本间陈述的意见是："主力部队最好贯彻大本营的原定任务，切勿再节外生枝。"

甚至还有人觉得美菲军主动撤退是件好事情——老麦固然是狡猾狡猾的，可这么一撤，马尼拉不更容易占领了吗?

说好了要赶快到马尼拉去喝庆功酒，差一天，差一个时辰都不行。至于撤走的美菲军，那不过是一些"飞进火焰的蛾虫"，什么时候去拍死都可以。

本间傻乎乎地把美菲西撤部队及其要道抛到了脑后，他将注意力全部集中在了马尼拉，不仅不顾"不设防"声明，继续派飞机轰炸马尼拉，还敦促第十四军全力向这座城市进军，北吕宋军的阻击任务仍然十分艰巨和危险。

1941 年 12 月 26 日，南下日军一个前插，正在防守的菲军几乎被切断退路。温赖特急忙调上三辆坦克及一门自动炮，用火力堵住道路，才将菲军救下阵来。

温赖特是麦克阿瑟在西点的同门师弟，相当于老麦是大四老生的时候，他正好是大一新生。温赖特不仅有着出众的指挥才能，而且很受官兵拥戴。日军在仁牙因登陆后，参加防御的部队曾一度溃散，正是温赖特重新把他们集结在一起，让大家又重新振作起来。

北吕宋军属于超水平发挥，但是由于实力悬殊，他们只能尽量打，尽量拖。

　　至 12 月 30 日，北吕宋军已退至第五道防线。知道身后就是友军的救命桥，官兵拼死抵御，见从正面难以实现突破，日军便耍了点小聪明，想用小部队展开偷袭。美军坦克是干什么吃的，发现后当即予以猛击。

　　日本兵虽然能冲能杀，撞到坦克却也混不开了，一家伙战死了 80 多个，余者慌忙后退。

　　遗憾的是，由于工兵部队过早地破坏了沿途桥梁，北吕宋军在边打边撤的过程中，丢掉了这几辆坦克，使温赖特失去了可资利用的特种武器。

　　没有坦克还有炮。日军在发动第二次攻击时，便尝到了炮弹的厉害，部队死伤惨重，步兵联队长上岛死亡。

　　12 月 31 日，日军虽未能攻到卡隆比特桥附近，但已到达距离马尼拉外围 50 公里处，并危及了南吕宋撤退部队的右翼。

　　麦克阿瑟立即使用已经撤出的南吕宋军，部署了一个 6 公里长的防线，接着又调遣临时战车大队进行反击，一共击破 8 辆日军战车。这种抵抗和反击力度，是日军没有预计到的，顿时就被吓住了，不敢再轻易向前推进，麦克阿瑟达到了在最后一刻争取时间的目的。

　　尽管撤下来的北吕宋军已经伤痕累累，但是他们不用担心日军的追击，因为有南吕宋军在那里挡着，他们还可以在严整以待的防线后面得到重整。

　　麦克阿瑟说过，战场上的一刹那非常重要，就那么一刹那，让你喘上一口气，便能打它一个漂亮的胜仗。

　　1942 年 1 月 1 日晨，最后一批美菲军通过了卡隆比特桥，当日军从桥上冲过来时，爆破手点燃了炸药包。

　　随着桥梁坠入激流，麦克阿瑟放下心来。利用过去宝贵的一周时间，他成功保存和撤出了美菲军主力，巴丹防御战将由计划变成现实。

　　即便单单就掩护作战而言，也打得不赖。自登陆菲律宾以来，日军损失超出预计，总计伤亡达到

日军以战车为掩护进行攻击

2000 人，其中光战死者便有 600 多人，美菲军方面则最大限度地保存了自身实力。

老麦可以掏出他的大烟斗美美吸上一口了。他说，世界上没有任何训练有素和经验丰富的步兵师，能跟这次撤退行动中的美菲杂牌军媲美，这帮小子太"令人钦佩"了。

这是"远东的敦刻尔克"，日本参谋本部称为"伟大的战略行动"，承认这次行动出乎意料，使他们非常惊讶。

大本营后来对本间是有所嗔怪的，埋怨第十四军司令部没有能对这种情况立即采取措施，不过当时的本间可管不了这些，他最有兴趣的是如何安排进入马尼拉的胜利仪式。

日军残暴屠城的"名声"不小，马尼拉留守官员战战兢兢，尽力取消了一切可能遭到报复的措施及行动，可是民心在那里，它不会变。

1942 年 1 月 2 日，当日军大队人马进入马尼拉时，迎接这些胜利者的，只有一小部分好奇的市民，表情冷漠而淡然，从始至终，没有一个人欢呼。日军派人把"粉碎英美帝国主义"的传单塞进人群，但绝大多数人看也不看。

日本人曾经以为，自己是把菲律宾从美国控制之下救出的"恩人"，菲律宾人应该感激涕零，山呼万岁才对，入城日军也一定会受到热烈欢迎。

可眼前的情景着实伤人啊。前来视察马尼拉的日本参谋本部高官那个失望：难道菲律宾人平时就这么直不愣登，表情都不带拐弯的？

不过日本人自己很快就露出狐狸尾巴，告诉人们，他们为什么到处都不受欢迎，惹人憎恨。

菲律宾被日军占领后，所有工厂、银行、学校、教会、印刷厂尽归日本所有，菲律宾国旗，不准升，菲律宾国歌，不准唱。菲律宾人还没有能争取到独立，就又过上了有天无日的生活。

本间在马尼拉摇头摆尾，不可一世，但是他发现，马尼拉已不具备实际军事价值，马尼拉湾的入口完全被科雷希多和巴丹控制着，只要美菲军守住这两处，日军根本无法使用马尼拉湾。

麦克阿瑟把马尼拉比作瓶子，本间虽然拿到了瓶子，可是瓶塞在他手里，没有他的允许，本间一口饮料也喝不上。

这下第十四军的幕僚又有话说了，这个埋怨："这么容易就让敌人逃到半岛，像什么话？"那个放炮："攻占一个敌人都没有的马尼拉，连小孩儿都会呀！"

正处于亢奋状态的本间当然听得刺耳。占领马尼拉的当天，他便集结部队，打算对巴丹展开进攻，然而就在准备工作即将就绪的时候，一封通知把他的部署给打乱了。

乐观得豁了边

日本大本营通知本间，入侵爪哇的计划比预定时间提前了一个月，为此，第四十八师团被转用于爪哇方面，作为补偿，大本营把第六十五旅团拨给本间使用。

第六十五旅团原属守备兵团，或称为治安部队，战前该旅团只接受过一个月的训练，而且缺乏机动车辆以及重武器装备。兵员少了，质量差了，但本间并没有觉得有什么特别为难之处。情报部送来的报告显示，美菲军溃逃至巴丹后，已成为名副其实的二茬子庄稼，全部兵力不过 25000 人，部队士气及官兵的健康状况也糟糕透顶，多数士兵都想伺机溜号。

面对这样的弱旅，体格不会是问题，年龄不会是距离，用什么武器去撷它都可以，何况第六十五旅团怎么说也是一支刚上阵的生力军，起码官兵一个个身强体壮吧。

一乐观就乐观得豁了边，本间要进攻巴丹的方式不是打，而是追，撒开脚丫子穷追。鉴于巴丹半岛中间是茂密的森林，日军兵分两路，第十六师团在西海岸窥伺，第六十五旅团则沿东海岸追击撤退中的美军。

1942 年 1 月 4 日中午，第六十五旅团与第四十八师团进行战线交接，同时接受了坦克、山炮、野炮等补充配属。第六十五旅团长奈良晃捡到便宜之后，情绪比本间还要乐观，他根本没把美军的抵抗考虑在计划当中，接下来的情况似乎也验证了这一事实。在日军推进过程中，连美军的影子都没看到一个，这使奈良更加心浮气躁，恨不能胁生双翅，像抓小鸡一样将美军一个个予以生擒活拿才好。

但是，奈良实际上搞错了巴丹主防御线的位置，人家不是怯懦畏战，而是你还没能到达他的防线。

在森林中穿行的日军

战前，日本人百般搜罗关于菲律宾的情报，唯独漏掉了巴丹部分，导致临战连份详细的作战地图都拿不出来。

另外，不可忽视的一点是，第六十五旅团是个穷棒子小旅团，不像美菲军那样用汽车赶路，结果他们徒步走了300公里，脚都走肿了，最多也就只能吃吃美军汽车扬起的尘烟罢了。

有人评价，第四十八师团的转调，是从本间嘴里拔去了全部的槽牙，因为第四十八师团不仅人多力强，还是日军中少有的机械化兵团，他们以车代步，这样起码在机动速度上可以与美军拼一拼。换了第六十五旅团这颗假牙之后，嘴是没漏风，然而一切都变了，本间的嘴巴不发烧和肿痛才怪。

在日军呼哧呼哧赶路时，就连落在最后面的美军都已进入主防御阵地，可叹奈良仍然被蒙在鼓里，他还把美军比作逃亡的蛇，天真地做了一个战术构想：我要抓住蛇的尾巴，尾巴被抓，蛇一定会回头反扑，这时就可以对蛇进行痛击了。

蛇的尾巴在哪里？ 1942年1月9日，第六十五旅团先遣部队终于在纳堤山麓找到蛛丝马迹，他们发现那里建有美军阵地。

按照奈良的吩咐，先遣部队赶紧上前"抓尾巴"，不料这尾巴不是普通尾巴，简直就像铁扫帚一般。

麦克阿瑟一共为巴丹设置了三道防线。早在一年前，他就派自己的情报部、工兵部对半岛进行了为期三周的勘察，然后便开始修筑阵地和弹药库，所有工程用半年时间完成。

这是标准的高质量防御工事，美菲军经常在工事里进行实地演习，老麦相信它至少具备在半年内阻挡数万敌军的能力。

纳堤防线是三道防线中的第一道。纳堤山海拔1000米，山脊连绵伸延至海岸，以森林地区居多，所以防线工事主要集中在海岸公路，上面铁丝网和机枪阵地密布，但设计和建造者也没忘记发挥森林的作用，他们巧妙地利用密林构筑出临时的炮兵阵地。

日军冒冒失失地闯进这里，就像是地形不明的人，突然跳进人家的庭园一样，主人早就握着扁担守候了，这时候你还想抓尾巴，不挨揍才怪。

防御正面的地形早已全部标定，美制150毫米榴弹炮弹无虚发，打得突前一排的日军片甲不存，先遣队顿时乱成一团，剩下的人赶紧躲进丛林藏身。可光躲着不是个事，还得吃饭啊，炊火刚点起来，美军看到了，又是一顿猛射，这下饭也不用吃了，日军自己就像足了那扬起的簸米、正熟的饭锅。

先遣队进退维谷，只好饿着肚子趴地上数炮弹，这成为二战结束后人们在茶余饭后的一则笑谈。

奈良接到报告大吃一惊，本来他还计划用4门旧式火炮就摧毁防线，达到"对蛇痛击"的效果呢，完全没想到巴丹防线会如此坚挺。

4门老火炮显然是不够用了，奈良把配给他的山炮、野炮、重炮、坦克炮全都推上了前线。这是自日军登陆菲律宾以来，第一次运用炮兵混合群展开集中射击，所有火炮都像吃了枪药一样发狠劲，一些经历过一战的美军老兵说，其激烈程度超过了他们以往经历的任何一次战斗。

奈良指望一记重拳，就将美军给打死，或至少也得整成了个脑震荡，可是事与愿违，对方毫不买账，你用炮，我也用炮，你装大尾巴狼，我这里带钩儿的、带尖儿的、带刃儿的、带刺儿的，也没一件会闲着。

日军的进攻搁浅了。本间根据情报，以为巴丹的美菲军只有25000人，但实际上有80000人。士气方面，美菲军也不是如本间所想，已成惊弓之鸟，相反，当时盛传美国即将增派大量援兵至菲，官兵都认为胜利在望，哪有什么颓丧之气。

与此同时，美菲军还拥有一大精神支柱，那就是麦克阿瑟。作为名气超过巴顿

日军正在使用的是240毫米重榴弹炮

的一战英雄，老麦意志坚定，指挥有方，巴丹大撤退的成功，已很好地证明了这一点，加上他又熟悉巴丹地势，因此几乎每个士兵都深信这仗有打头。

1942年1月10日，为了亲眼看一看前线战况，也为了鼓舞军心，麦克阿瑟渡过海峡，从科雷希多来到巴丹。

当天早晨，美国西海岸广播电台发布消息："援军肯定正在途中，我们必须坚持到援军的到来。"这一消息的发布，以及麦克阿瑟亲临一线，使官兵十分激动。麦克阿瑟握着军官的手，再一次向他们做出保证："援军确实正在途中，坚持一下就会胜利。"

麦克阿瑟对前线状况感到满意，返回科雷希多后，他自信满满地告诉菲律宾总统奎松："我可以在巴丹和科雷希多守住几个月。"

美菲军的顽强抵抗，让本间一时难以适应。就在麦克阿瑟亲赴第一线的这一天，他发来了劝降书。

除了打仗，本间业余的一大爱好是向文艺领域发展，什么画画、作诗、写剧本，都能来两手。既然搞上了艺术，本间的内心深处就有了琼瑶剧的一面，在信中，他先用教主般的语气加以恫吓："你命运已定，末日将临，究竟还要抵抗到何时？"

接着话锋一转，他夸赞了一番美军的勇气和战斗意志，然后"循循善诱"地告诉麦克阿瑟，"你的声望和荣誉已经保住"，出来投降也不怕丢面子了。

满脸褶子还要出来卖萌，麦克阿瑟可没闲工夫跟本间玩这种文字游戏，他把劝降书扔纸篓里去了。

开荒事业

当官的可以在后面装腔作势，当兵的却只能继续在前面搏命。1942年1月10日午夜，在劝降未收到回应后，第六十五旅团对纳堤防线展开了接连不断的"万岁突击"。

所谓"万岁突击"，就是一边喊"天皇万岁"，一边端着刺刀进行冲锋。美军火炮全都隐蔽在森林里，通过远距离射击和侧射，对这种如同公牛一般的冲击进行无情拦阻，日军步兵纷纷倒在美菲军架设的铁丝网前。

"万岁突击"的特点就是疯狂，处于枪林弹雨中的日军不顾一切地冲向铁丝网，并架起人桥，使后继日军得以通过。

面对敌人疯狂的冲击，守军虽然暂时实行了后撤，但等增援部队一到，他们又即刻发起反击，将日军重新赶回原有战线。

至1月12日上午，进攻纳堤防线的日军已被打死了两三百人，付出如此大的代价，却只获得了很小一块地域。

奈良实在是心有余而力不足了。他一米一米地往前推进，与其说是在进攻，不如说是在顶着房子走路更好，那副惨不忍睹的熊样，别说他自己，连看的人都痛苦得要死。

打仗打不好，到底是什么原因？本间对巴丹防线的内情一无所知，他所做的，只能是派幕僚去纳堤战场进行视察。

幕僚来了一看，纳堤山麓到处是小河和森林，既难以通过，又便于美菲军的火炮隐蔽，而中间则全是火力网。在缺乏地图的情况下，相互之间的通信联系就很重要，可是第六十五旅团的通信分遣队也没有丛林作战经验，他们自己都常常在林子里转圈转不出去，更不用说为大部队指点迷津了。

军部幕僚的一致结论是："这仗确实难打，苦战是必然之事，而且今后的进攻仍然是困难重重。"

既然如此之难，本间首先想到的，就是奈良的智商恐怕不够用，他计划从军司令部抽调一个参谋配属第六十五旅团，给奈良做左右手，帮着指挥打仗。

问题是，奈良虽为旅团长，却是个颇有资历的中将。要是万一因此伤了大家的面子，就不好看了，于是本间决定先派个参谋去试探一下对方的反应。

奈良的旅团司令部建在密林边上的一间小房子里，房子依着山势，看上去还是倾斜的，倒与奈良此时的处境颇为相似，叫作上又上不去，下又下不来。这说的是打仗，若论在军内打交道，奈良早已是八面玲珑，像成精黄瓜一样老练了。听参谋讲完来意，他先向本间表示感谢，军司令官能派自己的幕僚屈尊到下面来给我当幕僚，真是愧恐至极，太好了。

接着，他话锋一转："不过我还得把旅团部的两个参谋找来问问，听听他们的想法。"

这是一个合乎情理的要求，军部参谋便依言等候。

随后听到林子里传来激烈的争吵，有人尖着嗓子在大叫："时至今日，再派军部参谋来，不是打我们两人的耳光吗？"

哦，原来就是那两个猥琐小参谋。知道军部参谋要来取代他们，这二位马上炸了，所谓坏人买卖，如杀父母妻子，着实可恨啊！他们一边流着眼泪鼻涕，一边对奈良哭诉，说自旅团登陆后，他们如何视死如归，如何排除万难，现在旅团长怎么能做卸磨杀驴的事呢？

"倘若长官非接纳军参谋不可，请先将我们两人撤职，但为本旅团及长官荣誉着想，希望派我们到巴丹战场一死殉国。"

好像是说给奈良听的，但每一句都让军部参谋如坐针毡。稍后，奈良又出现了，并且一上来就给了军部参谋一个电力十足的微笑，意思是你都听到了吧。

军部参谋最终从奈良那里得到的答复是："实在舍不得辜负旅部参谋的决心和诚意，请转达军司令官，本旅团打算暂以原阵容继续苦战。"

军部参谋巴不得早点离开这个是非之地，得了话，赶紧回去向奈良报告，并建议保持现状，不要再派什么参谋。

本间一听，就知道老家伙玩了个心计。人情人情，在人情愿，他摆明是不情愿，再硬塞人进去就不明智了。

可是第六十五旅团的进攻没有进展，又是个铁的事实。奈良苦战，本间身上的压力也不小，来自东京的非议之声不断传来，使得本间及其参谋幕僚不得不绞尽脑汁，想尽办法来提高攻击的效果。

日军在巴丹推进缓慢。图为因受到美军反击，日军不得不用速射炮进行压制

想来想去，只能从西海岸的第十六师团抽调部队进行增援。第十六师团派出了武智支队，这个支队是以联队为基础临时建成的，共含两个大队兵力。武智支队奉命在纳堤山顶附近的东斜面密林中穿行南进，其目的是迂回至纳堤防线的侧背，以迫使美菲军撤退。

迂回包抄是日军陆军运用最为熟练的一种战术，但迂回也是要讲条件的，纳堤提出的条件实在是太高了。

那是一片连野兽都无法通行的原始森林，不但是处女林，还是处女地，实际上连本地人都没有进去过，日本兵必须一边砍伐，一边行军，比在枪林弹雨中冲锋都困难。

一天竟然只能往前面蹚几米！三天后，武智支队的粮食吃光了，又得不到补给，开始陷入饥饿之中。本间闻讯，急忙派飞机空投粮食，但林子过于茂密，空投袋往往无法落到地面，都挂在树枝上，给飞鸟当了点心。

武智支队真是生不如死，没有食物，只能靠吃草根、喝泉水维持生命，他们的"开荒事业"自然也进展不快。

武智支队派出一名校佐到第六十五旅团进行作战协调。完事之后，这位瘦得皮包骨头的仁兄搓着手对奈良说："真不好意思开口，但我的部队，上于部队长，下至所有士兵，都已整整 6 天没有吃一点儿东西了，能否请长官提供少量食物作为犒赏品？"

从原始森林里跑出来一趟不容易，照理是该赏听。可是那时候第六十五旅团也正处于揭不开锅的境况，奈良皱着眉头："不瞒你说，我这里也很惨，今天早上，我仅仅啃了半块饼干，你实在要犒赏品，只有这个。"

说着话，奈良从自个儿裤袋里掏出 6 支皱巴巴的香烟，分了 3 支给校佐，另外半块饼干他还要留着下午吃呢，舍不得给。校佐无奈，只好拿着香烟垂头丧气而去。

其实在巴丹战场上，所有参战日军都一样苦，不单第六十五旅团，抽兵增援他们的第十六师团也一样。不过到一月下旬，战况终于出现变化，已被折腾得如野人一般的武智支队在钻出丛林后，渗入纳堤防线的侧翼。

在侧翼防守的是相对较弱的菲军，难以抵御日军的攻击。1942 年 1 月 22 日，为免遭到包围，麦克阿瑟下令放弃纳堤防线，全军后撤至第二道防线。

炒蛋式军帽

撤退命令下达后，所有道路上都充斥着撤退的军队，加上没有整理交通的宪兵进行维护，现场出现了混乱。指挥官非常担心，尾追的日军会趁机进行炮击，还好，本间和奈良都没能想到这一招。

美军的后卫部队很尽责，尽管抵抗力微弱，仍坚持到了主力撤出为止。1月25日，美国大兵得以全部撤出纳堤阵地，这些撤下来的士兵看起来个个像是行尸走肉——除了连续作战带来的疲困不堪外，他们主要还是被饿成了这副模样。

就在巴丹大撤退前，麦克阿瑟曾将他的撤退计划报告给陆军参谋长马歇尔。马歇尔不仅表示同意，还答应尽量派遣援军。不过当时马歇尔的想法只是为了给老麦灌点蜜糖水，打打气，鼓鼓劲而已，在日军基本控制太平洋的制海权、制空权的情况下，"彩虹五号"计划事实上已告夭折，海路和空中运输都变得极其危险，无论马歇尔本人还是美国海军司令，都不会为此铤而走险。

此外，由艾森豪威尔主持的华盛顿会议认为，美国所能提供的船舶、飞机和兵员，难以同时满足欧洲和太平洋两个战场的需要，必须有所侧重。侧重哪里呢，自然还是欧洲战场，所谓"欧洲第一"或者是"（打）希特勒第一"。

撤到巴丹后，麦克阿瑟马上发电报求援，但除了从澳洲和爪哇开来三条货船外，马歇尔的那些保证全未兑现。

麦克阿瑟苦笑着把他遇到的尴尬比喻成是一次野外行军。行军中，上司告诉士兵，下一个水源地大约还有10英里远，其实根本就不是。在多次上当后，饥渴难耐的士兵只好对上司说："长官你不用多说了，谢谢上帝，我们还能坚持。"

回头面对巴丹军民，麦克阿瑟连苦笑的表情都做不起来了。按照最初的军需统计，搬来巴丹的物资，至少能够维持半年，但这个乐观的想法很快就被证明不成立。

除了美菲军外，还有许多难民逃入巴丹。本间马上意识到，这是一个机会，一个使巴丹粮食储存大为减少的机会，便有意将巴丹北面的居民，主要是老人、妇女和儿童，赶进美菲军防线，因为他很清楚，

被炮火击毁的美军炮位

麦克阿瑟不可能听任这些难民饿死。

巴丹难民一下子达到了 26000 人，加上 80000 名美菲军，总计有 106000 名之众。如本间预计的那样，麦克阿瑟不得不在美菲军的阵地后面，为这些可怜的人建立难民营，并被迫将士兵的粮食配给减少一半，后来又降到 1/4，就这样，仍然是僧多粥少。

麦克阿瑟以悲观的口吻，向华盛顿报告了美菲军现状：损失超过总兵力的 1/3，有的部队甚至已接近 2/3。

以如此沮丧的语调来叙述事实，当然是为了能尽快从上司那里要到援助，本质上，这位骄傲的将军是从不肯向任何困难和挫折低头的。

在整个巴丹防御战中，麦克阿瑟只到纳堤防线去过一次。有人免不了说三道四，背地里骂麦克阿瑟是胆小鬼，但这些人其实并不真正了解他。

一战时，麦克阿瑟曾和巴顿一起征战欧洲战场。两人在高地上进行指挥，一枚炮弹在身边爆炸，尘土迎面扑来，巴顿笔直站着，然而还是向后退了一步。

麦克阿瑟纹丝不动，并且幽了巴顿一默："别害怕，上校，你是听不到打中你的那发炮弹的。"

巴顿由此对麦克阿瑟非常佩服，他告诉家人："麦克阿瑟是我见过的最勇敢的人。"

麦克阿瑟不会舍弃他的士兵，他说过的一句话曾在士兵中广泛流传："如果是活，我与大家一块活；如果是死，我也与大家一块死。"

麦克阿瑟不去第一线，是因为承诺中的援军和物资，盼星星盼月亮，总也盼不到。他无法对一线官兵兑现自己的诺言，特别是听到饥寒交迫中的士兵哼哼着"今天请赐予我们面包"时，他更是感到无地自容。

事实上，麦克阿瑟所在的科雷希多和巴丹一样危险。由于掌握着制空权，日军轰炸机编队可以随心所欲地对小岛进行空袭，起先美菲军还可以用高射炮还击，后来炮弹越打越少，便只得任由对方轰炸。

尽管随时可能被报销掉，麦克阿瑟仍坚持把他的司令部设在小岛的最高点，这样既便于观察敌情，同时也可以让自己心安。

麦克阿瑟信奉一个观点，即"作为指挥官的人，必须使士兵时常能看到他"。他试图通过这一方式，告诉正在受苦受难的军民，自己并没有抛弃他们。

司令部在几分钟内就被炸光了。站在司令部外面的麦克阿瑟，亲眼看到房屋像玻璃匣子一样破裂并成为碎片，然后如同纸屑一般在空中回旋，景象令人毛骨悚然。

新的司令部建在了一条地下隧道里，但是麦克阿瑟仍然不会安坐在里面。空袭警报一响，他就赶紧跑到户外，与隐蔽的士兵蹲坐在一起。

麦克阿瑟这么做，一方面是要观察日机编队队形和空袭方式，向对手学上几招，另一方面也是为了安定军心民心。

如果是在和平时期，他可以掰开一块面包，或者是一起抽两袋烟，以示友谊和亲和，但在战争时，麦克阿瑟只能用这种分担死亡风险的方式，来加深他与士兵患难与共的兄弟情谊。

菲律宾人曾按照拿破仑所处时代的风格，为麦克阿瑟定制了一套制服，其中有一顶金光闪闪的帽子，最令麦克阿瑟爱不释手。美国国内一些不喜欢麦克阿瑟的人则对之冷嘲热讽，说他是"吕宋的拿破仑"，帽子是"炒蛋式军帽"。

在战火硝烟中，麦克阿瑟的军帽已经又破又旧，但只要士兵看到这顶军帽，一定会眼睛发亮并大声欢呼，他们聚集在麦克阿瑟周围，亲热地拍打着他的脊背，叫他"麦克阿萨"。

从纳堤防线撤下的部队担任正面防务，麦克阿瑟将那些拍他脊背的士兵们组织起来，用以防守侧面的西海岸。

这些士兵主要来自菲律宾警察队和担任地面勤务的海军大队，并非正规野战步兵。要上战场了，临时连件军装都找不出来，海军大队试图把他们蓝色的海军制服染成卡其色，结果没有成功，蓝色变成了不伦不类的芥末色。两支部队拥有数挺一战时用过的机关枪，也有各种小口径火器，但战前多数人连步枪都没使用过，士兵上阵肉搏拿的不是刺刀，而是一种长长的大砍刀。

这是一群穿着古里古怪，看上去说话也非常粗野的战士。他们喜欢大声地说话，互相之间常开各种下流玩笑，有人甚至能即兴搞搞战场恶作剧，点上一支香烟，为的只是引诱敌人开炮。

临时组织起来的士兵并不正规，但麦克阿瑟对他们充满了信心。站在第二道防线萨马特的山脚下，老麦对参谋长萨特兰说："我亲自选定和准备了这个阵地，它将固若金汤。"而后，他向马歇尔做出保证："我打算血战到底，与阵地共存亡。"

麦克阿瑟再次给本间出了一道难题，不过这时候本间感到头疼的，主要还是前面一轮已把他的部队伤到不行。

在纳堤防线的交战中，日军付出了很大代价，第六十五旅团的一个主力联队，原有3000人，至1942年1月24日，死伤了1400多人，丧失近一半的战斗力，此外，其他特种配属部队也损失了差不多相同数字的兵员。

奈良向本间诉苦说，第六十五旅团处于极度的疲劳状态。本间仅凭第六感就已明白，这哥们儿没说谎，看来是得帮他减减压了。

你再疲劳，暂时也没人可替，所以第六十五旅团仍负责正面进攻，不过本间计划让第十六师团从侧翼协助。

猪一样的发挥

巴丹半岛的西部多悬崖，无法像东海岸那样沿公路推进，但是这一带的海岸线凹入，布防困难，又便于登陆偷袭。按照本间的部署，第十六师团将采用非常措施，把小部队运到海岸线上，然后从美菲军的侧背实施登陆。

这个非常措施，还真的很"非常"，因为是临时想出的招，舟艇都没现成的，要从仁牙因海湾转运过来，还得避开美军鱼雷艇的监视，利用黑夜偷偷地运，就跟海上走私差不多。

1942年1月22日晚，第十六师团所属的恒广大队乘着舟艇，奉命朝西海岸的凯波波角进发。

日军指挥官看地图作战，只注意到巴丹半岛海岸线凹入的特点，但地图是地图，现场是现场，有很多东西你就是搬一部显微镜过来，地图还是无法告诉你答案。比如，巴丹半岛西海岸的海岸线其实全都被背后黑压压的山脉遮盖，非常难以识别。即便在白天，经验丰富的航海者拿着海图操作，也不易发现岬角。

凯波波角在哪里，为了找这么

日军在纳堤防线伤亡不少

一个岬角，恒广大队一个头变成了两个头。海上波浪又急又高，舟艇上的日本兵一个个都把心提到了嗓子眼。

提心吊胆是对的，不过对他们威胁最大的还不是浪，而是美军的鱼雷艇。发现这些家伙在海浪中扑腾来扑腾去，鱼雷艇立即发起攻击，日军的两艘小艇被先后击沉。在遭到攻击后，恒广大队再顾不上辨别什么凯波波角，忙不迭地就选择了登陆。

登陆点上没有设置防御部队，于是恒广大队便放心大胆地朝前进发。走着走着，他们碰上了正在巡逻的警察队和海军大队。

这场遭遇战，对日军来说犹如一场噩梦，一名日军士兵在日记中写道："我们碰到了穿着黄色制服的美军决死队，他们如虎狼一般……"

虎狼一般的敢死队一上战场，既不求饶，也不饶人，日军被杀得一直退到原登陆点，最后坐小艇逃出的，只有 34 个日本兵。

得悉恒广大队陷入困境，第十六师团急忙出手相捞。1 月 26 日夜，一个大队再次奉命登陆，预定登陆地点是卡纳斯角。

什么凯波波角、卡纳斯角，样子都差不多，黑夜中根本难以判别，最后只好估计所需航行的时间，根据这个时间来抢滩。可是潮流速度是因时而异的，经常处于变化之中，所以日军对时间的估计也不可靠，结果这次又弄错了登陆点，而且登错之后，仍然等于自投罗网。

古语道，船多不碍港，车多不碍路。可是对登陆日军来说，全不是这么回事，他们基本上是上几批，死几批，继恒广大队基本全军覆灭后，第二支大队也在萨马特防线后方被歼灭。

看样子，第十六师团身上那股子又倔又傻的劲头似乎是完全被激发出来了，登陆部队猪一样的发挥，也没能打消他们继续从海岸线上进行偷袭的念头。2 月 1 日，第十六师团第三次派遣部队从卡纳斯角登陆，这是该师团的一个精锐联队——吉冈联队。

其实这时候已谈不上什么偷袭，大家心里都跟明镜似的，尤其菲律宾警察队还从日军军官的尸体身上发现了一份重要文件，文件上说的就是增援计划的内容。

美菲军事先便掌握一切，知道日军会从卡纳斯角登陆。4 架美军战斗机如约而至，沿岸炮兵也没光看热闹，欲登岸的吉冈联队被打得整张脸都快掉海水里去了。

这时候就算是想走也难以走脱。由于舟艇损伤较大，大部分已无法继续在海中航行，吉冈联队只得捡一个看不到守军的海角进行临时登陆。

然而他们终究未能逃过海军大队的眼睛。海军大队这次没有从正面堵，他们学日本人，从背后抄。1942年2月8日，海军大队实行战术性登陆，把吉冈联队逼入了丛林。

眼见得是上天远，入地近，这个时候根本不可能再想什么抄袭防线侧翼了。好在美菲军没有贴身紧追，此处天不收，地不管的，倒也落得快活。

快活的感觉，也就维持了那么几分钟，几分钟后，吉冈联队便要受罪了，由于缺乏补给，他们的处境可直接比照增援第六十五旅团的那个武智支队。

第十六师团知难而退，再也不敢做赔本买卖。师团长下令吉冈联队从陆地上撤退，但是在电报联系已经中断的情况下，吉冈联队无法收到命令。

第十六师团师团长只好派传令兵冒死前往传达。10天后，一名传令兵找到了吉冈联队，此时吉冈联队仍被美菲军围在丛林里，没有食物下肚，已经在啃树皮充饥了，联队的百余名重伤员则奄奄一息。

人怕落荡，铁怕落炉，吉冈联队完全沦为一只待宰的困兽，性命已经一大半属阎家的了。接到撤退命令，联队残部总算看到一丝求生希望，他们拼死闯关，从包围圈中勉强杀出一条生路，狼狈不堪地逃回了第十六师团位于后方的司令部。

出去时一个个叫着要多杀些人，出去后反被别人杀得人仰马翻，真是出外一里，不如家里。幸存的日本兵心有余悸，认定要突破巴丹半岛，单凭武士道和肉弹是绝对行不通的。

在西海岸的反登陆战中，美菲军有多达500人阵亡，其中大多数是警察队和海军大队成员。他们是一群真正的勇士，是一只只慷慨赴死的孤狼，即便他们受伤倒下，嘴角仍带着对敌人的轻蔑，手上还握着带血的长刀。

麦克阿瑟参加了士兵的安葬仪式，他说："你们每一个人都很脏，身上有

丛林中的日军

虱子，散发着臭味，但是，我爱你们！"

第十六师团登陆部队的昏头昏脑，似乎也传染给了从正面进攻的第六十五旅团。第六十五旅团白天在铁丝网前狂挖散兵坑，准备照老法子，在黄昏时展开一个"万岁突击"，他们以为美菲军自纳堤撤退后，已处于溃散逃命状态，必难承受这样声势浩大的蝗蚁式冲锋。

从本间到奈良，都不知道麦克阿瑟在纳堤防线之后还有一道更坚固的防线。老麦说萨马特防线固若金汤，并非信口吹嘘，这道防线的强韧程度，整整是纳堤防线的两倍。

由于不知道有这么一道防线，日军错把主防御阵地当成了前哨阵地，一窝蜂地往上面拥，这下好了，人家正愁你不来呢，机关枪那个扫啊。

喊"万岁"时，刺刀、口号，一件都少不了，喊完了，一件也都用不着——清晨一看，在主防御阵地前面，呼啦啦地躺了约100名日本兵尸体，而美菲军损失低微，奈良这本蚀得都不知道该怎么算好了。

奈良蚀本蚀到两眼通红。死100个人怕什么呢，反正有今生没来世的，死也要死在"万岁突击"里。1942年2月8日，他准备再度发动攻击，并已将命令下达给各联队指挥官，但是当天下午，本间突然打来电话，对他说："不要打了！"

巴丹的私生子

本间说不要打，不是说打赢了，正好相反，是输惨了，输到他只能暂时罢手为止：无论正面还是侧面，每一仗都打得超烂，烂到没有底线，简直是深不见底。

日军在巴丹的失利，是太平洋战争开始以来，日军在陆地进攻中遭遇的第一次严重挫折。日本人不知道麦克阿瑟还能在巴丹抵抗多久，相比于战场上的得失，他们显然更害怕巴丹防御战在精神上所起到的作用和影响力。

自举行马尼拉入城式以来，本间的第十四军司令部一直被喜悦包围，此时又像霜打的茄子一样，重新陷入登陆前的那种僵尸氛围，并且与原先相比，气氛变得越加紧张压抑。

对盟国方面来说，巴丹抵抗则犹如一针强心剂。罗斯福对菲律宾的抵抗表示感谢，并承诺会尽美国所有的人力物力，为菲律宾夺回他们失去的自由。

可罗斯福承诺的并不是现在，而是将来。美援完全沦落为空头支票，岛上弹药和食物的消耗却在与日俱增，因为难忍饥渴，多数士兵只能靠采食甘蔗充饥。

打猎和钓鱼成了美菲军的一大"副业"。就连吃不惯菲律宾食品的美国大兵也入乡随俗，他们原先对狗肉和猴肉连碰都不会上去碰一下，现在也顾不上这个忌讳了，能拿来果腹就行。一名吃惯"山珍海味"的美国兵说："只要不是人，我什么东西都可以吃。"

日军在用火焰喷射器攻击美军暗堡

打了这么长时间的仗，军人的军装已经破到了不能再破，他们一个个衣衫褴褛，犹如刚刚从乞丐帮里走出来。

所有这些都还有办法进行克服，难以克服的是疾病困扰。丛林中少不了蚊虫叮咬，偏偏撤退时，记得带蚊帐的人又很少，长期的营养失调，使得人们的体质和对疾病的抵抗能力都自然而然减弱，疟疾由此开始流行，而能治疗疟疾的特效药奎宁（金鸡纳霜）眼看就要用完了。

第十四军情报中的一项"官兵健康状况差"竟然在这个时候应验了，部队战斗力被大大削弱。至 2 月中旬，美菲军的非战斗减员已接近 50%，这是一个十分惊人的数字。

人们的失望情绪逐步蔓延，士兵不仅诅咒敌人，也开始诅咒和辱骂美国政府。他们用粉笔在自己的头盔上画着"V"字，那不是代表胜利，而是代表炮灰。

一首二战中最动摇军心的歌谣不胫而走："我们是巴丹的苦兵卒，是巴丹的私生子，我们没有爸，没有妈，没有山姆大叔。"

哼唱着这些歌谣的士兵会咧嘴嬉笑，只是那种嬉笑比哭还难看，就像是临终者的梦呓。

望着士兵消瘦的身体和绝望的表情，麦克阿瑟心痛不已，但他职权有限，并没有其他更好的办法来改变这一现状。

有一个人终于忍不住了：菲律宾总统奎松。

人无刚强，安身不牢，或者换句话，想谋求政治独立的国家，就甭指望靠别的国家来保护你。作为政治家的奎松也许不是不懂这个道理，他只是没有这个能力。

奎松曾当面问麦克阿瑟："你认为菲律宾独立10年后，会有自我防御能力吗？"

麦克阿瑟肯定地说："我想不可能。除非你能在10年内每年拿出500万美元，组建一支具有相当规模的军队。"

菲律宾穷得要死，哪里拿得出这么多钱，于是奎松便走了另外一条道路，他邀请麦克阿瑟到菲律宾担任军事顾问，帮他建立一支瑞士式的后备役军队。

菲军尚未能够组建成功，日军就打过来了。处于国破家亡的境地，奎松不胜其忧，而更让他备受刺激的，还是收听美国的广播讲话，他能够明显听出来，美国政府最关心的始终是欧洲战争而不是与日本人的战争，与之相应的，则是这边美援不见踪影，那边军火源源不断地被运往大西洋彼岸。

菲律宾此前一直自认是美国的"女儿"，双方亲得不得了。可是到了危难关头，这种关系却好像生分了，给奎松的感觉，美国是用人朝前，不用人朝后，念完经就解聘和尚，完全是过河拆桥啊。

什么东西都能打折，唯独感情不能打折，奎松为此激愤不已，他对麦克阿瑟的情报官说："不要再张口欧洲，闭口欧洲了，我受不了！美国真是岂有此理，他的女儿（指菲律宾）正遭受到暴徒的强奸，而他充耳不闻，老为一门远房表兄（指欧洲）的命运而操心。"

用菲律宾当地俗语来说，奎松的国家正在被"刷去"，也就是边缘化。这种被遗弃感，很快就被日方掌握，本间开始大打攻心战，马尼拉广播电台不停地播放歌曲："不管你们怎么等，船儿它也不会来。"

东条英机也趁机过了把戏瘾，由导演直接变身演员，亲自走到前台，通过广播向奎松保证，日本将承认菲律宾是"大东亚共荣圈"中的独立国家。

在此之前，美国已允许菲律宾自治独立，但附加了一个时间表，现在日本连时间表都没有，立马就许诺可以为之免费赎身。

奎松于是给罗斯福写了封信，信中他建议美国宣布菲律宾独立，之后菲律宾将在外交上持中立政策，同时解散自己的军队，这样一来，日美两国军队就都可以撤走了。

奎松的潜台词是，日子天天过，怎么过不是过，强国之间打架，为什么非要把我们菲律宾夹在中间当牺牲品？对不起，哥哥我一扎猛子，不陪你们玩了！

麦克阿瑟听到此事，大吃一惊，急忙进行劝说，但在奎松解释其写信的本意之后，就不再吱声了。

奎松说，他也知道这事不靠谱，可现在不是你们美国不给援助吗？我这是在用激将法！

在内心里，麦克阿瑟其实也有着和奎松一样的抱怨，特别是在彻底搞清楚华盛顿方面的真实想法之后，他十分沮丧。所谓欧洲第一，菲律宾被边缘化，不就意味着他所负责的菲律宾战场不再是中心舞台了吗？老麦哪儿受得了这个，他忍不住跟着大发牢骚："英国佬有头，我们只有小尾巴。"

麦克阿瑟不仅默认了奎松给罗斯福写信，还应奎松之请，给美国陆军部发去了一份巴丹的军事形势报告。

奎松的亲笔信犹如炸弹一样落在了罗斯福的办公桌上。罗斯福大受震动，他在私人日记中写道："奎松未免太天真了，日军会真的认可菲律宾中立吗？"

罗斯福断然否定了奎松的建议，同时亲自担保，将对菲律宾负起责任。

正如奎松对麦克阿瑟解释的那样，他并不相信日本人会放过菲律宾，这么做，无非是要测试一下罗斯福，看他是否真的口头不似心头，已经完全背弃了自己所做出的承诺。

罗斯福相当于山盟海誓一样的担保，让奎松放下心来。与此同时，罗斯福也看到了麦克阿瑟发来的报告。在报告中，麦克阿瑟问道："我这个司令部随时都有被完全摧毁的可能，你们必须做出决定，我是迎合奎松总统呢，还是继续进行战斗？"

巴丹半岛上的激战

看这样子，好像是真撑不住了。罗斯福便试探着授权麦克阿瑟，允许他安排美菲军投降。

麦克阿瑟不过是与奎松一唱一和，对罗斯福进行激将兼恫吓而已，他可没半点要缴枪或投降的意思。为免总统误会，他赶紧复电罗斯福："我打算在巴丹岛战斗，直至毁灭，然后在科雷希多也同样会这么做。"

到这个地步，还说美国存心要抛弃菲律宾似乎有些过分，说实在的，罗斯福不是不想进行援助，而是在日军的猛烈进攻和封堵下，援助物资实在是过不去。

其实在西南太平洋的各个盟军战场中，巴丹已经算是一枝独秀，其他地方没有一处不处于风声鹤唳之中，新加坡更是岌岌可危。

进攻新加坡的，是后来被称为"马来之虎"的山下奉文。

第三章 / 骨头里挣出的钱才是肉

奉命进攻新加坡，对山下奉文来说，等于是时来运转，因为他已经沉沦得太久了。

曾几何时，情况不是这样。

所谓七情六欲关头，酒色财气圈子，日本陆军军官要想升迁，除了学历、能力之外，裙带关系甚至是外貌，也是必不可少的，这些东西，年轻时的山下一样都不缺。

外貌好不是指麦克阿瑟那样的英俊帅气、玉树临风，是说块头大，而且越大越好。自日俄战争以来，日本陆军内部就有此传统，凡晋升为大将的，多数是大个子，甚至海军里也有类似风气，像东乡平八郎和山本五十六这样的矮个子，印象分上都很吃亏，往上爬的时候也比别人要困难得多。

早在做步兵联队长时，山下就被送了个绰号"步兵炮"。37毫米步兵炮的重量为90公斤，山下也是90公斤，相当于日本式摔跤中一级力士的体重，加上他1.74米的身高，看上去真跟一门大炮差不多。

有块头，就有晋升资本，彼时的山下可以说是前程似锦。不过人有时太顺利了并不是件好事，晕晕乎乎中，山下联队长成了青年军官组织"皇道派"的骨干，并参加了轰动整个日本的"二二六兵变"，从此他的情形就变得有些不妙起来。

咸鱼翻生

"二二六兵变"以"清君侧"为名，旨在建立军政府。裕仁闻讯，大怒，立即出手镇压，结果十几名参与此事的青年军官都遭到了处决。

虽然依靠够硬够铁的内部关系，山下得以外调免祸，但此后他的仕途理想就串了味，就是想往上升一步都难上加难，直到七七事变爆发，还只是个名不见经传的少将。

山下把肠子都给悔青了，他平时很少跟人谈及"二二六兵变"，就是谈到这个话题，也必然要诚惶诚恐地添上一句："我做了对不起天皇陛下的事情，不努力赎罪可不行。"

是太平洋战争让他实现了咸鱼翻生。1941年11月9日，刚晋升为中将不久的山下被任命为第二十五军司令官，负责进攻马来半岛、新加坡。

第二十五军以第五师团、近卫师团以及第十八师团为骨干编成。这三个师团都是日本陆军中最为精锐的部队，其中，第五师团即侵华

山下奉文

战争初期的"板垣师团"，近卫师团乃御林军级别的部队，当时日本陆军一共只有三个机械化师团，分别是第五师团、近卫师团、第四十八师团，第二十五军独占两席。除了上述两个核心兵团外，第十八师团也是号称霸气横溢的部队，曾参加淞沪会战，后来更发展成为凶悍无比的"菊兵团"。

第二十五军的作战素质优良自不用说，就是装备也比其他部队要好，陆战新武器一出来，首先就分配给他们使用。半年前，三个师团还模拟马来、新加坡的地形、气候，有针对性地在海南岛等地实施了训练，官兵对两栖登陆战、丛林战已不陌生。

能够指挥这样的部队，又是奔赴南方最大的战场，没有哪个陆军指挥官会不感到荣耀，山下更是激动得小心脏直打鼓。

当初天皇要对"二二六兵变"秋后算账，山下吓得要命，曾主动申请退职。现在想想，真是死也要死在编制里啊，要是那时退了，现在还有重见光明的一天吗？

一位传记作家这样写道，当山下受命为第二十五军司令官时，"二二六兵变"以来压在他心上的乌云也就此消散了。

新加坡不仅是东南亚最重要的战略要地，同时也是英国在亚洲的势力象征。日本陆军把打下新加坡，与海军的空袭珍珠港并列，作为开战揭幕式，而且是最有戏

剧性的揭幕式，其成败可左右整个战局。

当然，要打下新加坡并不是件容易的事，甚至可以预料是陆军最困难的一次作战。

二战前，英国投入6000万英镑巨资，将新加坡建造成了号称"东方直布罗陀"的坚固要塞。山下访问德国时，德国一位元帅替他算计了一下："要攻下新加坡，就是用5个师的兵力，也得花上一年半时间。"

但是山下并不这么认为。日本陆军早在两三年前，就开始收集东南亚的各种情报，山下通过分析情报发现，驻马来、新加坡的英联军掺杂了很多印度兵，战斗力并不如想象中那么强。

原先参谋本部的确曾计划使用5个师团南下作战，后来经讨论，减少为4个师团。山下觉得连4个师团都不需要，3个便已足够，多出来的那个师团被他还给了大本营。

这位司令官确信，只要对马来半岛的登陆战能够成功，英军并不难收拾，他现在发愁的主要还是如何登陆。

11月10日，也就是山本偷袭珍珠港前夕，即将参加太平洋战争的海陆军巨头举行了一次午餐会。山下入座后，发现右边的椅子空着，正想着谁会来，山本到了。

这两位尽管一高一矮，但都是不甘人后的主儿。山本用尖锐的眼神紧盯着山下："这次进攻新加坡，实在要让您辛苦了，阁下信心如何？"

山本比山下大一岁，而且位列大将，无论军阶还是职位，都比山下要高一级，因此山下急忙说："不，阁下才辛苦呢，您怎么样？"

山本毫不犹豫地答道："我把生命的一半都倾注下去了（指偷袭珍珠港），一定让它成功。"

随后山本又一次询问起山下对于马来半岛作战的想法。山下也撂了底："我认为，问题在于怎样才能把脚跨到陆地上去，只要登上去，就一定能成功。可是，在登陆这一点上，我们陆军有很多无可奈何的地方。"

山本深有感触："正如您所说的那样，我们海军协助您登陆的力量确实不足。可是为了保证重点（指偷袭珍珠港），也不得不如此。"

在打仗方面，山下是个爽快人，他以为山本会王顾左右而言他，没想到这位也很爽快，于是立即高兴起来，拍着胸脯让山本不用担心："我觉得在我登陆前，对方不会提前动手。我会成功的！"

尽管海陆军之间矛盾重重，但二"山"见面，颇有惺惺相惜之感，山本笑起来："对，那些家伙（指英军）可能以为稍稍吓唬一下，我们就会缩回去的吧，他们想错了，您的登陆作战一定会成功。"

表态归表态，山下的内心终究还是有些忐忑不安，不过一周之后，情况发生了变化。

燕雀安知鸿鹄之志

山下起初最感棘手的，是登陆部队能不能得到航空兵足够的护卫。

他的参谋长在沙盘上演习了 6 次登陆，6 次都失败了，每一次失败，都是因为中间存在一个小时的护卫空白，而要消除这一空白点，陆军航空队就必须承担风险，即护航的战斗队可能在归途中因油尽而坠入大海。

向山下请示，山下厉声说："战争通常应该使大的生存，如果航空队不能做出飞行护卫，还不如不要飞机！"

要求似乎很过分，参谋长担心很难被接受，可是没想到航空兵也正闲得发慌，一口应允，说不管损失多大，在所不惜。

真是燕雀安知鸿鹄之志，开飞机的竟然也有如此觉悟，实在让山下有喜出望外之感。正好皇宫宗亲竹田宫前来视察，随口问他："新加坡什么时候能打下来？"

爱出风头的作战主任辻政信抢先回答："大概是 3 月 10 日，陆军节那一天。"

山下马上予以纠正："不，殿下，小官打算在正月打下来。"

距离正月，两个月的时间都不到。竹田宫有点不相信："太早了吧？"

辻政信也认为山下是在信口开河，你吹牛可以，也不用吹得如此离谱吧，于是忙自作聪明地补充说："正月到达霹雳河一线比较妥当。"

山下没再多说什么。

一鞭一条痕，一掴一掌血，打仗和写文章其实一样，要抓得住要害才行。在山下看来，快速作战就是新加坡之战的要害。正月拿下，听起来确实好像早了一点，可是要打好这一仗，可以早，也必须早。

第二十五军司令部此时设在西贡，郊外覆盖橡胶林和密林，这一环境与马来半岛战场相似，山下由此进行了推演，发现这种丛林并不会对步兵挺进产生多大障碍，到时候部队完全可以大着胆子往前冲。

南方作战的目的之一，是要占领爪哇油田，取得石油资源，但爪哇处于在新加坡、菲律宾之南，也就是说你得先控制住这两个地方，才谈得上进攻爪哇，所以越快越好。

菲律宾就不说了，那是本间雅晴的事。单就新加坡而言，若从海上进行正面强攻，英军有坚固的要塞防卫，"东方直布罗陀"小看不得。

只有一个办法，从防守相对薄弱的马来半岛北部登陆，然后一路南下，从背后对新加坡进行攻击。这一行军路线长达 1100 公里，所以日军必须抢时间，以争取尽快到达并拿下新加坡，否则，爪哇守军必然会加强戒备。

毫无疑问，山下即将发起的是一次闪击战，奇袭和突进是此类战役取得成功的根本，为此，哪怕是早上一刻钟也好，这就叫作想不想由它，肯不肯在你。

按照山下制定的目标，第二十五军迅速向前沿集结，并展开了陆海协同综合登陆作战的训练。

日本大本营对此做足了保密功夫，就怕哪个嘴巴漏勺，泄露了行动计划。高度严防下，连山下也做了很长一段时间的"蒙面将军"——在开始攻击新加坡之前，他的职务一直没有被公开发表，在正式场合下，山下通常都不穿军服，而是身着一套东北伪满官员所穿的那种协和服，再加上一顶呢礼帽，把自己打扮成普通官员的模样。

即便这样，也不可能做到一点风声不透，同一时间，新加坡方面还是得到了一些蛛丝马迹。

坐镇新加坡海军基地的，

集结中的日军第二十五军

是马来英军司令官帕西瓦尔。帕西瓦尔于 3 月履职，履职之前，欧洲战场就已打得如火如荼，预计到日军可能会大举进攻南方，他便把家属留在英国，单身来到了新加坡。

到任之后，帕西瓦尔首先研究了马来半岛的守备情况和兵力。不研究还好，一研究，他的浑身汗毛根根直竖起来。

马来半岛的英联军有 80000 多人，但部队装备较差，100 毫米口径以上的火炮，就只有在新加坡要塞才能看到。

飞机坦克是现代化战争中不可或缺的武器。可是英联军没有一辆坦克，飞机仅有 158 架，其中战斗机还是老式的美制水牛式战斗机。这是一种早已被美国海军淘汰的机型，无论续航距离还是飞行速度，都无法跟日本的隼式、零式相比，在空战中很容易被击落，人称"空中棺材"，它唯一的优点只是汽油消耗低。

除了机型老旧落后外，英联军的飞机种类也不全，俯冲轰炸机、侦察机、运输机一栏均空空如也。

帕西瓦尔所看到的现象不难理解。英国在新加坡经营多年，但二战开战后，英国已自顾不暇，在新加坡的军事部署也就只能降到最低——它总不可能在本土挨炸的时候，把自己最好的飞机和坦克都搬到新加坡来吧。

要是日军这时候攻过来可怎么办，帕西瓦尔不寒而栗。

危机感是有，可是随着时光匆匆，它也会慢慢消失。慢慢地，帕西瓦尔又觉得安稳了，而这种奇怪的感觉与马来半岛特有的季风气候有关。

戴着斗笠亲嘴

帕西瓦尔曾长期在马来亚服役，有"马来通"之称。在马来半岛，11 月至来年 3 月属于东北季风气候，到时候半岛的东岸沿海会起大风浪，不适宜日军登陆。他由此推测，5 月至 10 月是最危险的季节，日军很有可能在这个时候发动进攻。

然而没有，进入 11 月，帕西瓦尔曾经紧绷的神经渐渐松弛。

在指挥官性格上，帕西瓦尔与英国日渐没落的国力倒颇有相仿之处：擅长社交，但缺乏企图心和进取心。

可想而知，他和麦克阿瑟是完全不同的两种人，与山下、山本这样生狼型的战将更有极大区别。

日本暂时没动，就被帕西瓦尔看成了一直不会动。此君具有西方人那种特有的优越感，骨子里就看不起东方人，当然也包括日本人。

帕西瓦尔的看法是，日本固然能造出性能远比"水牛"优越的飞机，也能建造航母和高速舰队，并在中国战场上多次实行了登陆作战，可那并不代表日本有什么特别了不得的能力，不过是会模仿而已。

帕西瓦尔这么说日本人，倒也不完全是冤枉他们。一战后，只要哪个国家造出新飞机，日本一定要少量引进，拖回去大卸八块地进行研究，最后改个皮毛，便进行定量生产。

说好听这叫模仿，说得不好听就是偷窃。欧美的飞机设计师气得火在顶门上冒，可又拿他们没办法，只好语带讥诮地发表评论："假如日本每次购入的飞机不是一架的话，那我将感激不尽。"为此，西方社会甚至称日本是猴子学人的"模仿民族"。

帕西瓦尔没有意识到，士别三日，也当刮目相看，如今的日本航空业早已告别模仿时代，更不是穷得有腿没裤子那个年月了，他们的隼式战斗机、零式战斗机都是自有技术，并且全部站在世界最先进领域。

可就是因为这种莫名其妙的优越感，帕西瓦尔想当然地认为，"模仿民族"打

隼式战斗机，日本陆军航空队在太平洋战争早期使用的主要机型之一

打中国这样的弱国还可以，至于要大举进攻马来，恐怕还不具备这个能力。

不过有一点，帕西瓦尔的判断倒是极其精准，那就是日军要么不打新加坡，要打，就不会在新加坡登陆，而是会从马来半岛北部登陆，然后由北向南发动进攻。

选择这条进攻路线，泰国是必经之途，可泰国会允许日本把自己作为进攻马来半岛的基地吗？

绝不可能！泰国虽不是英国的殖民地，但一向亲英，不会轻易跟日本勾勾搭搭，所以即便日军不顾风浪和能力的限制，硬要凑过来，他们也过不了泰国那一关，这就叫作戴着斗笠亲嘴，彼此都差着一帽子呢。

可是事态的发展没有完全遂人愿的，随着日美谈判破裂的消息不断传来，危机似乎也在朝着新加坡不断迫近，这使帕西瓦尔想到，日本人胆大妄为，未必就不敢做老虎头上扑苍蝇的事。

怎么知道日军要登陆了呢，就看他们是否进入了泰国。

帕西瓦尔派一批军官穿着便装，到泰国边境进行调查，结果军官屡次在泰国饭馆碰到一些日本军人，尽管这些日本军人也是平民装束，但军人见军人，一眼就能识别出来。

帕西瓦尔由此判断：第一，日军确实在动着控制泰国的主意；第二，主意只是主意，尚未成为现实，要不他们至于这么鬼鬼祟祟？

帕西瓦尔心安不少，不过为了防备万一，他还是制定了一个预案，并命名为“斗牛士”计划。该计划明确，一旦发生战争，英联军就要抢在日本之前，提前控制马来半岛北部的宋卡、北大年。

这两个地方位于泰国南部边境，不仅有机场，还是由北自南的重要交通枢纽，帕西瓦尔预计日军一定会从这里登陆。

进入1941年下半年，由于德军转向东线进攻苏联，英国本土所受压力已逐渐减少，同时日本南下太平洋的意图越来越明显，丘吉尔于是将“威尔士亲王”号、“反击”号派来新加坡助阵，不过鉴于美国尚举棋不定，他又要求帕西瓦尔不能提早执行“斗牛士”计划，以免影响英国的整体战略布局。

帕西瓦尔便给“斗牛士”设了一条线：至少在日军登陆前24小时前发动。

日军南下的消息此后不断传出。就在“威尔士亲王”号到达新加坡的同一天，日本浩浩荡荡的登陆舰队也从海南三亚起舰，向马来半岛驶来。

得知日本舰队的这一动向，连泰国国境警备队都闻风而起，先行将通往宋卡、北大年的公路给封锁了，帕西瓦尔却始终带着一副怀疑的表情在摇头，不知道他是以为日军不会出手呢，还是自信他的方案真的已经是马蹄刀瓢里切菜，滴水不漏了。

1941 年 12 月 7 日，日本偷袭珍珠港的当天，帕西瓦尔接到报告："（日本舰队）运输船一艘、巡洋舰一艘，正驶向宋卡。"他估算了一下，日本舰队当天深夜就可能到达宋卡。

面对紧张的形势，英联军高层进行了讨论，有人主张立即发动"斗牛士"，帕西瓦尔还是没有同意。

帕西瓦尔的习惯是凡事先考虑困难，吃饭防噎，走路防跌。他说，即使现在下令执行"斗牛士"计划，英联军要到达宋卡，也得在 12 月 8 日凌晨 2 点以后，那时候日军已提前到达宋卡，去了也没用。

也就是说，"登陆前 24 小时前发动"已经泡汤了。按照帕西瓦尔的说法，"斗牛士"部队就算是赶过去，也只能沦为日军坦克的牺牲品，徒然消耗兵力而已。

瘫子掉井里，捞起也是坐，破罐子破摔的帕西瓦尔索性选择了放弃。

山下曾预测在他登陆之前，英联军不会提前动手，他说对了，而帕西瓦尔也将为此付出惨痛代价。

一比一百

就在帕西瓦尔裹足不前的时候，山下已经看到了宋卡灯塔上青白色的灯光。

山下将第二十五军兵分两路，其中近卫师团由陆路进入泰国，占领曼谷后，再沿马来半岛南下。第五、第十八师团则由他亲自率领，在舰队的掩护下，分批从海上登陆，登陆点除泰国的宋卡、北大年外，还有马来亚的哥打巴鲁。

1941 年 12 月 8 日（东京时间），日军开始了风险极大的偷袭登陆战。

日本人选择在这一天登陆，是有讲究的，因为根据气象台的预测，要是错过这个期限，在马来半岛的东岸就会出现台风暴雨，海浪波高将超过 2 米，以后直到第二年 4 月上旬，这段时间都不可能再登陆了。

处于东北季风气候的马来半岛，并非无隙可乘，12月8日正是这样一个可以利用的缝隙。凌晨3点，登陆艇驶近马来亚海岸，距陆地还有一段距离，日本兵便扑通扑通地跳入海中，然后涉水向岸边冲去。山下也想要把帅，跟着士兵一道跳下去，可是海浪使得艇体摇晃剧烈，老是找不准机会。

登陆马来半岛

操纵登陆艇的士兵见状，突然从后面大声喊道："喂，山下，赶快跳哇！"

山下这时候也忘了他是军司令官，下意识地答应一声，便跳了下去，到岸上时浑身都湿透了。

应该说，山下其实非常走运，如果英国"Z"舰队早一点出发，并有航母护卫的话，他就完蛋了。日军的护航舰队只有一艘万吨级的巡洋舰以及几艘驱逐舰，根本无力与"Z"舰队抗衡，到时登陆部队必将遭遇灭顶之灾。

就算"Z"舰队不来，帕西瓦尔只要发动"斗牛士"，此时此刻，迎接日军的也就不只是汹涌浪花，还有瓢泼弹雨。

据说在长达4年的战争中，山下唯一失眠睡不着的，便是马来亚登陆的那一夜。英联军的防御措施，无论海上截击还是陆上阻击，他都想到了，他也知道这两个因素中的任何一个，都可以导致登陆完全失败，他不能不为之胆战心惊。

万幸的是，英国人什么都没做。山下捡了个现成便宜，他的第二十五军开了太平洋战争的第一枪，比偷袭珍珠港还快了一个半小时。

哥打巴鲁首先被攻破，山下控制了第一个滩头堡。随后，宋卡、北大年也成为他的囊中之物，附近机场均被日军迅速抢占。

12月9日，马来半岛北部机场遭到日机空袭，原本158架飞机仅剩下10架。

12月10日，马来海战爆发，"反击"号、"威尔士亲王"号先后被击沉，英国远东舰队溃不成军。战报传来，新加坡报纸都刊登出了"威尔士亲王"号的照片，不过照片外已加上了黑框，一种失望和不祥的预感在岛上迅速扩散开来。

这三天，帕西瓦尔在干什么呢？发开战布告，表决心，开会议，全是做一些纸上谈兵的无用功夫。

12 月 11 日，由海陆空高层官员共同列席的"战争指导会议"刚开完，澳大利亚师师长贝内特少将便向帕西瓦尔建议："对不起，阁下，战争是无法用文件和会议打胜的，我们有必要立刻整顿战线和集中兵力。"

贝内特是实在忍不住了。自古无考场外的举人，光练嘴皮子不动拳头怎么行，何况对方已经杀到了家门口，他一针见血地指出，这种所谓的"战争指导会议"毫无意义，空军、海军都溃灭了，就剩下陆军。这种时候，还要海陆空一个个轮着夸夸其谈，不是在浪费时间吗？

老老实实探讨一下陆军配备的弱点，才是正经。

马来半岛原有的兵力布防，是控制每一处要害位置。这在和平时期无可指责，但到要打大仗的时候就不行了，它会造成兵力和物资的分散，且容易让日军各个击破，因为每一处的守军都不足 5000 人。

贝内特认为，要想打退日军进攻，就应该赶紧设定防御决战的战线，把兵力集中到那里去进行反击，否则就只有被赶下海去。

贝内特的建议，与麦克阿瑟在菲律宾采取的战术十分相似，不失为明智之举。可是帕西瓦尔听后，只是漫不经心地摇了摇头："不。"

帕西瓦尔让贝内特再看一下马来半岛地图："在半岛上供兵力调动的道路只有几条，而且道路很窄，集中兵力是不可能的。"

事情没做之前，先把困难想到无法克服，这一点已成为帕西瓦尔的痼疾。在没有及时发动"斗牛士"计划后，没隔几天，他又掉在了同一个坑里。

帕西瓦尔自我安慰式地说，这样分散式的布防其实也不错，可以逐渐把日军兵力全部消耗掉。

贝内特满面愁容，几乎声泪俱下："是有疑问的，阁下，我们澳大利亚有句格言，狼所养育的一头羊，比羊所养育的一百头狼还要厉害！"

形势危如累卵，少将已顾不得上司的面子了。在贝内特看来，日军指挥官就是那头动作迅猛的恶狼，而帕西瓦尔则活脱脱仿佛一只优柔寡断的绵羊，关键时候，拿不得轻，负不得重。

不过登陆成功的山下确实也有着一比一百的担忧。

第二十五军编制兵员有 12 万多，但这么多人马并不可能一步到位，全部聚齐，到目前为止，他能掌握的登陆部队共 4 个联队，计 2 万多人，其中纯战斗兵员只有 1 万多。

以 1 万多敌 8 万多，正面对攻，并无胜算。

当然，人不敌，还可以靠火力来弥补。可是英联军装备再差，比中国

在马来半岛丛林中架桥涉河的日军

军队又要强多了，比如英国师一般都配置 72 门野炮，日本师团附属的野炮联队不过只有 36 门，仅为其一半。

马来半岛的地形对日军也不利，这里除了丛林较多外，河流也有不少，工兵部队必须不停地在河上架桥，这样就会限制进击的速度和机械化部队效率的发挥。

帕西瓦尔所说的困难，山下同样存在。道路狭窄，既影响守军的调动集结，也可能对进攻部队造成威胁——那些道路窄到你只能呈纵列前进，如果英联军事先封锁道路并在两侧部署阻击阵地，那样日军就要遭到三面夹击了，甚至被包围都有可能。

要摆困难，谁家都有一大堆，山下比帕西瓦尔还多得多呢，都那么啾啾唧唧，怕这怕那，还得了？

战场形势千变万化，谁能总绕着房子走，还不是随机应变，到哪座山头唱哪座山头的歌，须知，骨头里挣出的钱才是肉！

山下没有回避困难，他要解决困难，而解决的办法，就是一个劲儿地往前挺进，为此，可以抛去一切顾虑和干扰。

电钻战

山下的战术有德国闪击战的影子，但是据山下说，他的闪击战跟德国人还是有区别的。

德国闪击战是从中央揳入敌阵，然后以两翼迂回进行包围。山下不要求主攻部队包围，他们只需从公路上往前硬钻就可以，包围的任务，山下交给了后续部队。

未出招前，山下就很有些要在军事学领域扬名立万的意思："我这不是闪击战，是电钻战！"

山下第一个要"钻"的是吉打线。吉打是从宋卡通往马来亚领土的交通要道，由第十一印度师驻防，这个师包括三个旅，其中除了有两个营的英军外，剩下的全是印度兵。

印度兵的训练质量较差，"军官与士兵的团结意识几乎等于零"，更要命的是，他们的作战意志也极其薄弱。

吉打附近有一座飞机场，曾受到过日机的突袭轰炸。此后就不断流传谣言，说日军要在那里空降伞兵，每次一听到谣传，印度兵就四处乱跑。

英国军官为此十分头疼，他们进行了一下调查，才知道是印度兵把高射炮弹爆炸引起的烟雾错认成是降落伞了。这真是把别人的棺材拉到自己家门口，自己吓自己，英国军官赶紧把部队集中起来上课，可是印度兵似乎已经有了心理阴影，你怎么说他都不听，一有动静，照样吓得像鹌鹑一样钻进帐篷。

1941 年 12 月 11 日，第五师团所属的佐伯挺进队向吉打线进发，该挺进队只有 500 多人，但配备有一个战车中队。

山下特地下令："如果有一辆车中途抛锚，就把它扔掉，有两辆车抛锚，就扔掉两辆，总之，不要停下来。"

山下甚至让挺进队不要多管行军路上的是与非，"不论你们遇到友军还是敌军，都超越过去。你们的任务就是挺进，只要正面没人阻拦，哪怕受到侧射和背射，也不许停车应战"。

日军战车在马来亚横冲直撞

那些天正好一直下雨。马来亚的暴雨很可怕，雨水就真的像是从天上倒下来一样，转瞬之间，一条道路就会变成一条小河，然后四周一片漆黑，什么都看不见。

大概由于连续雨天的缘故，印度兵的意志更加消沉，当战车中队闯入英联军营地时，竟然没有看到一个人影，只有道路边摆着反坦克炮、机枪、卡车等各种装备。

原来全躲在橡胶林中的帐篷里避雨呢。开在最前面的坦克射出第一炮，以此为信号，战车中队的 10 辆坦克一齐开火，用坦克炮将外面的炮和车辆统统予以击毁。

帐篷里的印度兵听到炮声，有走出来看的，日军坦克便用机枪进行扫射，打得印度兵尸积如山。

大多数印度兵都没见过坦克长什么模样，比之于机枪子弹，他们更畏惧这种怪里怪气的铁家伙，一时间惊恐万状，有的趴在泥土上跪拜，有的把鞋都跑掉了，就恨爹娘少给了两只脚。

只有少数英国兵见过世面，还知道先把枪握在手里，但是普通枪支又打不了坦克，最后也只能跟着印度兵一块逃。

按照计划，吉打线应修筑混凝土的机枪工事、防坦克壕、铁丝网，可是因为工程进展缓慢，一直都没能建起来。

闲时不烧香，这时想抱佛脚也抱不成了。先被佐伯挺进队冲垮的是第一营，然后第一营的溃败又波及了第二营，没等日军杀过来，第二营的士兵就争相往路旁的树林里溃逃，当官的在后面大声发令，"站住"，"打"。没人听，你越叫，反而逃得越快。

12 月 12 日，印度师师长向上报告，要求后撤 30 英里。这么早就要撤，而且撤这么远，帕西瓦尔理所当然地予以拒绝。于是这个脓包师长又发了一次电报，电报发出后，他不等回答就开始撤退。

第二天早上一看，3 个旅里面，一个旅只剩 600 人，一个旅没了一半，保存最完整的是有英军在内的那个旅，但也整整损失了 1 个营。

一个仅 500 人的挺进队，不费吹灰之力就突破坚固阵地，并击溃了数倍于己的守军，这无疑让那句澳大利亚格言得到了最好的验证。

甚至于英联军自己都没料到这个结局。他们在吉打线上足足花了 6 个月的工夫，想想至少能守 3 个月，不料 1 天就报销掉了。一名英军军官被俘后仍百思不得其解："只有上帝知道我们为什么会失败得这么快。"

海里的只是鲨鱼

山下在吉打突破战中采用的是"钩心战术"，这也是他在马来半岛战役中多次成功运用的一种战术，即以短小精悍的部队为前卫，"钩"住英联军防区的心脏部位，然后一穿而过。

英国人原先一直有个错觉，认为日本既然在中国打了4年之久，都未能最终击败中国，日军应该也没什么了不得，完全未料到对方会凶猛到这种程度。那种感觉，就是分开两扇顶门骨，无数冰水浇下来，一颗颗心全凉透了。

至此，英联军在前线的各个部队不是自行覆灭，就是退却溃逃，把个贝内特少将气得直瞪眼。

尤其让他感到郁闷的是，帕西瓦尔的那点临阵指挥水平和勇气，真是难副三军统帅之名。

1941年12月14日，前线战局如此紧张，帕西瓦尔竟然和贝内特商量："日军也许会从海上来进攻新加坡，希望你把澳大利亚师的一部分调来保卫新加坡。"

只听过撑船靠岸，没听过撑岸靠船。在贝内特看来，这是战略方向的错误，实在难以容忍，因此他没好气地回了一句："敌人在陆地上，在海里的只是鲨鱼！"

贝内特觉得当前最要紧的是赶紧整理战线。帕西瓦尔则是一如既往地嫌麻烦："整理战线？那就得变更半岛的战斗部署啊，部队的区域编组都复杂，不！"

为了回绝贝内特的建议，他还把丘吉尔拿出来做尚方宝剑："丘吉尔首相指示说，要把确保新加坡岛放在最优先的地位。"

贝内特眼前一亮，要是能够全力确保新加坡也不错啊，他立即说："那么，我们把全部兵力都集结到新加坡怎么样？"

帕西瓦尔双手一摊："岛上没有这么多兵营啊！"

困难前脚从门口进来，帕西瓦尔后脚便从窗口逃出去。贝内特气得眼睁睁地再也说不出一句话，12月16日，他向澳大利亚政府发去一封电报，指责帕西瓦尔："没有一点迎战意志……"

一将无能，足以累死三军，战局吃紧，贝内特也不管帕西瓦尔会如何想，便自行代替他向英联军发出号召："日军的战术不是什么新鲜玩意，盲目退却是根本不必要的，只有进行反击才行。"

职责所限，贝内特只能起一个号召作用，掌握指挥大权的依然是帕西瓦尔，但帕西瓦尔为前线所拟的方案，不是坚决反击，而是"可能范围的抵抗和迅速撤退"。

山下也在拟订作战方案，方案的起草者是作战主任辻政信。

在日本陆军幕僚中，辻政信是个名人，他曾在诺门罕战役中兴风作浪，那时候辻政信信奉的是"北上"，但也正是在这次战役

南方丛林战

中，关东军的脸都让苏联人给打肿了，辻政信也遭到了降职处分，此后，他就转舵支持起了"南进"，并花半年时间在台湾专门研究对英美作战，编出了一本叫作"一读必胜"的小册子。

这本小册子被印成几万本，分发至南方军中供官兵研读，号称是热带丛林作战的必备书。辻政信也由此再获重用，这是他被任命为第二十五军作战主任的原因之一。

辻政信自己对这一任命很是得意，说："在陆军里，是要经过严格挑选，才会把你派到最要紧的地方去的。"

但其实对于辻政信的这纸委任状，参谋本部内的意见并不统一，主要原因不是说辻政信能力不够，而是说他能力太强，常常越轨行动，乃至于把主官都抛在身后，这样的人很难使用。

最后人事局长只好恳求上级："先用一下试试吧，就这一次，如果出了问题，一定处理。"辻政信这才得以走马上任。

进了公门好修行，幕僚生涯久了，辻政信也知道要摆布主官，还得看人打发，不能随意胡来。比如山下就绝不是可以任你左右的人。特别是那次与竹田宫见面谈话后，辻政信更不敢太过造次，但如果不让他发挥一下，又心有不甘。

于是在作战进程表上，辻政信就来了个折中，日军占领新加坡的具体日期，既

不是他自己主张的陆军节，也不是山下所说的正月，而是日本的建国纪念日——2月11日。

时间推迟了这么久，山下内心并不满意，但日本陆军的原则是以幕僚为中心，幕僚不仅负责起草作战方案，也可以决定各个细节，这是与其他很多国家都有所不同的地方，主官过于干涉，反而会引起不满和抱怨。另外，就算是推迟了一个月，一些幕僚还觉得目标难以实现，辻政信的安排已经算是比较激进了。

1941年12月25日，第五师团渡过霹雳河，继续向南方逼近。为加快"电钻战"的速度，山下给士兵配备了一个新的交通工具。

银轮部队

纵贯马来半岛南北的主干道其实只有一条，那就是从大密林中开出的一条柏油路，其他再无通路。英国人当初建这条柏油马路，是为了把马来半岛上的橡胶和锡运到新加坡，现在它已为日军所用，不过沿着马路走在前面的，不再是坦克和装甲车，而是成群结队的日制自行车（脚踏车）。

柏油路宽约10米，最多只能容两辆车并行，并且沿途河流极多，由于英军在撤退时炸毁了桥梁，在工兵部队重新架桥之前，车辆均无法通行。

自行车就不同了，再窄的道路都能挤足，桥梁断了，士兵扛上车照样涉水而过，一点不耽误工夫。这些自行车有一部分是士兵从日本带来的，但还有相当一部分为就地劫掠得来——日本产的自行车便宜耐用，早就行销东南亚，在马来半岛上，到处都能看到找到。

日本兵骑着自行车，互相之间大声说笑，他们的服装也形形色色，有绿的、白的、灰的，帽子更是各式各样，钢盔、遮阳帽、棒球帽，反正怎么轻省就怎么穿戴。

反观英联军自己，上面是薄铁锅的钢盔，下面是洋服短裤，每个人除武器弹药外，从粮食、水壶到毛毯，无所不带，连上尉军官都像圣诞树一样全身挂满了东西。

给人感觉，英联军连走路都很艰难，更不用说打仗了，而这些被称为"银轮部队"的日本兵，看起来像是旅游，或者参加足球比赛，但那种逼人的锐气，远远就能体会得到。

沿途有英军游击队进行监视，在树林里看到这一情景后，用中国古典小说的形容，是如同箭穿雁嘴，钩搭鱼鳃，一个个都吃惊得说不出话来。

本来说要潜入霹雳河以北去打游击，扰乱日军后方，被日军自行车队的快速进击这么一搅，没人敢去了，重又转回后方。

银轮部队

帕西瓦尔算是张天师吃鬼迷，倒霉到家了，自"钩心战术"之后，自行车闪击战更令他措手不及。有人辛辣地评价道："日本人早已高速行驶，英国人却还在挂二挡，没有人来调整或控制这部机器。"

直到日军进入一个叫金宝的地方时，才被英联军给迎头截住。

防守金宝的依然是从吉打退下的残兵，再加一个反坦克营，但金宝公路的东侧有一座超过百米的山岗，利用这座天险，英联军构筑了坚固阵地，30多门炮一起开火，把日军给打散了架。

自登陆以来，第五师团也渐渐显出疲态，没法像开始那样猛如虎狼。他们出动两个决死大队，左也攻，右也攻，金宝就是攻不下来。

辻政信这时正在前线调度。在久攻不下的情况下，第五师团向辻政信提出，应把西海岸的舟艇机动队调回陆地作战，以补充第五师团兵力的不足。怕山下那里通不过，辻政信把胸脯一拍：别人可能不行，我说的话司令官不可能不听。

偏偏山下就是不同意，并发来了既定命令不容变更的命令，辻政信觉得丢了面子，不由怒从心头起，把话筒一扔，便半夜飞车赶回了军司令部。

辻政信到司令部时，已是凌晨2点，但大家都知道他的为人，那是犀牛头上角，大象口中牙，谁敢怠慢啊。当下所有幕僚都赶紧从床上爬起来，聚集在参谋长室里，听辻政信讲述他的意见。

等辻政信哗啦哗啦讲完，在座幕僚没有一个支持或赞成。

辻政信的火更大了：我担着血海一样的干系，大老远跑回来跟你们这么苦口婆心地讲，竟然还对我如此冷漠，什么意思，不把我这个主任当主任？

脾气一上来，止都止不住，辻政信马上找到山下，嚷嚷着要辞职，不干这个作战主任了。

对辻政信表示冷漠的不光一众幕僚，还有山下。不管他多么冲动，山下照旧不为所动，并做出裁定，愿辞愿干那是你的事，原有计划不容改变！

辻政信被搞得无台阶可下，真的连续三天都没来上班。山下也是个有脾气的，辻政信的态度让他大为震怒。

风不来，树不动，船不摇，水不浑，你左右不过是个幕僚，还能跳出来指使我不成？他在日记中大骂辻政信："此人刚愎自用，固执己见，只是略有小才而已，不足以成大事。对其使用上应予注意。"

辻政信躲在后方，恨不得山下和他的幕僚同事马上翻船才好，以便证明自己的英明，可惜的是，英联军不争气，第二天，第五师团就攻下了金宝。

这回山下爽了，他马上把翻译找来，指桑骂槐地训了一通，说这名翻译除了会说英语外，对其他任何事都一无所知，简直是个饭桶。

人翻译招谁惹谁了，可又不敢反驳，真是哑巴梦见妈，说不出来的苦。那边辻政信也没辙了，红着脸憋了两天后，他终于还是像一头负伤的狼一样，低着头出来给山下做了检讨。

山下趾高气扬，随着近卫师团及其他后续部队的抵达，他将第二十五军分成三路，相互呼应，加速追击。

失败的阴影像瘟疫一样在英联军中蔓延，撤退变得无法控制，包括飞机燃料等越来越多的装备，自己还没有使用，就已经落在日军手中，以至于日军航空队可以全部使用"英国造"：装填英国的燃料，扔下英国的炸弹。

"银轮部队"还是骑着自行车猛追，尤其是从泰国陆路进发的近卫师团，在泰国买了大量的自行车，全部用火车运到马来半岛，他们还将自己的衬衣染成和橡树叶一样的绿青色，因此被称为"青衫银轮部队"。

马来半岛的柏油路面灼热如火，在骑行过程中，很多自行车车胎都爆裂了。每个日军中队都配备至少两名自行车修理工，平均每天要修 20 辆左右，但修理要费时间，一些日本兵便干脆剥去橡胶胎，只用钢圈骑行。

到了晚上，数千辆自行车不约而同地发出一片咯嗒嗒嗒声，英联军常常误以为

是坦克战车，一听到声音，便溃散
而去。

1942 年 1 月 11 日，第五师团
冲进了马来亚首府吉隆坡，马来半
岛的防御已到最后阶段。

帕西瓦尔终于也没法再装绅士
了，他一迭声地叫起苦来，幸好这
时候援兵到了。

日军攻入吉隆坡

1 月 13 日，5 艘美国船只开进新加坡码头，一个旅，清一色的英国部队，配属
装备有坦克、高射炮，甚至有最新式的英制飓风式战斗机。

帕西瓦尔喜上眉梢，可是援军带队指挥官史密斯少将的一番话，却让他仰面朝
天，重新又跌入冰窖之中。

画饼充饥

史密斯的这支英国旅是从近东战场上勉强凑出来的，部队从非洲大陆出发，经
过孟买再到达新加坡，已经在闷热的船舱中旅行了两个半月，所有人都精疲力竭。
史密斯说，没两个星期，大家都缓不过劲，连枪都拿不动，更别说作战了。

装备再好，还得有人使用才行。史密斯用船载来了 51 架"飓风"，但飞行员只
有 24 人，而且飞机上的装备和涂抹的颜色，也主要适用于沙漠作战。

英国旅风尘仆仆而来，不过是画饼充饥，阻击日军的任务，最终落在了贝内特
的澳大利亚师肩上。贝内特请求帕西瓦尔，把半岛的全部兵力都交给他指挥，但这
段时间以来，贝内特已经明显得罪了帕西瓦尔，所以他的请求毫不意外地遭到了
拒绝。

在英联军将领中，贝内特素以勇将闻名，是个敢于水里水里去、火里火里来的
人，明知不敌，他仍决心与日军决一死战。1 月 16 日，贝内特发表声明："我军不
仅要阻止日军的进攻，而且有信心把他们逼入守势，反正一定要让对方大吃一惊。"

由于一直担任主攻的第五师团过于疲劳，山下把近卫师团开到前面，猛攻澳大

利亚部队所据守的巴枯利。

在第二十五军的三个师团，甚至是所有日军师团中，近卫师团最为特殊。其他师团都是按某个地域集中征兵，只有近卫师团的兵员是从全国各地精挑细选出来的，每个士兵都体格优良，被称为"王子部队""都市师团"。然而问题也正在这里，自日俄战争之后，近卫师团便没有真正打过仗，平时所受训练也是仪仗队式。

与第五师团、十八师团相比，近卫师团的精锐只是纸面上的精锐。山下可不喜欢这样"花为肠肚，雪为肌肤"，实际上风一吹就倒的部队，他和大多数日本陆军将领一样，欣赏的是什么苦都能吃，什么刀山火海都敢闯的野蛮之师。

在近卫师团进入马来半岛战场后，山下便让这个师团与第五师团展开竞争，有意识地对之进行历练。

日本海陆军对军官的精神教育完全不同，海军把"协力"作为作战基石，陆军不讲"协力"，讲"竞争"。日本陆军的竞争意识已经深入骨髓，战场上若同时出现两个师团，必有争先恐后的现象。

在血腥的拳击赛场上，就算是绵羊也会变成豺狼，何况近卫师团本质上也是一只凶恶无比的豺狼，不过是平时在都市里装高雅装惯了而已，现在一脱下西装，立刻凶相毕露，表现得甚至比他们的同伙还要嗜血。

对面的澳大利亚师也同样能征善战，其勇猛程度，用辻政信的话来说，是前所未见的。双方的战斗打得分外激烈。

1942年1月18日，近卫师团的一个战车中队进入地雷区，澳师前卫营趁机实施猛烈炮击，10辆日军轻坦克中，有8辆被炮弹和地雷击毁。

见正面攻击吸引住了对方的注意力，大柿大队悄悄地由海岸潜进密林，企图从背后截断澳师退路。澳师发现后，立即重创并击退了偷袭之敌，大柿大队的伤亡达到六成以上。

与此同时，飓风式战斗机也前来助战。原有英军战斗机大多采用高空轰炸的方式，对日军而言，威胁并不大，但飓风式战斗机的飞行员也和澳洲兵一样无所畏惧，他们低飞越过橡胶树林，不断地用机枪扫射道路，打得沿途日军都慌不迭地躲进了密林之中。

日军轰炸机当然也不是吃素的。1月19日，上午10点，一枚飞机炸弹命中贝

内特的指挥部，贝内特与前线的联络
至此中断。

失去统一指挥的澳师各部依然在
独立作战。近卫师团除加强正面攻击
的压力外，继续从海岸方向抄袭，澳
师前卫营的退路被切断了。

此时前卫营已不足 200 人，梅哈
上尉主动站出来进行指挥，他们一面

激战中匍匐前进的日本兵

高唱着澳大利亚歌曲，一面端着刺刀甚至挥舞着斧头，向日军封锁线冲去。

原本是赴死之旅，但依靠非凡的勇气，这支残兵成功地突破封锁线，趁着黑夜
返回了新加坡。

巴枯利之战是马来半岛上的最后一次激战。随着澳师防守的阵地相继被攻破，
飓风式战斗机遭遇与地面部队几乎相同的命运，它们被日本零式战斗机一一击落。

残余的英联军全都丧失了抵抗精神，几乎所有的人都在选择放弃，每退下一座
阵地，溃退的队伍便扩大一圈，败逃的步子也越发加快。

第五师团和近卫师团用不着再作战了，只要竞赛谁跑得更快就行。全身晒得黝
黑的士兵完全顾不上"皇军威仪"，钢盔跑掉了，军装实在太破也扔掉了，好多人
从半路上抢件衬衣便临时穿上，自行车后面则挂满劫掠来的鸡和粮食，活脱脱是一
群脏不拉叽的土匪。

可现在他们是胜利者，衣着整洁的英国兵、澳洲兵全都被追得上天无路、入地
无门，这就叫作"得胜狸猫强似虎，及时鸦鹊能欺雕"。

1 月 24 日，载运第二批援兵的船只抵达新加坡港，船上共有 2000 名澳军，不
过这些澳军多数是从未放过一枪的新兵，而当他们到岸时，前线的英联军已经像潮
水一样溃退下来。

满载军队的卡车，以及装满老百姓的火车塞满了通往新加坡的道路，贝内特忧
郁地写道："此地此刻，我们是彻底撤退了。"

1 月 31 日，下午 2 点，第五师团第一个冲进新加坡对岸的柔佛巴鲁市内，英
联军被迫炸毁了连接柔佛与新加坡的大桥以及海峡堤坝。

随着爆炸引起的尘埃落定，缺口处涌出的混浊海水将新加坡割裂开来，但工兵又忙中出错，炸药用量过小，结果缺口水深才一米多一点，若是遇到退潮，恐怕连最矮的日本兵也能蹚过来。

帕西瓦尔此前一直对新加坡市民隐瞒败况，这时也只能开诚布公地发表声明："马来战斗已经结束，新加坡战开始了……"

新加坡战已经开始，然而山下并没有立即发起强攻，起初的几天，新加坡的对岸更是静悄悄，鸦雀无声。

他要干什么？

妒妇情结

山下比帕西瓦尔还要紧张。

第二十五军必须于2月11日前攻下新加坡，不能再推迟。这已不光是面子问题，而是因为势在必行。

战争时期，将领的声名与胜败得失紧密相连，山下在马来打得越顺，他的名气就越大，渐渐地竟有赶超其他陆军将领之势，这显然让他的上司、南方军总司令官寺内寿一很不爽。寺内在军中早就有"明是一盆火，暗是一把刀"的名声，他自己不好出面，南方军的幕僚便开始跑出来各种为难。

先是借着来访的名义，一群人轰隆隆地跑到第二十五军司令部，海吃一顿，然后嘴一抹，招呼都不打一声就扬长而去。

山下只好在日记中质问："此辈是何等德行？"

接着又莫名其妙地指责第二十五军与海军之间过从太密。南方军参谋长给第二十五军参谋长发了个电报，让他们以后跟海军打交道注意点，情报资料不能事先透露给海军。

马来半岛和新加坡战役属于两栖登陆作战，岂能不跟海军合作，又怎么可以不共享情报？对这种道三不着二的命令，山下当然只能是置之不理。在主官的坚持下，包括让政信等幕僚也理直气壮地给南方军来了个老虎拉碾子，不听那一套。

丢了脸面的寺内恼羞成怒，遂决定采取报复行动，在毫无预告的情况下，他下令提前把第三飞行集团移至别的战场。

飞行集团一走，留下来支援第二十五军的战机还有 162 架。当时的制空权和制海权完全掌握在日军手中，若单纯野战，这么多飞机也不能说不多，但进攻新加坡是攻坚战，需要航空兵提供足够的空中火力支援。这个时候调走飞行集团，无异于割去了第二十五军一臂。

据说山下在听到这一消息时，立即勃然变色地喊出声来："万一招致意外的延误（指攻取新加坡），谁负责任？"

对上司的做法，山下苦恼万分，却又无计可施，他只得强作欢颜地安慰部下："好吧，我们不靠航空队的协同，从现在起要独立攻取新加坡。"

让政信在回忆这段经历时，言语尖刻地指责南方军是妒妇情结："忌妒常常被人认为是唯有女人才有的特权，但在男人当中，尤其是军人，他们的忌妒心并不比女人逊色。"

寺内心里的那股邪火冒出来，他才不管下面怎么议论呢——早知如此，谁让你们七个头、八个胆来惹我的？

晚娘的拳头，云里的日头，寺内不是山下的后妈，可他做的那些事情，比后妈还要狠辣。继劈面给了山下一巴掌后，他又接着施压，命令山下必须以 2 月 11 日为期，紧接新加坡进攻战后，就要立即抽兵攻打苏门答腊、缅甸。

除了空中支援兵力被压缩到最小，时间上毫无伸缩余地外，山下还面临着其他困难，其中之一就是火力不足。

进攻堡垒，除步兵外，主要依靠的是火炮。山下一共集中了大、中口径火炮 168 门，加上包括小口径炮，可达 400 门，炮的数量还算可以，只是可供射击的炮弹太少。

山下估算了一下，若完成整个作战程序，每种口径火炮都需要准备 1500~2000 发炮弹，但从运输状况来看，平均只能储存大约 2/3，而且就算是有 2000 发炮弹，光是渡河准备就

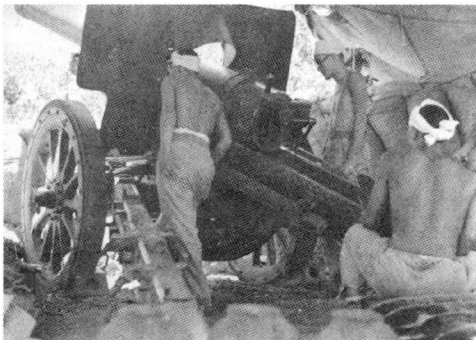

日军实施炮击

要用去 800 发，很有可能两天就用光了。

再拮据，该用的时候还得用，在步兵准备期间，山下将目标对准新加坡的各个机场，率先展开炮击，尚未调走的飞行集团也奉命对机场实施轰炸。

山下的用意很明白，既然他到时候无法充分使用空中火力，也绝不能让对方占有这一优势。

日军开炮，英联军自然要还击。可是帕西瓦尔又要求节约炮弹，限定每天每门炮只许打 20 发，多了不准。

英联军的火炮加起来共有 600 门以上，超过日军的 1/3，但这样使用炮弹，再多也不济事。炮兵司令十分不解，帕西瓦尔解释说，他要在新加坡死守 3 个月，得节约弹药。

英军总司令的意思是，船载的金银，也填不完如海的债，大规模炮战最消耗炮弹了，要是一早就熬得清水滴滴，到时怎么支持 3 个月的围城？

按照命令，炮兵打完 20 发了事，就连高射炮也只许零星发射，这样导致的炮战结果，自然只能是一边倒。截至 1942 年 2 月 5 日，新加坡的 4 个机场有 3 个遭到破坏，从英国刚刚送来的最新一批战斗机也大部分在地面上被击毁。

有这样的对手，山下真的应该大笑三声才对，因为和以往一样，他手中所掌握的胜算其实一点都不比帕西瓦尔多。

疑兵之计

在编制上，第二十五军坐拥三个师团，但出于运输迟误等原因，在对新加坡展开正式攻击前，近卫师团只有 1/3 的兵力到达第一线，第十八师团司令部及其两个步兵联队尚在广州，也就是说，部队较为完整些的只有一个第五师团，而这个师团在 55 天内纵贯了 1000 公里，体力消耗超过极限，士兵边走边打瞌睡，军官一边说话，一边打盹儿，已经屡见不鲜。

英联军方面，印度师和澳师都曾在马来半岛作战中被击溃，编制保存完整的只有印度兵 1 个营，澳大利亚兵 4 个营和 2 个机枪连。来援的英国旅如前所述，被海上的长途运送折腾得够呛，而且他们原在近东作战，所受的也主要是沙漠战训练。

可是就数量而言，在得到陆续增援后，英联军已达 13 万人，其中纯战斗部队有 7 万，日军 3 个师团凑一块儿，也只有 3 万人，加上英联军的火炮超过对方，粮食弹药又较为充足，完全能够与敌一拼。一家澳大利亚报纸的评论非常乐观："比圣诞节葡萄还要多的大炮是会守得住新加坡的。"

通过马来半岛作战经历，贝内特已经知道帕西瓦尔是个只会空谈，内心没多少战斗激情的人，因此他这次换了策略，建议帕西瓦尔实施持久战，也就是依城固守。

出乎意料，对方又摇起了头："不，在岛内作战不好。"

帕西瓦尔分析说，新加坡的阵地和物资储存地过于分散，很难固定防御，一旦日军登陆，军民的士气就可能崩溃。他的想法是提前一步，在滩头消灭敌军。

贝内特其实正是这个意思，他立即高兴地说："阁下，好极了，我们给小日本尝一尝英国的陆军精神吧！"

帕西瓦尔回答："是的，再加上一点光荣的澳大利亚军的辣味！"

背水一战的困境，似乎让两人之前的不快完全烟消云散，连帕西瓦尔也难得地做起了励志大叔。

山下最不想的就是这种情形，尤其是英联军滩头决战的策略。

第二十五军的登陆工具有限。登陆马来半岛时有一部分海上机动船，这次为渡河又搜集了一批折叠舟艇，加起来有 300 艘舟船，可是柔佛有 1000 米之遥，一个来回平均要 1 个小时，若将战斗部队全部渡过去，起码得花上 7~10 小时。

如果英联军在滩头的火力集中，没准后面几批还没运过来，前面几批就已经死翘翘了。

山下为此绞尽脑汁，特地设计了一个疑兵之计。

第五师团、第十八师团是登陆战的主力，准备期间，这两个师团尽力隐蔽行踪，甚至于每顿饭都要在离河岸 8 公里以上的地方做好，然后才运到部队。与此同时，近卫师团并不是登陆主力，却反而格外高调，每天晚上都要出动 40 辆左右的空卡车，开着大灯，鸣着喇叭，在新加坡对岸进行集结。

抢滩登陆

全部秘密在于，第五师团、第十八师团将从西北岸登陆，那是真的，近卫师团装模作样地要从东北岸登岸，那是假的，这就叫声东击西，以假乱真。

为此，山下还将兵力集结区内的居民全部强制迁出，部队白天一律停止调动，并停用了一部分无线电台，另设电台拍发各种假电报，结果是，不仅迷惑了对手，连日军随军记者都被蒙在鼓里。好多人纷纷赶到东边待命，后来都没能赶上西边的首次登陆。

莫信直中直，须防仁不仁，山下机关算尽，却没能骗得了精明的贝内特，贝内特认为日军只会在西北岸登陆。

理由很简单，东北岸是军港和要塞区，岸边的混凝土墙老高老高，登陆艇都靠不了岸，日本兵怎么爬上来？

可是帕西瓦尔偏偏上了山下的当，他觉得日军会从东北岸来。贝内特说东北岸有混凝土墙，他则说，西北岸还是栲树丛生的潮湿地带呢，难道行动就不困难？要塞区，日军不就是奔着要塞来的吗？

两人又争开了，各不相让，谁也说服不了谁。帕西瓦尔就说好好好，没准日军还真的可能从西北岸登陆，那西北岸就委托给你守吧。

分开来守，势必削弱守备力量，但在主官判断不准的情况下，亦不失为解决问题的一个妥协办法，贝内特服从了。可是帕西瓦尔接下来的一句话，却让他大吃一惊。

能拔脓就是好膏药

帕西瓦尔生怕军港设施落在日军手中，提出干脆把军港设施也全部破坏掉。

贝内特完全弄不清英军总司令的思维逻辑：你既然相信山下会在东北岸登陆，军港不正是最大也是最好的防御阵地吧，干吗要把军事设施都破坏掉？

这还罢了，贝内特现在急于做的，是赶紧在西北岸构筑阵地。

新加坡被比作"东方直布罗陀"，主要就是因为在东北海岸建造了强大的要塞，仅巨型火炮就配备了30门以上，但其后方，也就是西北岸区域非常薄弱。

西北岸是一片长满热带植物的沼泽地，森林面积达400英里，设计者认为这样的地形，敌人将难以通过，于是便未做设防。这当然是一个愚蠢的决定，它使得东北要塞区成了一道英国式的马奇诺防线——所有要塞炮都是面向大海，且转角有限，对身后的西北方向可以说是完全无能为力。

帕西瓦尔上任后，一度想在西北岸增添工事，但有人反对说，如果构建这种工事，会使得新加坡市民陷入不安。帕西瓦尔本来就是个吃着清水白米饭，其他事能不管就不管的人，既有不同意见，他也就乐得不了了之。

贝内特如今要负责防守西北岸，但是沼泽地和森林都难以构筑防线，他要求征用高尔夫球场，以便在上面建立机枪阵地。

帕西瓦尔一如既往地摆出了一副苦瓜脸，他担心这会动摇民心，说是要业主开会才能决定，而业主得到 3 月 1 日才能开会。

等到 3 月 1 日，没准新加坡都已经丢了，贝内特没法扯这个皮，只好先自己动手，能建多少算多少，由于劳力不足，他请求帕西瓦尔拨一些劳工。

帕西瓦尔说劳工是有的，可问题是付不出这么多工钱，而按英国陆军部的雇工标准，人家又不愿意来。

那么使用军队行不行？说也难。帕西瓦尔给贝内特列了一堆"难"：英国军官和印度兵的关系不好，英国兵和澳兵的关系也不咋的，就算是印度兵，不同种姓之间都是彼此看不顺眼，谁见谁都讨厌，你究竟抽哪一个为好？

贝内特不知道到底应该怎么评论这位三军总指挥，什么都是难，什么都干不了，那就单等日本人打过来好了，还诌什么"英国的陆军精神""澳大利亚军的辣味"呢。

主将的无能和怯懦，令新加坡仿佛成为一座被丢弃的城市，它每天都在燃烧，在破碎，士兵毫无斗志，只能祈祷日军从别人那里打过来。

与帕西瓦尔不同，山下是只要能够成功，他可以破除任何难关，也什么都可以干，反正能拔脓就是好膏药。

尽管如此，山下仍一点儿都不轻松。在下达登陆命令之后，他对新加坡进行了再一次远眺，脸上看起来是十分自信从容，但严峻的目光仍透露出他内心的某种不安和忐忑。

1942 年 2 月 8 日，日军对新加坡港的石油罐实施炮击，这是为防止燃烧着的石油流进海峡，以免影响即将开始的两栖登陆，黑烟覆盖了半个新加坡岛。作为回应，英联军也按照"20发标准"进行了还击。

山下将司令部移至巴鲁王宫的高塔上，此处可俯视柔佛水道，但同时也在英联军的炮火射程之内。

山下在炮声中打起了瞌睡，并且鼾声如雷，以至于副官都怕把对岸的炮弹给招来。

瞌睡一打就是2个小时，2个小时一过，山下的鼾声突然停止，他站起来，从高塔的二楼凝视对岸。

30分钟后，潜藏在橡胶林中的日军炮兵阵地展开了集中轰击，共有300门炮同时参与，且弹药消耗不受限制，山下下达的指令是"1门1000发"，由此各炮位附近的弹药箱堆积如山。

当300门大炮齐鸣时，那种令人震骇的巨响是无法用文字来表达的。一名日军随军记者的印象是，就好像许多火山一起爆发，震得山丘都颤抖起来。

首轮炮击，就用去了野炮每门200发，重炮每门100发。大炮不停歇的闪光把天空都烧成了红色，火舌到处飞扬。

铺垫性的炮击起到了预想中的打击效果，海峡堤道周围的机枪掩体和防御工事遭到很大破坏。日军随即启动第一梯次攻击，300艘舟艇，每艘载运40人，加速向新加坡岛驶去。

他们不是前往设防坚固的东北岸，而是直接杀向防线薄弱的西北岸。由于未接到帕西瓦尔的命令，英国炮兵失去了在第一时间予以炮火支援的机会，就连探照灯都迟迟没有打开。等到探照灯打开，已为时太晚，灯光都可以将逼近的登陆部队照到清清楚楚了。

晚上10点40分，新加坡西北岸分别升起一发蓝色和红色信号弹，这是第五师团、第十八师团登陆成功的信号。

轰击新加坡，日军炮兵在传递炮弹

如果帕西瓦尔把主力或英国旅摆

在西北岸，日军登陆或许还会感到困难，事实上，被安排在这里进行防守的，只是澳师的两个营，他们从前线刚撤下来不久，官兵疲惫不堪，战斗力也大打折扣，又缺乏坚固的防御工事，哪里顶得住日军锥子一样的冲击。

新加坡要塞的设计者以为森林可以天然阻敌，但日军自登陆马来半岛后，一路穿行的都是森林，早就习惯了丛林作战，这点林子才挡不住他们呢，反而浓密的植物严重阻挡了守军的射界。

在短短几个小时之内，便有4000多名日本兵登岸，并通过沼泽丛林和守军防线的空隙迅速予以渗透。到黎明时分，第二十五军的3万人马，已有近一半在新加坡成功登陆。

黎明过后不久，戴着钢盔的日本兵一群群地握着刺刀冲锋，所过之处，势如破竹，守军防线开始动摇，直至最终崩溃。

此时天空正下着瓢泼大雨，澳大利亚兵惊慌失措，他们把身上所有的负累都抛弃了，甚至包括步枪和子弹，多数人脚上还划开了一道道血口子，可是为了逃命，已没人顾得了这些了。

继第五师团、第十八师团之后，近卫师团也在西北岸登陆，3个师团迅速向岛中央蜂拥过来。

1942年2月10日早晨，山下渡过柔佛水道。渡河的时候，流弹屡次从舟艇旁边飞过。副官觉得不安全，就劝山下钻进舟载的小汽车，没想到被山下骂了个狗血喷头。

副官是马屁拍在大象腿上，以山下那个肥猪体形，假如进了汽车，舟艇又不幸沉掉的话，他不得在里面活活憋死？

在第二十五军指挥所前移至新加坡岛后，山下的当务之急是夺取水源地南侧的布基帖马高地。此时炮兵尚未渡过海峡，但他不想给守军以调整的机会，于是决定在缺乏炮火支援的情况下发起进攻。当晚，第五师团、第十八师团采用白刃夜袭的方式，直接冲向布基帖马高地。

帕西瓦尔南辕北辙式的战场研判，导致了一连串恶果。他把大部分兵力都集中在无人进攻的东北岸，不仅使得西北岸迅速被日军击破，还使得后备兵力出现严重不足，连他的幕僚人员都预感到，日军横行整个岛屿只是时间问题了。

但在日军进攻布基帖时，这位英军总司令难得地实施了一次有效指挥，他将英军旅的两个营调到高地增援，将日军两个师团堵住了，直到第二天，近卫师团前来助阵，才把高地给攻下来。

因损失较大，近卫师团兽性大发，一路上乱刺乱砍，将全部英军俘虏都屠杀了。对日军来说，这样严重违反国际法的大屠杀不过是家常便饭罢了，太平洋战争中司空见惯。

高地争夺战之前，山下拟定了劝降书，并复制29份，分别放进附有红白带子的木盒子里，通过侦察机空投至英联军阵地。

直到傍晚，山下一句回音也没收到，帕西瓦尔拒绝了投降。

英军有着自己固有的传统和骄傲，并不容易被招降。山下非常清楚这一点，要不然，马来半岛登陆的时候，可不就送劝降书啦？

不过山下现在真的非常希望帕西瓦尔能说一个"降"字。在劝降书中，他说，帕西瓦尔你眼看撑不下去了，何不早降。但事实是，他自己也快顶不住了。

"马来之虎"

且不说2月11日的设定期限已过，就连军粮都到达极限，开始不敷使用，不少士兵只能把残留在口袋里的一点豆酱粉掏出来，靠吸吮豆酱粉来维持。

山下急了。中小口径火炮登岸后，马上被全部使用起来，从1942年2月12日一直打到13日，结果并未能把新加坡城打下来，而炮弹业已告罄，在第一线的各师团中，有的甚至只剩几发炮弹了。

14日，随着柔佛水道桥的修通，日军重炮部队终于到达前线，可是来了也没用，因为储存的重炮炮弹所剩无几。

山下感到了深深恐惧，他在日记中写道："我担心，如果英军发觉我方兵力数量上的劣势，以及物资的匮乏，就会把我们拖进悲惨的苦战之中。"

苦战，意味着担雪填井，意味着如汤泼蚁，意味着马来亚登陆以来的所有努力都要白费，他将遭遇失败，前功尽弃。

山下要求对方立即投降，原因就在于此。可英国人要是不投降怎么办呢，没别的好办法，往死里逼啊。

当天，山下集中所剩不多的炮弹，对新加坡市内的英军炮兵阵地，甚至是居民区进行轰炸。作为精神压迫的另一个措施，他还切断了柔佛至岛内的送水管。

可是仍然没有动静，幕僚都忍不住了，连素来喜欢逞强夸能的辻政信都建议山下暂停攻击。山下没有理会，他知道，要是按了这个暂停键，立马倒下的可能将是他自己！

2月15日上午，山下亲自赶到第五师团司令部，下达命令："除继续前进外，别无他法。"

第五师团的士兵都快累散架了，只要往地上一坐，立马就可能直接化为烂泥一堆。山下只好不停地给部下打气："敌人也很艰苦！"

事情往往是反着来的，打仗也是如此。你越想对方瘫下来吧，人家还越是坚挺，英联军的抵抗异乎寻常顽强，日军从未遭受过那样猛烈的炮击，连第一线的散兵壕都失去了掩蔽作用，第五师团虽派去坦克战车进行支援，然而打到下午2点多的时候，也支持不住，战场陷入停滞状态。

这是个让山下和他的官兵都进退不得的时刻，突然间，在第五师团前卫部队的正面，出现了3个英国人——以及一面白旗。

朝思暮想的情景出现了。其实在日军登陆新加坡岛后，帕西瓦尔就已经做好了投降的心理准备。西方的军事伦理是，只要山穷水尽，觉得抵抗已无法扭转局势，便可以举手投降，这并不耻辱。

当山下在第五师团司令部内揪着衣领，把他那些士兵一个个推上战场的时候，帕西瓦尔做着另外一件事：他在自己的司令部内，征求指挥官的意见，究竟是投降还是继续战斗。

众人一致赞成投降。贝内特再勇再猛，获知城内的自来水龙头已经快要流不出水，也同样只能点头。

日英两方主将会面了，谈判地点设在一家汽车组装厂的狭小房间里，

进攻新加坡要塞

而双方谈判的情景则极富戏剧性。

山下盼望对方立即投降，可以说，他比帕西瓦尔更怕谈判失败，可是翻译不行，碰到地道英国人，一口伦敦腔的那种，这哥们儿似乎连英语都说不利落了。

但其实翻译英语水平不算太差，是在伦敦学的英语，只是他不太懂关于停战的军事术语，更不了解山下的真实心理，以致老是词不达意，结结巴巴。

山下变得越来越焦急不安，他大声地朝翻译叫道："你的翻译我根本听不懂，你只要给我问清楚，答应还是不答应。"

旁边参与谈判的一位少将见山下发了火，当即撤换翻译，让懂英语的幕僚杉田进行代替，但过程仍不顺利，杉田倒是懂军事术语，可英语又显得蹩脚了，而帕西瓦尔的翻译也满头大汗，一宗一宗地查阅着英日辞典。

眼看山下的脸色又沉了下来，杉田索性把文件一扔，朝着帕西瓦尔大声喊起来："投降还是不投降。是 Yes，还是 No，请做回答！"

帕西瓦尔脸色倏变，面部肌肉不停抽搐，他还想再谈谈条件。

山下的语气越来越生硬蛮横，他不停地用军刀敲击着地板："重复一遍，是 Yes，还是 No？No，晚上就给你来了夜袭，白刀子进，红刀子出，不喜欢夜袭，就说 Yes 好了。"

赶人不要赶上，欺人不可太甚，这是东方的忠恕哲学，却不是日本的，更与山下这样生狼型的日本军人完全无缘。帕西瓦尔从来没见识过这种强盗式的谈判方式，他被吓坏了，用压抑的声音回答："Yes……"

1942 年 2 月 15 日，在日军登陆一周后，帕西瓦尔签订了无条件投降书，"东方直布罗陀"由他拱手送出。

在马来半岛、新加坡战役中，日军死伤了 9000 多人，英联军伤亡了差不多的人员，可是无条件投降之后，日军却得以俘虏 13 万人，缴获的各种火炮、机步枪以及物资粮秣不计其数。当参观战利品时，一些日军军官吃惊地议论道："用这些缴获品也能打一场战争啊！"

山下通过谈判所得到的，远比单纯作战要多得多，他后来说了心里话："那时我的步兵炮只有 3 发炮弹了。这种情况下，我想无论如何一定要让他投降，所以最后施加了压力。"

　　帕西瓦尔心境灰暗，他是个行政官类型的将军。漫天要价、就地还价的谈判技巧，那应该是他的强项，但在对方的威逼下，却只能眼睁睁地被剥个一干二净，这比吃败仗还令他感到痛心。

　　黄的是金，白的是银，圆的是珍珠，放光的是宝。置身于小山般堆砌

清点缴获的英军枪械

的战利品、黑压压的战俘，以及这座壮阔的东方名城之中，山下及其辻政信等人那种得意扬扬的感觉自不待言。他们入城时，让数几万名战俘站在道路的两旁迎接，在耀武扬威的同时，也借此对俘虏进行无情的羞辱。

　　新加坡一直被看作英国在东方的象征，打下新加坡也就意味着日本对英国的胜利。丘吉尔悲痛不已："英国历史上最沉痛的浩劫，规模最大的投降，就在新加坡。"

　　新加坡的陷落，对英国人造成了巨大的心灵创痛。一位英国历史学家如此描绘：那天夜里，古老的殖民帝国被切开了动脉，于是长达几个世纪的统治和法律开始喷出血来，这道伤口也许是无法堵塞的。

　　2月16日，裕仁的侍从武官赶到新加坡，向山下传达了天皇圣旨和皇后的懿旨，上面理所当然的都是赞赏之词。

　　无论战略还是战术，新加坡的沦陷，都标志着日本陆军在太平洋战争中所取得战绩的顶点。在此之前，山下只参加过对中国华北的作战，而且并没能建立起什么了不得的战功，但他就凭这一战得以与山本齐名，被称为"海军的山本，陆军的山下"，同时还得到了一个绰号"马来之虎"。

　　就像山本偷袭珍珠港一样，全世界都因此知道了山下这只"恶虎"，德国陆军军官学校的战史教科书专门加上了马来作战的一段，奉为战役指挥的经典。

第四章

五分之一机会

日军进攻菲律宾和新加坡，说到底是为了打开通向荷属东印度（今印度尼西亚）的大门，从而完全控制和占领"石油宝库"爪哇。

早在 1941 年 11 月 6 日，东条内阁确定开战的第二天，参谋本部便组建了第十六军，专门负责攻占东印度。

第十六军司令官为今村均。在日军陆军将官中，今村手下幕僚则多为留学归国人员。

在中国的桂南会战中，日军一度处境堪忧，多数人主张撤退，但时任第五师团长的今村就像山下一样，力排众议，咬着牙硬撑，结果大败中国军队。事后，中方有 10 名高级将领遭处分，2 个集团军的番号被撤，是七七事变以来内部追究最为严厉的一次，可想受创之深。

桂南会战结束后，今村晋升至教育总监部部长，并担任了第五师团一次演习的总裁官，那次演习其实就是对马来半岛、新加坡战役的模拟。

帮别人裁判的同时，今村也在动着自己的心思，特别是接到攻打东印度的任务以后。与菲律宾、新加坡相比，他要指挥的这场战役更加强调速战速决，分秒必争。

中心开花

荷属东印度是一个由爪哇、苏门答腊、婆罗洲等诸多岛屿合并起来的岛国，其总面积大约相当于欧洲大陆。这些岛屿又都比较分散，攻下来也许并不难，难的是还要分兵驻守。

今村参加过侵华战争，中国人以空间换时间，导致侵华战争打了 4 年半都打不下来，近百万军队被死死钉在那里动弹不得，更何况，今村手里也没有百万军，他只有三师一旅，没一个士兵是可以多出来的。

　　只能来个中心开花，即率先攻占中心点，让盟军的神经中枢陷入瘫痪。

　　东印度的中心点就是爪哇，荷兰布防于太平洋的军力，有 85% 以上集中于此，英、美、澳的援军也都在这座岛上。岛屿是不用一座座攻取的，但是从出发地到爪哇，沿途还有十几处盟军的空军基地，只要有一处基地发现日军浩浩荡荡的渡海船队，盟军就会从空中群起而攻之。

　　目标越小越安全，为了减少风险，今村在旅团基础上建立坂口支队，作为第十六军的先遣队。

　　1942 年 1 月 10 日，日本对荷兰宣战，坂口支队马上兵进婆罗洲东海岸的打拉根。打拉根是有名的石油城，也是东印度最北的一道防线。今村除了想先捞桶油外，也有意用坂口支队来探探路，试试盟军方面的身手。

　　此前一天，美、英、荷、澳四国匆匆忙忙在荷属东印度首府雅加达开会，决定建立联合司令部，由远东英军司令韦维尔出任最高司令官。韦维尔是参加过一战的独眼将军。他在二战中最出色的战绩，是在北非战场上创造"特种战争"——韦维尔用橡皮制造了数百辆坦克、野炮和载重卡车，利用这种欺诈战术，成功地迷惑并击败了意大利军队。

　　韦维尔不像帕西瓦尔那样优柔寡断与缺乏谋略，自己干没问题，但他并没有做盟国军事统帅的经验，因此在拿到指挥权后，并不如外界想象的那么开心，他曾经说："我知道人是要抱孩子的，可这是个四胞胎！"

　　饿的人只有一个烦恼，吃饱饭的人却有无数个烦恼，韦维尔的烦恼就是他不知道如何把四家整合好，将盟军的潜力充分发挥出来，尤其他是陆军出身，对海军的特点不了解，也不够重视，布局显得很凌乱。

　　建立联合司令部的第一天就弄得很不开心。东印度是盟军战区内最富庶也最重要的区域，又是自己的属地，荷兰人当然最为熟悉，可是最后只有一个荷兰将领进入联合司令部任职，这名将领还不是海军将领，是陆军将领。

　　荷兰海军司令白瞪着眼，感到很不痛快。眼看着打到家门口的战争，他竟然连参与联合商讨的资格都没有，简直是英雄无用武之地。

　　韦维尔的昏招远不止这一个。原本荷兰海军可以同时指挥陆基航空兵（也称岸基航空兵）和舰载航空兵，陆基航空兵以陆上和水上机场为基地，战前已与舰艇做过多次协同训练，他们可与舰载航空兵形成合力，但韦维尔按照英国做法，愣是将航空兵体系割裂开来，陆基航空兵转由荷兰空军指挥，荷兰海军只能指挥舰载航空兵。

在敌人还没杀到眼前时，荷兰海军全靠沿途的陆基航空兵充当自己的眼线，韦维尔这么一调整，荷兰海军就成了标准的近视眼，无法对坂口支队以及护航舰队进行跟踪或拦截。当日军兵临城下时，驻打拉根的荷兰航空兵才猛醒过来，并发起空袭，但这时候已没有多大效果，坂口支队避开正面港湾，由西岸实现了登陆。

战前，坂口支队在一座由日本托管的南洋小岛上进行预备训练。海上航行时，一只从西方飞来的鹰突然落在坂口所乘舰船的船桅上，并被士兵关进了鸟笼。

这幕情景，让坂口支队的官兵乐不可支。因为据说在中日甲午战争的时候，就有一只大鹰鬼撞墙似的落在了日本巡洋舰的船桅上，因此事后被日本国民当作战胜的预兆。

毫无丛林战经验的坂口支队，是需要靠怪力乱神这一套来打打气的。当然训练也的确很有成效，第一天，他们在丛林中钻了一个小时，才前进50米，且一个个累到变了形，但经过魔鬼式的练习，10天之后，时速已突破500米，效率提高到10倍以上，说明已基本适应丛林作战。

坂口支队是以有准备来打无准备，他们登陆后，马上寻找丛林地带进行突破，对荷军进行迂回抄袭。

要说运气，还真有。一个在当地住了20多年的日侨老头自愿带路，这老毒物帮助坂口支队绕到了打拉根市的背面。1942年1月12日，打拉根的荷军防御部队无力再战，指挥官被迫决定投降。

日军控制了打拉根的所有机场和油井，那个得意。人无刚骨，安身不牢，想当初，求着美国荷兰要石油，不给，怎么着，现在爷爷自己来拿了，

日军登陆荷属东印度

还扇你们一人一大嘴巴!

讨不如偷，更不如抢。荷属东印度有石油的地方不少，距打拉根南面 500 公里的巴厘巴板市，也是个石油城，不仅有石油，还有煤矿。日本人对此垂涎欲滴，恨不得一口全吞掉。

1 月 21 日，坂口支队离开打拉根，向巴厘巴板扑去。

在日军行踪已经完全暴露的情况下，盟军的海空部队自然不会袖手旁观，陆军航空队率先发起攻击，炸沉了护航舰队的一艘汽船。

这时盟军的指挥系统仍然运作不畅，临时组装的机器太复杂了，作为最高司令官的韦维尔又不善于组合，结果各种零件好像是组合在一起了，其实还是你归你，他归他，甚至于原来海空军还能多少配合一下，现在弄到连基本的配合动作都没有了——在坂口支队几天的航程中，盟军就做了炸沉日军汽船这一件靠谱的事。

1 月 23 日晚，日舰在巴厘巴板附近抛锚，将坂口支队逐步送上陆地。日本护航舰队认为已经可以在打更时，喊上几遍太平无事了，但他们高兴得实在有些过早。

黑暗中，还有利剑。

马来屏障

那个晚上没有月亮，上半夜，猛不丁地冒出了一艘荷兰潜艇，对着运兵船就发射鱼雷。没射中，然后这艘潜艇就不见了。

受了惊的护航舰队赶紧派出一艘驱逐舰，四处一通乱找，但是并未发现潜艇的踪迹。

荷兰潜艇可能真的走了，美国亚洲舰队的 4 艘驱逐舰却来了，而这正好是日军驱逐舰转移注意力，暂时离开的时候。

岸上，守军正在破坏巴厘巴板油井，燃烧的油井把天空映得火红一片，日舰的轮廓在火光中被清楚地衬托出来，这让美军驱逐舰很容易就寻找到了目标。

珍珠港事件以来，美国人憋气憋得太久，水兵打得兴起，一下子发射了 48 条鱼雷，差不多把舰上的鱼雷都打光了，共击沉 3 艘运输舰和 1 艘巡逻艇，打死日军千余人。

突击中的日军

在整个荷属东印度作战期间，这是盟军唯一一次取胜的海战，当美军舰队返回爪哇时，水兵全都兴高采烈。可惜的是，美军并没能消灭整支日本舰队，还有一点更令人沮丧，在突袭之前，坂口支队已经全部登岸，日军攻击巴厘巴板的行动并未受到太大影响。

巴厘巴板又沦陷了。韦维尔事先为盟军设定了一个马来屏障，其防线是西自马来亚，中至爪哇，东至澳大利亚，但到1942年2月9日，马来屏障外围已全部为日军所攻破。

日军开始突击马来屏障，今村要亲自出马指挥了。

不出马不行了。第十六军原计划在4月29日之前攻占爪哇，但南方军总司令官寺内寿一将计划提前了一个月，并告知今村，假使不能在限期内占领爪哇，就有被盟军捷足先登的危险。

马来半岛战役结束后，英军残余机群竞相撤往苏门答腊南部的巨港，同时盟军空军的支援部队也有集结巨港的趋势。巨港不仅是马来屏障内的重要航空基地，同时也是除巴厘巴板之外的另一个大的石油产区，寺内既要遏制盟军以巨港为根据地发起反击，又担心自己动作慢了，油田和制油设施遭到破坏。

在攻占打拉根和巴厘巴板时，盟军趁交战期间炸掉了一些炼油设施，当时可把日本人心疼坏了。他们奔东印度就是为了抢油，不能没了炼油的家伙什。

等不及山下攻陷新加坡，寺内就把第三飞行集团抽出来交给了今村。后者也可以被看成寺内特色的穿小鞋策略，公私结合，既打压了山下，又让旁人无话可说。

寺内盯得紧，今村自然不敢怠慢。他曾想投入第三十八师团，以强袭登陆的方式夺取巨港，也正是因为时间拖不起，才临时取消了这一打算。

取而代之的是另一种更为冒险的攻袭方式：空降。

1942年2月14日上午，巨港上空出现了一群飞机，所有这些飞机上面都有英国飞机的识别标志，但它们其实是经过伪装的运输机，机上运载的全是日本伞兵。

日本空降兵部队组建得比较晚，正式成立也就不过这一两年的事。偷袭珍珠港之后，日军马上在荷属东印度的外围岛屿，包括万鸦老等地尝试空降作战，由此积累了一定的经验。

空降之前，今村除动用第三飞行集团对巨港进行反复轰炸外，还对目标地点进行了空中照相侦察，不过相片再怎么精准清晰，它没法反映周围的立体图景，这让伞兵大吃苦头。

目标地点就是机场和炼油厂，周围几乎全是灌木林和沼泽地，降落伞的一半挂在树梢上，也就说有一半伞兵还落不了地，好不容易降落的人急忙四处寻找武器。

这个武器，主要是指重机枪，伞兵无法随身携带，只能装在空投袋内，落地之后才能拿到。

一群人眼睛正瞪得跟琉璃葫芦似的找枪，盟军不让了，守卫机场的士兵用高射炮进行平射，加上林子里视线受碍，找个东西并不那么容易。伞兵只好暂时放弃寻找，他们拔出身上佩带的手枪，按事先约定，三人一组，向机场及炼油厂的方向突击。

伞兵受到过类似于现在特种兵那样的严格训练，单兵素质非常高，战斗时也极其凶悍。有个伞兵被20多名盟军士兵所包围，他一人打倒8名，最后端坐着用手枪轰掉了自个儿脑壳。一名荷兰中尉回忆，跟这样悍不畏死的日本兵作战，确实感到有些不知所措。

着陆10个小时后，日军伞兵占领了机场，接着，他们又夺取了两座大型炼油厂。随着巨港的失陷，日本已控制了荷属东印度一半的石油储备。

2月15日，新加坡、巨港几乎同时易手，标志着马来屏障被撕开了一道大口子，中心开花的时机已经成熟，

第十六军主力集结于越南金兰湾，从本间那里抽出的第四十八师团也在菲律宾南端待机出动，直接指向爪哇岛的渡海作战即将开始。

就在这个节骨眼上，今村突然发起愁来。

瘦死的骆驼

今村愁的是，没人给他护航。

运兵船有 56 艘，可是护航舰队只有 1 艘轻巡洋舰和 9 艘驱逐舰，实力远远不及盟军。护航舰队的指挥官实话实说，若没有加倍的舰船和兵力，他根本没把握完成这一护航任务。

今村一看是啊，砖儿何厚，瓦儿何薄，人家有十来个大汉，你只有一个保镖，这事的确够悬。他立即恳求寺内，请寺内与联合舰队司令官山本交涉，争取多派些军舰过来。

要说今村比山下可规矩多了，与海军合作还通过上级交涉，没有"与海军过从太密"之嫌，可问题是，他这个上级比较变态。南方军对于今村面临的困难无动于衷，参谋长塚田攻还出面训了今村两句，说登陆部队的护卫方式是寺内、山本早就协议好的，没法变，而且"事到如今，才进行胆怯的交涉像什么话"。

你有胆，刀山火海挡不住，你没胆，就是坐金银堆里也是枉然。寺内、塚田攻的这种浑蛋逻辑自然令今村无法接受。今村认为他的要求与胆怯或勇敢没有半毛钱关系，护航舰队的指挥官总是专家吧，专家都觉得不合理，并不是我在矫情。

眼见得上司的智商已经直接低于海平面，愚昧到了让人无法忍受的程度，今村也火了，他决定亲自去找寺内讨个公道。

临出发时，今村突然想起，南遣舰队司令长官小泽治三郎就住在附近。

为山下的马来登陆护航的，便是南遣舰队。当初对给山下护航，连山本都非常犹豫，因为南遣舰队的对空战力很虚弱，舰对舰，更不是拥有"威尔士亲王"号等英国最强战舰的"Z"舰队的对手，要真打起来，恐怕一个回合不到，就会离鞍落马。

南遣舰队，可以看出阵容很一般

山本给南方军的告诫是，先实施航空歼灭战，再进行登陆。这就是"两山聚会"时，他向山下表示抱歉，说

"海军协助登陆的力量确实不足"的含义所在。

如果是用飞机轰炸，时间上等不及，也难以起到偷袭效果，所以寺内和山下都伤透了脑筋，不知如何才能说服山本。

关键时候，正是这个小泽站了出来，很大义凛然地来了一句："就是南遣舰队全军覆灭，我也敢和山本长官赌一赌。你们放心，这事包在我身上，由我负责说项好了。"

小泽去一说，果然是柳暗花明，山本同意让南遣舰队冒险护送南下的登陆部队。

假设没有小泽，马来半岛、新加坡战役没法干得这么快，战役结束后，大家都说小泽"伟大"。小泽倒也蛮谦虚，笑着说："战争这东西，不是道理可以讲得明白的，不打打看，谁知道胜负呢？这场战役，山下有必死之心，我也准备一死去干，谈不上什么伟大不伟大。"

日本海陆军的关系一向都十分紧张，平时不是你挤对我，就是我挤对你，但所有参加南方作战的陆军军官提到小泽，伸出的全是大拇指，他们认为海军里最了不起的，不是山本，更不是南云，而是小泽，甚至有人把小泽尊为"大明神"（一种据说创造日本的神）。

宁撞金钟一下，不打破鼓三千。今村也想到"大明神"那里去烧烧香，碰碰运气。见面一聊，小泽马上表示同情和理解："只有9艘驱逐舰护航，那怎么够用？你可有56艘运兵船啊。"

今村说部队后天就要出发了，小泽咂巴咂巴嘴："话说回来，就是寺内答应去和山本交涉，也不是件简单的事，而且时间也来不及了。"

小泽急人所急，直接从自己的南遣舰队中抽出4艘重巡洋舰、9艘驱逐舰，"不管如何，不让你们平安地登陆爪哇怎么行"。

仅仅谈了15分钟，问题便得以解决，真是闻名不如见面，见面胜似闻名。今村感激涕零，在他眼中，小泽活脱脱就是一尊菩萨。

1942年2月18日，由56艘运兵船组成的大船团离开金兰湾南下，在护航舰队的掩护下，向爪哇驶来。

这时美、英、荷、澳四国联军司令部已经解散，盟国在万隆重新建立了三军联合司令部。与原先荷兰人只挤进一个名额不同，这次的海陆空三军司令官皆由荷兰将领担任。当然，部队编组仍是联合方式，其中海军的主力是盟军联合突击编队，由美国亚洲舰队加上英、荷、澳的一些舰艇组成，指挥官为荷兰海军少将杜尔曼。

直到二战前夕，已经没有几个人把荷兰海军当回事了。一提到海军，大家都觉得英国最牛，可实际上在英国海军成为巨无霸之前，海洋实实在在是人家"海上马车夫"荷兰人的天下。如今虽然早就让出武林盟主之位，但瘦死的骆驼也有千斤重，荷兰海军的整体水平和素质并不孬。

突击编队指挥官杜尔曼就是这样一个出类拔萃的海军将领。他年轻时有过做飞行员的经历，与海军航空兵结缘很深，因此他和山本一样，一边干着海军的事，一边还具有"航空头脑"，海上的空中作战是其拿手好戏。

杜尔曼有着鲜明个性，突出表现在认真二字上，对别人认真，对自己也很认真。他患有热带病，东印度这种闷热的气候有时会让他的身体感到很不舒服，但他愣是凭着一股韧劲和恒心，把突击编队这样一支混杂舰队整合成了精锐之师。

"Z"舰队的覆灭，完全改变了海上战场的均衡态势，爪哇能不能守住，大半得依赖于突击编队。连续几个夜晚，杜尔曼都不辞劳苦，率舰艇在爪哇附近巡航，以防止日军突然登陆。

但是杜尔曼和突击编队也有隐忧，还是一个致命的隐忧。

决死一战

突击编队没有一艘航母。

原本一艘小型航母"兰利"号有望编入，它是美国海军的第一艘航空母舰，1937年才改装为水上飞机母舰，可一次性装载30多架P-40战斧式战斗机。应该说，这样的航母在二战爆发前就已经落伍了，但有总比没有好。

可惜的是，"兰利"号在一次航行途中，被日军飞机击沉，这使突击编

美国"兰利"号航空母舰

队失去了必要的空中掩护，陷入与"Z"舰队几乎相同的困境。

　　杜尔曼深知"航空制胜"的道理，飞机不仅能用来掩护舰队，还可以协助舰队进行侦察和作战。现在既然航母已经落空，他便只能寄望于空军施以援手。

　　尽管指挥系统进行了调整，但因为时间过于仓促，新机构仍然遗留着联合司令部时的弊病，也就是海空军协调不够。杜尔曼请求美国空军支援，美方指挥官都同意了，偏偏万隆的联合空军司令部要让美国飞机去执行另外一项任务，杜尔曼的设想再次落空。

　　1942年2月27日下午，一架荷兰飞机发现了日军大船团的踪迹，杜尔曼立即命令自己所乘的旗舰转向，率突击编队朝船团方向驶去。

　　在收到侦察信号后，旗舰能够在如此短的时间内能做出快速反应，不做任何耽搁，这在海军的军事行动中是很少见的，足见杜尔曼的反应和决断能力。

　　当日军侦察机报告盟军突击编队杀过来时，今村大吃一惊，同样吃惊的还有负责为今村护航的舰队指挥官高木武雄。

　　高木曾在潜艇部队中服役达13年之久，因此对潜艇作战技术较有发言权。不过高木和杜尔曼此时都无法拼自己最擅长的，杜尔曼是会用飞机却没有飞机，高木是熟悉潜艇，但他的舰队里没潜艇。

　　第十六军需要从不同的登陆点上岸，护航舰船也就不能做到完全集中，匆促之中，高木尽力合拢迎战兵力，共集结2艘重巡洋舰、2艘轻巡洋舰和14艘驱逐舰。

　　突击编队是2艘重巡洋舰、3艘轻巡洋舰和9艘驱逐舰，从舰船数量上看，高木舰队明显占有优势，除此之外，高木可以不断派飞机进行打探，而盟军方面，却没有几架飞机可以为杜尔曼提供侦察。

　　在荷兰飞机发现日军舰队之前，杜尔曼一直为侦察和通信能力薄弱所困扰，突击编队来回巡航，官兵极度疲劳，用杜尔曼的话来说，耐力已达到极限，很快就要超过限度了。

　　不过突击编队的成员在士气上始终非常高昂。当他们离港起航时，大都知道前面将发生决死一战，但没有人不按时上舰。

　　还未与高木舰队碰面，日机便先行对突击航队进行轰击，杜尔曼传令敞开队列。在避开日机攻击后，他一面重新会合舰艇，一面再次请求战斗机予以掩护，可仍未得到回应。

2月27日，下午4点，突击编队的先导舰与高木舰队遭遇，双方发生交火，爪哇海战以这样一个狭路相逢的方式铺展开来。

高木首先亮招，他采用了"T"字战法。简单来说，就是在第一时间把自己的舰艇全部横过来，与敌方舰队构成直角，这样我是一横，你是一竖。

横着的，每一艘战舰的舷侧火力都不浪费，竖着的，只有先导舰可以作战，后面那些战舰就是急到爆血管都插不上手——等到能插上手，前面那艘先导舰也完蛋了。

高木的造型还没完全摆出来，杜尔曼已经识破。他迅速改变航向，竭力缩短两支舰队的距离，以便使他的战舰都能发挥作用。

在短兵相接的交战过程中，日机一直盘旋在突击编队的上空，向日军舰艇发送情报，以帮助其进行射击校正。

相比之下，突击编队就得不到这个便宜，盟军舰艇只好利用舰战的间隙对飞机开火，但是作用并不大。

除得飞机之力甚多外，高木还拥有一种独一无二的大杀器，这就是氧气动力鱼雷，西方把它叫作"长矛"鱼雷。

"长矛"鱼雷由日本在二战前独立研制，堪称是世界鱼雷技术发展史的登峰造极之作，日本专家认为它的技术已领先于西方20年。"长矛"拥有很多惊人的数据，"长"是它的第一个优势，比如在低速航行时，其射程竟可达到4万米，而一般英美鱼雷的射程仅为8000米，可以说，这个距离已经超出了当时各国战列舰的主炮射程。

令人胆寒的"长矛"鱼雷，它在海战中所扮演的角色，是很少落空的嗜血杀手

你向敌舰发射鱼雷，敌舰当然可以规避，但"长矛"的航迹又非常小，很难被对手发现。

"长矛"不仅"长"，"矛"也有足够坚。它的装药量接近半吨，有多少船能够吃得消半吨炸药？

日本人把"长矛"鱼雷当成国

宝，称为青色杀手。高木舰队所装备的又是杀手中的杀手，乃"长矛"鱼雷中最基本和最主要的型号——九三式高爆鱼雷。

那时候盟军对"长矛"还一无所知，尤其不知道这种鱼雷的射程会那么长，当舰艇被鱼雷击中时，一些舰长以为他们是在与潜艇交锋作战，为此还发射了数发深水炸弹。

这是一场力量悬殊的交锋，但双方都拼死一搏，高木舰队有两艘驱逐舰受损，突击编队则被击沉了两艘驱逐舰，更重要的是，青色杀手已打乱了突击编队的队形。

杀手中的杀手

杜尔曼没有慌乱，在驱逐舰所放烟幕的掩护下，他将巡洋舰重新编队，并以自己的旗舰"德鲁伊特尔"号作为前导，用信号灯一明一暗地发出信号："所有的舰艇，跟着我！"

在杜尔曼的指挥下，突击编队实行迂回航行，在确定高木舰队及其船团位置后发起攻击，一艘日军驱逐舰当即被击沉。

杜尔曼的勇气使他再度控制了局势，高木开始有些慌了。明明是自家"长矛"鱼雷在爆炸，他还以为是盟军的水雷在响——我进入盟军预设的雷区啦？

高木的心肝五脏都提到了九霄云外，急忙下令向北撤退。

随着夜幕逐渐降临，暗淡的暮色和缭绕的炮火硝烟笼罩整个战场，交战双方暂时都失去了目标，高木不清楚杜尔曼是否还在紧追不舍，而杜尔曼则产生出一个错觉，他认为高木舰队是撤到西面，北去的很可能是运兵船团。

"护航舰队已经西去，运兵船团在哪儿？"

杜尔曼一边致电万隆司令部，一边率领舰队往北搜寻，他要不惜一切代价找到并击沉日军的登陆部队。

突击编队原有9艘驱逐舰，除了沉的、伤的，留下来打捞落水士兵的，剩下的驱逐舰已用完水雷，燃料也行将耗尽，必须返回港口去装填鱼雷和加油。

杜尔曼没有选择放弃，他乘坐"德鲁伊特尔"号在前，带着3艘巡洋舰继续全速前行。他断定日军的运兵船团尚未能够抵达爪哇，时间还来得及。

飞机又一次扮演了关键先生的角色。日机很快追踪到突击编队的运动方向，除及时向高木报告外，它们还在黑暗中不断投入伞投照明弹，盟军舰艇的航线暴露无遗。

就像一间黑屋子里的两个高手，一个高手凭借感觉摸索，另一个高手却依赖"夜视镜"的帮助，只需蹲踞在角落里静待杀机。

晚上10点半，高木的旗舰"那智"号发现了杜尔曼。高木将日军舰艇平行排列，拦住了突击编队的去路。

如果杜尔曼拥有"威尔士亲王"号或"反击"号中的任何一艘，一切将大为不同，可惜他手中空空如也。当双方距离缩短到不足8公里时，一艘日军驱逐舰向突击编队发射了一排鱼雷，一枚致命的"长矛"鱼雷钻入旗舰"德鲁伊特尔"号的船尾，这艘轻巡洋舰立即淹没在一片火海之中。

几秒钟后，"爪哇"号也遭遇了相同命运，这两艘巡洋舰正好都是荷兰军舰。

当旗舰被击中的一刹那，杜尔曼就知道他失败了。

失败往往比成功更能考验一个人，杜尔曼完全有时间，有可能搭乘救生艇逃生，但他拒绝这么做，他选择和他的军舰、他的幕僚、他的官兵一起沉入大海。

杜尔曼在生命中发出的最后一个信号，是让剩下的两艘巡洋舰赶快撤走，不要再去搭救落水的人，因为直觉告诉他，那样将会导致整个编队全军覆灭。

接到信号后，剩下的两艘巡洋舰迅速向南逃往巴塔维亚港，这才得以避免厄运。

在高木舰队身后，便是计划登陆的运兵船团。突击编队的穷追猛打，令今村不得不推迟登陆，有的官兵不由得抱怨起来，"海上啰唆事简直太多了"。

很快，抱怨便被吃惊取代。在他们肉眼所及之处，只见赤黄色的炮焰来回波动，轰隆隆的炮声此起彼伏，黑夜被这场惊心动魄的炮战完全撕裂了。

这是一战后最大规模的一次海战，从白天一直打到深夜。观战的日本兵虽然也早已见惯了杀人如麻的场面，但海上的无情大杀戮仍令他们备感震撼。

当两艘荷舰咝咝地沉入爪哇海，当黑色海水完全淹没舰上的水手，生与死之间的相隔瞬间变得比纸还薄。日本兵有的欣喜欢呼，有的战栗发抖，欣喜当然是自家打胜了，战栗也同样可以理解，那是一种后怕，若突击编队有机会对运兵船团实施水平齐射，现在被海水吞没的就是他们，他们将和大多数运兵船一样成为海底泥垢。

突击编队的攻击，令第十六军的登陆时间推迟了 24 小时。在逃脱盟军巡洋舰的追袭后，今村开始重新组织船团分别登陆，1942 年 3 日 1 日，凌晨 2 点，其中的 40 艘运兵船到达了万丹湾（今雅加达湾）。

万丹湾位于赤道附近。赤道的天空看起来很低，星星也显得特别亮，满天星光照耀大地，连船体都能识别出来。

就在这时，海面上突然有数道光线划过，日本兵一个个为之惊恐失色：原来他们也有机会成为海底泥垢！

枪头子戳贼肚子

盟军得以脱逃的两艘巡洋舰，一艘是美舰"佩思"号，一艘是澳舰"休斯敦"号。败局已定，两舰在巴塔维亚港加了油，准备等夜幕降临后撤往公海，以避免破晓时遭到敌机轰炸。

当天晚上，撤退途中的舰艇意外地发现了万丹湾内的日军运兵船团。在昨天的海战中，两舰的弹药几乎都已用完了，美舰的每门 203 毫米炮只剩下 50 发炮弹，澳舰更少，每门 152 毫米炮只剩 20 发炮弹。

要攻击船团，日军护航舰队必然闻风而来，在火力处于劣势的情况下，每一个人都知道这是在铤而走险，最后又会面临什么样的后果，但两舰还是毫不犹豫地改变了航向。

从海战中逃脱，是为了复仇和继续战斗，而不是苟且偷生，这也是杜尔曼的临终期许。杜尔曼带着大家寻寻觅觅，乃至付出生命代价，还不就是为了找到并消灭这些登陆部队，如今这个枪头子戳贼肚子的机会自己来了，岂能放过。

有两艘日军驱逐舰在为船团担任警戒，他们巧妙地绕了过去。借着星光和发射的照明弹亮光，可以把海湾里排成月牙状的几十艘运兵船看得清清楚楚。

开炮！几艘运兵船先后中弹起火，第十六军司令官今村正在"龙城丸"号内，"龙城丸"号也中了弹，船体发生倾斜，甲板上的今村被抛进海里。

海面上全是重油，上面漂着几百个日本人呢，根本分不清官兵。尽管今村的脸已经惊得像成精的黄瓜，青一回，黄一回，但他也不好意思大声报号，让别人来救

"龙城丸"号在盟军舰艇的炮击中左躲右闪，周围浊浪排空。"龙城丸"号原名"神州丸"号，公认是世界上最早的登陆艇母船，它在万丹湾战斗中受创倾斜下沉，但因水不深，船体搁浅在礁石上，经过打捞和修复又得以恢复使用

自己，而且就算他肯这么做，都是自顾不暇，命悬一刻，究竟谁能救得了谁呢？

就在走投无路的时候，一块漂浮的木头被今村抓住了，这才没了性命之忧。

煎熬半天，好不容易开来了一艘救生艇，开始一个个地从水里捞人。就在漂浮的人头中，有人认出了今村，马上大呼小叫起来。

已经够狼狈了，你还叫，怕别人不知道司令官掉海里了是吧？今村满脸都是苦笑。

艇少人多，今村颇有些君子风度，他说他先不上船："让我与战友一起浮着好了，你们先救其他人。应该还会有其他救生艇来的，到时我再上来。"

他还告诉船上的人，万一我不行了，就让那谁谁谁代理军司令官。

既然发现了今村，下一个必救的当然是他，只是早几分钟晚几分钟而已。不过今村的表现在事后还是获得了很多人的称赞，多多少少冲淡了一些他落水且险些丢命的尴尬，因此今村自己也不以为耻，反以为荣，晚年回忆时谈得最多话题，便是他在重油里面漂来浮去的事。

盟军舰艇来得过于迅速和突然，半个小时后，日军才完全清醒过来。护航舰队的其他驱逐舰也急忙进入海湾，加入这场混战。紧接着，4艘重巡洋舰赶来封锁了盟军战舰的退路，"佩思"号和"休斯敦"号被围困在海湾里。

两舰奋勇应战，但寡不敌众，在鱼雷和炮弹的攻击下，先后沉没。"休斯敦"号打光了舰上的炮弹，当它沉入水中的时候，舰上那面撕破了的战旗仍然在飘扬。

枪头子还是戳到了贼肚子。日军共有1艘扫雷艇和1艘运兵船被击沉，包括"龙城丸"号在内，3艘运兵船和3艘驱逐舰受伤，其他舰艇也有不同程度的损坏。

万丹湾战斗是盟军在爪哇海战中的最后一次反击。剩下来的时间，已经进入了类似篮球比赛快结束时的垃圾时间，除了少数幸运者外，突击编队的舰艇大多被日军舰队捕杀了。

高木赢得了爪哇大海战的完全胜利。他并不比他的对手杜尔曼更优秀，但决定战场胜负的因素实在太多了。

依靠海上力量，把第十六军阻止于爪哇岛外的可能性已不存在。剩余舰船火速向澳大利亚突围，但在南云舰队等日军舰队的围追堵截下，只有4艘侥幸逃到澳大利亚，盟军舰队近乎倾家荡产。

今村在重油里漂浮的时候，他放在"龙城丸"号上的无线电装置都丢掉了。整整三天，今村无法对登陆部队正常进行指挥，在替代装置运来之前，今村急得觉都睡不着。

不过这个时候他其实已不用过于着急了，失去海空支援的盟军只剩招架之力，日军只要照着计划往前推就行。

1942年3日1日，第十六军分别在万丹湾等指定地点登陆爪哇岛，登陆后，他们立即实施日军南下以来的一贯战术，即抢占机场，让日军航空部队建立飞行基地。

爪哇岛的中心航空基地是卡里加齐机场，登陆的各部队都想第一个抢占卡里加齐，以主力自居的第二师团更是以为此功非己莫属。

谁也没想到，抢到狮子绣球的非但不是第二师团，反而是第二师团看不上眼的一支部队。

兵临城下

这支部队被称为东海林支队，主干是第三十八师团所属的第二三〇联队，指挥官为联队长东海林俊成。东海林原来是第二师团的人，在师团司令部任副官，在第二师团，他混得很不得意，遭到各种嫌弃，后来被扔到东北帝国大学（即东北大学）去做了一名配属将校，等于是有他没他都一样了。

东海林能够重新上岸，是太平洋战争给了他机会。第三十八师团编组，缺少军官，一看，东海林正合适，就把他给招了进去。

一腔热血只要卖给识货的，东海林当然尽心尽力，时时不忘要证明自己是个人才。他前年曾来过爪哇，把爪哇岛上的各条道路都记在了肚子里，这使他还没打仗，

日军侵占香港

对如何抢占机场，心里已经有了谱。

第三十八师团南下后首先攻占的是香港，攻下香港后获取了很多辎重，东海林从中借了30辆大卡车，专门作为岛战所用，而这时包括第二师团在内的其他部队对岛战还讳莫如深，抱着打到哪儿算哪儿的想法。

东海林可不想让这帮傻蛋看穿了自己的秘密，他特地与其余部队保持距离，来了个孤军登陆，并且登岸后马上进入汽车道。

东海林支队的速度太快了，卡里加齐机场的守军猝不及防，但仍然进行了激烈抵抗。东海林见正面进攻较为困难，就派6个敢死队员从背后实施突袭，这6个鬼子挺着刺刀，凶神恶煞，一口气冲入机场，在守军的中央营舍竖起了膏药旗。

机场守军顿时战意全消，慌忙进行撤退，东海林在午后便完全占领了卡里加齐。

战争越打到后面，作战双方对"航空制胜"越有深切体会。日军能在东印度群岛迅速推进，原因之一就是抢占机场，获得空中优势，爪哇海战的失败说到底也是败在了丧失制空权上。

1942年3月2日傍晚，日军第三飞行集团进入卡里加齐机场，这更让盟军有如鲠在喉之感。第二天，盟军对机场展开反击，共出动100多辆装甲车，插膏药旗的那6个日本兵不知好歹，竟然挺着刺刀要跟装甲车较劲，结果全给碾成了肉泥。

眼见得步兵吃了亏，东海林支队快要守不住机场了，第三飞行集团急忙在空中布阵，用低空轰炸的方式击退了盟军。

一连两天，东海林都未看到盟军，通过侦察，他才知道盟军已向万隆撤退。

暂时的撤退，不等于不会回来，很可能还会对机场组织更大的反击。此时东海林支队因为单兵突进，已与其余部队失去联系，就算是想折回海岸也不会再有船只了，退一步说，纵使盟军慑于第三飞行集团的威胁，不再进行反击，但只要有时间在万隆加固阵地，也会给日军尔后的进攻造成极大困难。

大胆天下去得，小心寸步难行，东海林是个下得了狠心的人，他决定一不做，二不休，索性再冒一次险，独立进击万隆。

万隆是盟军在爪哇的军事根据地，所集结的美、英、荷、澳联军多达 6 万，而东海林支队充其量不过 4000 人，超过 10 倍的兵力差距，就算东海林的大小宇宙一起爆发，那也近乎是螳臂当车。恢复通信能力的今村一接到电报，马上加以制止，可是东海林已经出发了。

3 日 7 日，东海林的前卫部队若松敢死队攻入练邦街，并在阵地上竖起了膏药旗。

练邦街是万隆要塞的第一阵地，而若松敢死队一共只有 700 余人，能攻下练邦，着实得烧一把高香了。到这个时候为止，无论是东海林，还是敢死队指挥官若松满，原本热得发烫的脑袋都有些清醒过来，他们怕盟军会全力反击，因此打算等两天，待第十六军的主力会拢过来，再抱团儿继续。

可是盟军方面已受到了极大震撼。就连今村都预计拿下万隆需要两周时间，盟军自然也认为日军离万隆还很远，对方这么快就出现在万隆一角，实在是出乎意料。

相比于其他地区，东印度的情况比较特殊。当地居民不满荷兰的殖民统治，把日本人当成了帮助他们独立的"解放者"和"十字军"。日军登陆时，有岛上警官用灯火信号进行指示，沿路居民则像打拉根的那个日侨老头一样，或是带路迂回，或是挥着膏药旗迎候。

这些居民还有意帮着日军宣传。第十六军明明只有 4 万人，经过他们的夸大和渲染，到盟军那里，已变成了 20 万。

想到 20 万日军如此迅速地兵临城下，万隆的联合陆军司令部吃不住劲了，荷兰总督也明确表示，他不希望在万隆或万隆附近发生战斗，因为这里居住着大批难民。

晚上 10 点，盟军派军使来到练邦街，要求停战谈判。

1942 年 3 日 8 日，经过 1 小时的谈判，盟军同意无条件投降。万隆电台广播了最后一条消息："我们停止了抵抗，来日再见。女王万岁！"

东海林即将作为有功之臣进入万隆要塞，但就在这时候，他被一脚踢开了。

雪上加霜

把东海林踢开的人满脸都是怒气。

第二师团气坏了。他们是第十六军里唯一的老牌常备师团,"九一八"时就在中国东北烧杀抢掠,那个时候,第三十八师团、第四十八师团还在娘胎里没生出来呢。再说了,东海林是什么人,那是当初被我们扫地出门的渣滓,现在成了功臣,这不是咒我们瞎了眼,不识才吗?

东海林自己不会做人,不知道让着老东家也就算了,军司令官居然也一声不吭,这让第二师团不愤。他们要求今村下令,禁止东海林支队进入万隆。

对今村来说,哪支部队进万隆都一样,不值得为此得罪牛哄哄的老师团,于是当即予以批准。

3日10日,后来的第二师团顶替先到的东海林支队,随今村晃着膀子开进万隆城,接受6万盟军的投降。

东印度战役告一段落,它的直接后果,是使得盟军在太平洋战场上更加被动,同时也令巴丹岛上的美菲军雪上加霜。

罗斯福向菲律宾总统奎松反复保证,援助正在途中,但在日军的严密封锁下,这些保证根本就无法兑现,美国可以做的,只能是先行安排奎松及政要撤离。

奎松与麦克阿瑟私谊颇深,奎松夫妇还是麦克阿瑟孩子的教父教母,双方有着割头不换的朋友交情。

临别之时,奎松脱下刻有自己印章的戒指,把它套在了老麦的手指上:"如果你战死疆场,当他们找到你的尸体时,我要所有菲律宾国民知道,你是为我的国家战死的。"

麦克阿瑟已经做好了战死疆场的准备,但就在奎松走后不久,他收到了罗斯福、马歇尔以及美国陆军部长联合签署的一份电报,命令他转赴澳大利亚,指挥西南太平洋的盟军作战。

在太平洋战场上,麦克阿瑟已经成为美国乃至盟国抵抗日军的旗帜和超级英雄,从政治角度上来说,他不管是死是活,都不能落在日本人手里,否则对盟军将是一个极其沉重的打击,而且菲律宾作为一个迟早要失守的次要战场,并无坚守的必要，其统军人物应及早脱离险地，而不应同归于尽，用罗斯福的话来说，"美国不需要一个战死在菲律宾的上将"。

与此同时，由于韦维尔指挥乏术，美、英、荷、澳盟军联合司令部行将解散，罗斯福和马歇尔一致认为，只有麦克阿瑟才能重新肩负起统领盟军的重任。

随着日军的不断增兵和突入，巴丹防线行将不守

接到电报，老麦的第一个反应是拒不从命。他甚至对马歇尔说，如果"逼人太甚"，他就辞去现职，以一个美国志愿兵的身份到巴丹去参加防守。

麦克阿瑟不愿离开菲律宾，有着属于他个人的种种理由。在奎松撤离科雷希多后，麦克阿瑟就成了岛上唯一的决策人物，也就是说，所有责任都必须由他一肩挑起，他不能说走就走。

当然，最重要的因素，还是麦克阿瑟希望自己能在菲律宾亲手击倒本间。在他看来，即使一个多次败北的军队，也能在最后一刻获胜，何况美菲军已经重挫过日军，这样的战机一定还会再次到来。

局势似乎也有了发生转折的迹象和苗头。当时谣传本间在巴丹受挫后，对美军大大称赞了一番，然后跑到马尼拉饭店，一头钻进了麦克阿瑟曾住过的房间——不是住宿，而是羞愤自杀了。

于是有人向麦克阿瑟建议主动发起反击。老麦倒不认为反击的时机真的已经到来，他很清楚，没有制空权，就算是勉强组织起攻势，也难以持久，但在补给不继的情况下，他又觉得未尝不可一试，或许还可以趁机夺取日军的补给基地，以后再不用为此发愁了。

他要留下来，和士兵一起争取胜利。

然而麦克阿瑟的幕僚并不这么看。幕僚觉得老麦应该去澳大利亚：美菲军为什么会出现窘境，还不是军援通道被阻住，你去澳大利亚后，可以把兵员、武器和运输工具全部集结起来，然后再打开通道，出手援救菲律宾，这不比没枪没弹的反攻要强得多，也有把握得多吗？

麦克阿瑟被说服了。

他特地推迟了3周动身。在这3周里，他一方面制订应变计划，以避免因为自己的离去，巴丹防线骤然崩溃，另一方面精心挑选人员，提前为反攻搭建班子，随他一同前往澳大利亚的共有18名将领，后来也都成为指挥反攻的中流砥柱。

终于到了分别时刻。1942年3日10日，也就是日军占领万隆的当天，麦克阿瑟派人将温赖特请到科雷希多。温赖特被任命为留守菲律宾的最高指挥官，麦克阿瑟告诉他："现在我要走了，但我会尽早回来。"

对温赖特，以及留下来作战的每一个士兵，麦克阿瑟都充满了歉疚和不舍。临别时，他紧紧握着温赖特的手："守住这里，直到我回来代替你！"

在说这句话的时候，老麦还不知道，他将再一次无法兑现自己的承诺——他会回来，只是太晚了。

第二天，华盛顿电告麦克阿瑟，日本人已经掌握他即将离去的情报，他再不能迟延，必须马上离开。

冲过封锁线

3日11日，晚上7点15分，麦克阿瑟坐着吉普车来到码头。

当所有人都已登船，老麦慢慢转过身，默默地注视着科雷希多。这是一座多么美丽的小岛，但是如今已面目全非，鲜艳的花朵、翠绿的灌木不见了，大楼小屋消失了，就连道路在被轰炸后都变成了黑色。

可科雷希多仍然无比坚强，犹如一座被固定的战舰，就像他麦克阿瑟，或许暂时赢不起，但绝对输得起，而且以后会赢。

黑夜已经到来，该走了，麦克阿瑟手握军帽，向这里熟悉的一切，向码头送别的人们告别。就在那一刻，他脸色发白，脸上的肌肉剧烈地抽搐了一下。

守住这里，直到我回来代替你们！

麦克阿瑟箭步跨上鱼雷艇，对护航指挥官巴尔克利上尉下令："你可以解缆绳了。"

奎松撤离时，乘坐的是潜艇，麦克阿瑟本来也可以用同样的方式离开，但因为推迟3周动身，日军的外围封锁线变得更加严密，麦克阿瑟决定不用潜艇，而改用那些曾在西海岸巡逻的鱼雷快艇。

这是一支鱼雷快艇分队，共有4艘快艇，尽管因连续使用而得不

二战时的鱼雷艇

到保养，快艇的航速已经下降，但比日军的巡洋舰或驱逐舰还是要快得多。

鱼雷艇前后部共装有16条鱼雷。巴尔克利将快艇分队做菱形编队，这样16条鱼雷都可以占有最佳的发射位置，他的打算是，只要鱼雷艇被日军水面舰只发现，就立刻展开攻击，管他巡洋舰还是驱逐舰，都先用鱼雷穿他几个窟窿再说。

话虽是这么说，但这实际上是一次十分大胆的冒险行动。要对付一两艘敌舰，快艇分队也许还有办法，若是在整整一支舰队面前，区区4艘快艇就显得太微不足道了。此外，他们不仅要通过日军的海上封锁线，还要航行几千公里，途中一旦发生什么意外，任何部队都来不及进行支援。

码头送别时，麦克阿瑟听到一段简短的对话。

有人问："他（指麦克阿瑟）能冲过封锁线吗？"

另外一人回答："不知道，也许他有1/5的机会。"

假如无法冲过封锁线呢？日本人早就在对外广播中宣布过，假如能够活捉麦克阿瑟，将把他弄到东京的帝国广场绞死或斩首示众。帝国广场建有一座塔楼，在塔楼上可以俯瞰阅兵场，近卫师团就曾在阅兵场上一次次搔首弄姿。

像麦克阿瑟这样骄傲的将军，绝不肯受如此凌辱，他一定要冲过去，哪怕机会真的只有1/5。

出发后，险情很快就像海浪一样不断扑来。在经过一座被日军控制的小岛时，岛上日军亮起许多白色灯光，这是发现有人试图突破封锁线的信号。

日军大概已经听到了快艇引擎的声音。所幸鱼雷艇引擎的声音听起来同轰炸机差不多，日军以为是轰炸机，自己刚才听错了，便没有对快艇分队再多加注意。

刚刚涉险，又遇到了日军封锁舰队，黑暗中，甚至舰队的轮廓都清晰可见。快艇分队随时准备攻击，所有人都屏住了呼吸，10秒，20秒，足足1分钟过去了，钻在快艇下层的麦克阿瑟没有听到枪炮响，这意味着运气又一次站在了他这一边。

那个夜晚，运气一直伴随着闯关的人们，他们始终没有被发现，但大家的日子并不好过。随着天气逐渐变坏，海浪汹涌，如小山一样不断打压过来，快艇开始疯狂地来回颠簸，一会儿高，一会儿低，一会儿上山峰，一会儿下谷底，麦克阿瑟后来说，他们当时简直是在混凝土搅拌机里进行旅行。

人遭罪不用说了，快艇分队也无法再保持原有队形，到第二天凌晨3点半的时候，已经完全分散开来。巴尔克利花了几个小时，想用各艘快艇重新集中起来，但没有成功。4艘快艇只好在约定下一个集结地后，各自独立行动。

拂晓时，三十二号鱼雷艇忽然看到一艘驱逐舰向前逼近，艇长判断这是日舰。艇上顿时警报声大作，鱼雷手打开鱼雷发射盖，想着无论如何要给它一下子了。

就在舰长下达发射口令的瞬间，"日舰"亮起灯光，旗语兵看到后急忙大喊："鱼雷艇，自己的艇！"

不光是自己的艇，还是自家艇中最重要的一艘——麦克阿瑟所乘坐的四十一艇！

三十二号鱼雷艇的官兵后怕不已。还好，没有发射，但是因为三十二号艇在准备打的时候，也准备了逃，为减轻船的负荷，把备用油料丢到大海里去了。等到快艇再次会合集结时，三十二号艇的燃料已所剩无几。

一艘没法开了，另外一艘久久没有露面，为免夜长梦多，麦克阿瑟临时决定，将三十二号艇的船员转移到其他两艇快艇上来，并且马上起程出发。

由于人太多，两艇快艇被挤得满满当当，船舱里犹如蒸笼一般，麦克阿瑟自己都几乎热晕过去。

行进过程中，一艘战舰迎面而来，就好像三十二号艇曾遇到的那样，只不过它不再是"自己的艇"，而是如假包换的日舰——正在巡逻的日本巡洋舰！

空中历险

要躲，太近；要跑，太晚。

两艘快艇只好关掉发动机，打开鱼雷发射器，准备投入即将到来的这场肉搏战。可令人奇怪的是，日本巡洋舰居然没有搭理他们，穿过他们的航道就扬长而去了。

显然，日舰把两艘快艇当作本地的捕鱼船。太幸运了，幸运到有些离奇，简直跟神话一般，麦克阿瑟的助手后来回忆道，那天他经历了一生中最不可思议的事情。

1942 年 3 月 13 日清晨，快艇分队到达安全区域，同时也结束了难忘的海上旅程。晚餐时，劫后余生的麦克阿瑟专门走到巴尔克利等人的座位前，端着酒杯对他们说："这一次你们体现了真正的海军作风，我将授予全体船员银质奖章，以表彰你们在极端不利的条件下，所表现出的坚毅和勇敢。"

海上历险是结束了，空中历险却才刚刚开始。麦克阿瑟还必须坐飞机前往澳大利亚的墨尔本。

麦克阿瑟注意到，前来接送和护航的几架"B-17"都已经破得不成样子，"似乎是用口香糖和打包的铁丝凑一起的"。起飞时，麦克阿瑟的座机在道路上咯咯作响，因为一个引擎发出火花，飞机直接就僵在当场。

盟军在整个西南太平洋的状况就是这样，换句话说，要是空军强一些，新加坡战役、爪哇海战便不至于一败涂地了。

和海上历险一样，美机也只能依靠黑夜作为掩护，以便躲避日军的巡逻机队。不一样的是，海上航行时，他们始终没有被日军的巡逻舰队发现，空中却被盯上了。

美机急忙改变航向，没有去日军预计他们要着陆的机场。当日军发现这一错误时，麦克阿瑟已换乘另一架运输机南飞。

运输机起飞 10 分钟后，日军的俯冲轰炸机和战斗机呼啸而至，到达运输机最初起飞位置的上空。

"真是险啊！"当脱离险境后，麦克阿瑟发出了由衷的感叹，"但是战争就这样，你或是胜利，或是失败，或是生，或是死，这中间只有毫厘之差。"

麦克阿瑟一踏上澳大利亚的国土，就受到了热烈欢迎，记者蜂拥而来。当着记者的面，他气宇轩昂地宣布："据我了解，美国总统命令我从日军防线突围的目的，在于组织美军对日军进行反攻，第一步就是收复菲律宾。我怎么来的，就一定要怎么回去！"

老麦是率性而言，但这段话在美国得到极大反响，被公认是二战开始以来，对美国人最有鼓舞性的一次讲话，其中的"我将回去"更是成为标志性的战斗口号。

此时的美国，正处于二战中最为暗淡的历史时期，军事上似乎除了失败，还是失败，都快败得麻木了，人们普遍期待着能有一个英雄横空出世，挽狂澜于既倒，麦克阿瑟适如其时地填补了这一空白点。

老麦太符合美国人对英雄的定位了——有一点骄傲不要紧，有一点个人主义也没关系，哪怕是被一些人攻击的"临战逃跑"，都不损伤形象，关键是主人公要足够勇敢，足够强悍，足够机智。

从指挥巴丹抵抗，到穿越封锁线，麦克阿瑟配得上后面那三个"足够"，他的故事成为二战中的励志经典，美国民众尤其对他如何穿越封锁线的过程津津乐道："老兵麦克阿瑟成功地欺骗了狡诈的日本人！"

大家都知道麦克阿瑟是一战老兵，想当年，他的"彩虹师"可是一战欧洲战场上最有名的部队之一，所得到的评价是"彩虹师的战斗力无与伦比，没有人能够怀疑"。

在美国，军人的最高荣誉是得到荣誉勋章。麦克阿瑟曾获得推荐，拟被授予荣誉勋章，但是，在一战结束时，这一奖项已经取消，荣誉勋章也因此与麦克阿瑟擦肩而过。

如今，在巨大民意的推动下，美国国会破例通过议案，授权罗斯福向麦克阿瑟颁发荣誉勋章，他又一次到达了一个美国军人所能企及的事业巅峰。

麦克阿瑟总是叼着他标志性的玉米芯烟斗

不过这一次，一贯骄傲的老麦没有把荣誉完全归结到个人，他说这枚勋章所肯定的，应该是一支"勇敢军队"，他只是幸运地指挥了这支军队而已。

"勇敢军队"当然是指尚在巴

丹和科雷希多作战的美菲军，在麦克阿瑟的心中，美菲军的勇敢精神绝不逊色于"彩虹师"，而他曾对这支"勇敢军队"有过庄重承诺。

据说美国政府在公开发表老麦的讲话时，曾建议把"我将回去"中的"我"，改成"我们"，可是遭到了拒绝。麦克阿瑟是个敢作敢当的人，说到就一定要想办法做到，在这方面，他不会允许自己有丝毫敷衍，他必须在第一时间重整旗鼓，打回菲律宾去。

正是因为抱着这样一个良好的愿望，当麦克阿瑟离开菲律宾时，他不仅毫无颓丧之色，还充满了对未来的希望。

然而他很快发现，希望正在变得渺茫。

失意的便是笨蛋

到达墨尔本后，麦克阿瑟随即被任命为西南太平洋盟军总司令官，但可供他指挥的只有澳大利亚部队，兵力不到 3 万，而且大部分作战部队已开往中东。

实在想拉出去打仗也可以，一个训练不良的步兵师，你要不要？

至于空军，麦克阿瑟来的时候就见识了。看看登记册上还有 250 架飞机，由于缺乏零部件和引擎，能飞起来的不过是极少数，基本上都在机库或机场歇着呢。海军方面，是从荷属东印度撤下来的美国亚洲舰队，舰队的战舰都已打光了，能用的就是 25 艘潜艇，而这些艘潜艇也因连续出航快累到脚抽筋了。

犹如被一盆冷水从头浇到脚趾，麦克阿瑟惊呆了，他认识到要从外围援救美菲军根本不现实。

麦克阿瑟说，这是整个该诅咒的战争中，最使人震动和吃惊的事件——以为这里兵强马壮，足以一战，早知如此，为什么要来澳大利亚？

麦克阿瑟有一种上当受骗的感觉，他甚至为自己离开菲律宾的决定感到后悔，他现在唯一的希冀，就是美菲军能在巴丹尽量坚持得久一些。

老麦是感到难过，他的对手是感到晦气。

当美菲军盛传本间已经自杀身亡的消息时，本间自己也听到了这个消息。他起初还有些不高兴，后来又莫名其妙地得意起来：咒我死，不就是怕我的意思吗？这说明我厉害啊，嘿嘿。

本间转怒为喜，成天一副嘻嘻哈哈的样子，不知道的，还以为他刚打了胜仗呢。

麦克阿瑟的撤离，巴丹战况的僵持，终于让本间嘻哈不下去了。特别是前者，惹得日军大本营暴跳如雷：不是说麦克阿瑟已成瓮中之鳖了吗，他怎么会神不知鬼不觉地跑到澳大利亚去呢？

本间雅晴被拎起来一顿臭骂——都以为你是百步穿杨，谁知道你那几杆箭都煮不熟一锅饭！老待在马尼拉不动，难道躲在阴沟洞里也能吃上天鹅肉？

其实本间不动，自有他的一番道理。麦克阿瑟对此就看得非常清楚，他说他不怕巴丹半岛遭攻击，就怕被封锁。

这时美国太平洋舰队、亚洲舰队的剩余力量都不在菲律宾周边，仅有一些鱼雷艇护卫着海岸线。日军已具备了海上大封锁所需要的一切条件，只要一心一意紧缩袋口，袋中的 8 万美菲军就只有被饿死一途。

在参谋本部，也有一些人主张对美菲军实施封锁政策，他们要求大本营出面，对巴丹半岛下达封锁令，同时不要让第十四军再深入巴丹内陆，以避免无谓伤亡。

可是大本营和南方军都没这个耐心。他们不是纵向比，是横向比，南下的三员战将山下、本间、今村，山下和今村都体面地完成了任务，马来半岛、新加坡、爪哇全打下来了，怎么就你一个本间特殊呢，说到底，还是水平有差距，一个字，烂！

所谓得手的就是人才，失意的便是笨蛋，处于重压之下的本间再也无法安之若素了。

1942 年 3 月中旬，第十四军司令部召开军事会议，商讨如何打开僵局，究竟是继续持久包围呢，还是伺机进攻。

但是开会时出现了一个意外情况。与会人员陆续到齐了，唯独不见本间这个核心人物。

军司令官不出现，其他人议了也是白议，奇怪的是，本间一向守时，何况这样事关战局的重大军事会议，他是不可能迟到或"旷课"的。

一位幕僚前去敦请，他看到了令他大吃一惊的一幕，本间正趴在桌子上战栗哭泣。

讨价还价

让本间彻底崩溃的是大本营发来的一封电报。

要说阴，大本营真是够阴的。他们将南下战况向天皇报告，特别强调菲律宾战事迟滞不进，但迟滞不进的原因又不说，结果天皇就来了一句"甚感关切"。

如果说遭到大本营、南方军责备，本间还只有三分烦恼，看了这封电报，马上就添了十分。

他想不到大本营竟然会将此事捅到天皇那里去。这分明就是大本营在推脱自身责任，仗打不好，难道跟大本营轻视巴丹没有关系？请问你们谁把菲律宾战役当重点了，都把这儿当铺路石，眼看要进攻巴丹了，还来个釜底抽薪，把主力抽走，弄一个守备旅团来凑数。

除了兵少又弱外，第十四军在火力上也远不如美菲军。大本营和南方军从没有给本间配备过像样的炮兵部队，要说有那么点优势，最多也就是有一批二流的侦察机和轻轰炸机可以帮帮忙，但单靠这些，哪里就能攻破巴丹防线？

可是现在似乎所有罪责都要让他本间一个人来承受，甚至还阴险到把小报告打到天皇那里。

本间出生于富农家庭，乃家里的独生子，长大后也基本上是一帆风顺，士官学校毕业生、陆军大学毕业生、驻英武官，光环罩满全身。在菲律宾战役之前，这位光头帅哥不仅有一大群"粉丝"在追，还被捧为一个能文能武、具有多方面才华的儒将。

可以说长这么大，本间都没受到过什么委屈，捏着电报，他气得双手冰冷，眼泪直流。

要是大本营承办此事的参谋此时就在身边，本间一定会不顾一切地扇他180个连环耳光，直扇到他满脸充血为止，这样笑里藏刀、言清行浊的

在巴丹半岛战役中，因装备不足，日本兵与美军坦克进行肉搏

浑蛋真是太可恶了！

不过等到抹干眼泪，回来参加会议，本间还是不得不屈服于"大本营的浑蛋"。在他的主持下，第十四军决定按照大本营和南方军的意思办，再次对巴丹防线发动进攻。

有一点，本间没有忘记，那就是讨价还价。你们让我打，可以，但是得增加兵力，为此，他专门派去一名参谋做说客。

对南下各部队，大本营和南方军向来只热衷于抽兵，一听要添兵，都是一百个不情愿，无论你把理由说得怎样天花乱坠，什么蛇无头不行，鸟无翅不飞，他们根本就不听。

最好得有让他们不得不听的东西，所以这名参谋临走的时候还带去了一批照片。这批照片是在马尼拉政府的地下仓库里偶然被发觉的，上面载明了巴丹防线的部分内幕。看过照片之后，本间才恍然大悟，麦克阿瑟原来在巴丹设了三道防线，而且一道比一道坚固，这也是他不轻举妄动的原因之一。

如今被逼着，不动也不行了，但是起码可以让上面的人知道，不是我矫情，巴丹防线确实难打，必须添兵，否则的话，你们就算是把我本间一道称起来卖肉，肉也不会多出几斤。

果然，在看到照片后，大本营头头脑脑的脸色也变了，他们随即向菲律宾派去大批参谋幕僚，这些人在对第一线进行视察后，承认对美菲军的数量及战斗士气确实估计过低。

两相综合，大本营终于意识到事态跟他们的想象有着不小差距，于是决定满足本间的要求，对菲律宾战场大举增兵。

正好太平洋的其他分战区大多已尘埃落定，也能够抽出兵来。这些援兵分别来自上海、西贡、新加坡等地，主力为第四师团，另外还加上一个支队、两个联队，而原来的第十四军一共才三个半联队。

透过照片，众人都意识到巴丹防线确实易守难攻，要实施正面突破，非得用重炮不可，因此，大本营特别强化了炮兵部队，拖往巴丹的火炮很多是巨无霸，其中仅240毫米榴弹炮就有9门，其他榴弹炮或加农炮的口径也多在100毫米以上。

为了对炮兵进行统一指挥，大本营任命北岛冀子雄中将为炮兵总指挥，本博光辅之，北岛骥子雄在日本陆军中被奉为炮兵权威，而本博光则素有射击指挥名将之称。大本营还给这些日本炮兵的精锐吃了定心丸，告诉他们，弹药可着劲用就是，不要舍不得，也不要怕没有，反正一句话，到时候得像敲铜锣一样大鸣大放，把巴丹半岛给轰碎。

空中力量丝毫不比地面逊色。第六十飞行战队、第六十二重轰炸战队奉调而来，随着他们的到来，本间所指挥的航空部队也由二流变成了一流。

对本间和第十四军来说，似乎是春天真的来到了。在仁牙湾进出的船艇犹如过江之鲫，开赴巴丹的军用车辆同样络绎不绝，援兵到达一线后，立即投入丛林战训练，看上去官兵都是气势如虹。

眼前的情景，令本间大为惊喜。他不过是想要一个馒头，没承想大本营扔过来好几筐，战力一下子增强了两到三倍，要是以这样庞大的阵营出战，还不能攻陷巴丹，那就真要跳海了。

钱到公事办，火到猪头烂，本间信誓旦旦地说："这次没有理由不获得成功，我准备大干一场。"他的幕僚也都窃窃自喜，苦了许多日，是该轻轻松松地捞点儿军功了。

然而事情没有这么简单。

商贩师团

大本营派来的参谋一个个都不是省油的灯。他们自己又着腰不下田，反而在旁边大讲别人的风凉话，说什么巴丹半岛即将开始激战，但本间和他的那些军官在马尼拉安乐享受，过着快活日子。

这些能通天的参谋可厉害着呢，同样一句话，上面头头可能当耳旁风，从他们嘴里说出来，那就是金刚经。

南方军总司令官寺内寿一听到报告后，信以为真，顿时肺都快气炸了。

水平差也就罢了，竟然人品也有问题！寺内恨不得立刻让本间下课走人，只是考虑到临阵易将会动摇军心，才决定让本间戴罪立功，所有是是非非，准备留待菲律宾战役结束后再议。

对其他人就没这么客气了。包括第十四军参谋长、作战主任参谋在内的多数高级幕僚被调迁撤换，理由就是作战不力，军参谋长前田正实还被编入预备役遣回了日本。

看着前田正实像泄了气的皮球一样离去，很多军官暗地里流下了兔死狐悲的眼泪。处分军参谋长，说到底，也是在打军司令官的耳光，可叹这时候的本间已经自身难保，哪敢多说一个不字。

当日军大举增兵的时候，美菲军内部的危机却在持续发酵。

本间起先的策略是对的，封锁比出击更有效，被围困在巴丹、科雷希多的美菲军已经是山穷水尽，在饥饿和疾病的双重困扰下，士兵们的身体极度虚弱，有的甚至连枪都端不起来。

麦克阿瑟离开菲律宾的本意，是为了组织援军再打回来，至少他自己是这么认为的，但士兵就不会这么想了，一首讽刺式歌谣在前线不胫而走："老麦老麦真窝囊……"

在士兵看来，这位最高指挥官已经抛弃了他们，同时也放弃了最后的战斗，战况再也没有任何指望了。

麦克阿瑟一走，临危受命的温赖特代替他坐镇科雷希多，另外任命美国炮兵军官金少将在巴丹指挥作战，可无论是温赖特还是金，都无法把麦克阿瑟临走时的嘱咐完全当真。

他们原以为麦克阿瑟到澳大利亚后，就算不能立即率生力军回援，总可以改善补给线，谁知道，麦克阿瑟在澳大利亚仍然是一筹莫展。

装备改善，使日军在巴丹的突进更加犀利

为了突破日军封锁线，麦克阿瑟勉强组织起船团，其中的3艘已抵达南吕宋的比萨扬群岛。仅仅这3艘船上，就装载着1万吨粮食和400万吨弹药，假使美菲军能够得到这些，其状况将得到极大改善，但问题是，南吕宋就是船团能够到达的底线，再往里面去，等于是自投罗网。

对美菲军来说，奎宁也许比粮食弹药更为重要，到 3 月初，巴丹岛上的所有奎宁都用光了，而能够补充奎宁的美国运输机，同样无法进入巴丹、科雷希多的上空。

前线被疟疾撂倒的官兵越来越多，截至 3 月中旬，已有 3000 名官兵住院，到了月底，更是每天都有 1000 人中招，这是个十分惊人的数字，意味着美菲军的战斗力在急剧下降。

这正是本间乐于看到的。在正式发起攻击之前，他写了一封劝降书，劝温赖特承认"有名誉的败北"。这封劝降书被放在一只啤酒罐里，外面再系一条精致的丝带，然后从飞机上抛下。

温赖特像麦克阿瑟一样不解风情，他拒绝了劝降。

1942 年 4 月 3 日，是日本神话中第一代天皇——神武天皇的祭日，而在西方国家，则是传统的耶稣受难日，随军牧师会在当天为士兵进行战地纪念仪式。

日军就在这一天向巴丹半岛发起全面进攻。

再次进攻巴丹，被日本大本营看作一次武力的炫耀。从上午开始，总共 300 门火炮向萨马特防线进行轰击，大口径重炮炮弹像雨点一样落在防线中央。在日本战史上，巴丹炮战创造了集中火力与局部地区的最高纪录。与此同时，日军航空部队也向地面投掷了数百吨炸弹。

再度交战，美菲军的重火力根本起不到防御作用。他们的榴弹炮和加农炮没有超过 100 毫米口径的，而且防空器材也不足，到下午 3 点，美军的第一道防御阵地被基本摧毁。

日军紧接着便发起步兵冲击。前来增援巴丹的日军步兵，第四师团原本并不被本间看好，这支部队虽然是老牌常备师团，但日本陆军内部对该师团的评价一直不高，原因是该师团的官兵主要由大阪的小商贩组成，商人重利，即使上了战场，业余时间还是喜欢偷偷地做小生意。

除此之外，"商贩师团"在战场上也没什么进攻欲望，很少看到他们像二愣子一样地举行"万岁突击"，更别说去打硬仗苦仗了。

二愣子风格基本上就是日本陆军的唯一作战风格，对各师团战斗力的评价，由低到高，也基本上是谁更像二愣子，谁的名次就排得越高。以第四师团的表现，就只能垫底了，而这也影响到他们的武器补充和配备：你不好好打仗，为什么还要给好武器?

武器差,便很难打好仗,越打不好仗,武器越差,如此循环下来,第四师团的状态就一直很糟糕,也没什么拿得出手的战绩。

可为什么第四师团还能继续存在下去呢?道理挺简单,战场的消耗与战斗力往往成正比,你越二愣子,消耗得就越快。最后,别人都打残了,他们还是一个完整师团,而且个个红光满面,精神抖擞,裁谁,也轮不着裁他们啊!

当第四师团来巴丹战场报到的时候,有那么一会儿,本间都不敢相信面前站着的是常备师团,一个劲儿地感叹这是"全日本装备最差的师团"。

在所有增援部队里面,第四师团无疑是最令本间失望的一个环节,可是这次他又错了。登上巴丹半岛之后,大阪"商贩师团"突然荷尔蒙大爆发,变得勇猛起来。

最后一道命令

第四师团打仗的特点是,遇强则弱,遇弱则强。

大阪人很现实,跟强敌作战,还是悠着点好,那什么"万岁突击",上多少死多少,就算侥幸从死人堆里活下来,卸个胳膊少条腿的,回家摆摊卖菜也不好看。

在他们眼里,立功晋级之类全是浮云,活着才能继续谈条件,死掉了,你就是全身挂满奖状,又能如何?

但大阪人又很狡猾,眼瞅着美菲军的防御阵地已遭摧毁,因被长期的饥病所困,部队战斗力又非常薄弱,他们马上激动起来,认识到这正是趁火打劫的绝好机会。

如果可以少死,或者不死,立功晋级谁不想呢?于是第四师团像打了兴奋剂,一拥而上,战至黄昏,该师团已突破了萨马特防线的第一道阵地。

由于攻击比预期顺利,日军个个笑逐颜开,而美菲军则士气低落,很

巴丹要塞堡垒遭到日军的喷火攻击

多人甚至在日军展开轰炸之时就已丧失了抵抗意志。

本间愁容顿消，他曾预计美菲军会激烈抵抗，所以起初计划采取的战术是步步为营，逐次攻击，现在看到美菲军状态如此之差，过于慎重显然已无必要。

他撤回了对作战的一切限制，要求各部持续不断地展开攻击，不给对手以任何喘息机会。

在日军的凶猛攻击下，萨马特防线已被撕开多道口子。金为了堵住缺口，不得不紧急投入预备队进行反击。

预备队已经动员起来，可是前进异常困难，因为每条道路上都充塞着不断后退的己方部队。好不容易挤到前面，原有的防御部队早就垮了，预备队只好变反击为就地防御，掩护友军撤退。

1942 年 4 月 5 日，又是第四师团最出风头，他们攻陷了萨马特山山顶，美菲军在巴丹的第二防线失守。温赖特一直在科雷希多岛上观察战况，他看到了萨马特山上升起的膏药旗。

温赖特致电麦克阿瑟，表示战事接近顶点，言下之意，巴丹的陷落已成定局。麦克阿瑟急得坐立不安，这时已有人建议让美菲军投降，但老麦坚决反对，他复电温赖特，命令美菲军在任何情况下都不准投降，如果巴丹真的沦陷，也要迫使日军付出最大伤亡。

在出走澳大利亚之前，麦克阿瑟曾准备亲自组织一次反击，此后，他把这次没有实施的反击行动设为应变计划。在给温赖特的电报中，麦克阿瑟附上应变计划，并告诉温赖特，如果部队的粮食和弹药不足，就通过发动反击，来夺取日军在苏比克湾的补给基地。

苏比克湾就在巴丹半岛上，照麦克阿瑟看来，日军兵力前推，后方相对空虚，反击完全有成功的可能性。就算反击失败，没有夺得补给，美菲军也可趁势钻入山区，跟日军打游击战。

随后，麦克阿瑟就发电报给马歇尔，请求让他立刻返回菲律宾，亲自指挥这一反击行动。

马歇尔当然不会批准麦克阿瑟再去冒险。温赖特虽然按照麦克阿瑟的意思，发出了最后一道命令，但他心里很清楚，正处于崩溃边缘的美菲军根本难以执行这道命令。

日军步炮兵日夜攻击，巴丹形势变得一天比一天危急，很快，第三道防线马里韦莱斯防线也顶不住了。4月8日晚，金设在马里韦莱斯山上的指挥所被日军攻占，整个防线被分成两截，金手中已失去了可发起反击的任何一点兵力和阵地。

金向温赖特发去最后一份报告："仅仅两天里面，一支军队已经消失得无影无踪，我们再没有办法进行有组织的抵抗了。"

马里韦莱斯山后的码头上，挤满了溃散下来，企图逃往科雷希多的士兵，但是码头只有几条船可供乘坐，大多数人徒呼奈何，他们只能对着大海和天空发出无望的哀号："活着的人将成为英雄，尸骨抛在巴丹的人却将被世人鄙夷，因为他们打输了。"

抵抗早已无效，等待士兵的将是死亡。金是一个深受士兵爱戴的将领，覆亡时刻，他没有扔下自己的士兵，独自乘船逃跑，同时他也知道麦克阿瑟不会允许他投降，但是为了挽救士兵的生命，他愿意一个人站出来承担所有的责任和后果。

午夜时分，金派出军使，打着白旗向日军接洽停战，他没有把这一情况向温赖特进行报告，因为温赖特刚刚发出不准投降的命令，报告了也不可能被接受。

4月9日，上午6点，温赖特才获知金的决定，吃惊之余，他赶紧要求金再做考虑，但是一切都太晚了。

上午9点，金穿着崭新的少将制服，驾车来到日军司令部，缴出了自己的手枪。他的举动意味着，巴丹战场的5万多名美菲军全部缴械投降，这是美军历史上最庞大的一支降兵，同时也使美国陆军遭遇了建军以来最大的一次失败。

消息传到澳大利亚，麦克阿瑟感到极度沮丧，他痛心地说："我知道这一天总会到来，但是金少将投降的消息，还是使我感到震惊。光明消失了，我真不知道什么时候才能清醒过来。"

几个月后，三个美国兵从巴丹逃到澳大利亚，他们披露的内情，让麦克阿瑟陷入更大更深的痛苦之中。

游击战

金和巴丹守军一投降，温赖特就再三向日军提出请求，要求依照日内瓦公约优待俘虏，但盛气凌人的第十四军司令部声称，向他们投降的应该是全部美菲军，如果科雷希多等其他岛屿上的守军不投降，那就无条件可谈。

恶意生出来的必然是恶果，可怕的"巴丹死亡行军"产生了。在烈日暴晒下，5万多名又饿又渴的美菲军俘虏徒步前往集中营，长达60公里的路途中，许多人或被饥饿和疾病夺去生命，或死于日军的枪口刺刀之下。

日军为的就是实施报复，以便"给他们（指美菲军俘虏）一点罪受"，其行为可以说是禽兽不如。本间对此当然要负责任，据说参谋总长杉山元前来马尼拉视察时，曾经表扬新加坡"军政森然有威"——山下对新加坡华侨进行了血腥大屠杀，杉山元的意思是这样好，杀人才杀得过瘾。

对马尼拉，杉山元的评价是"散漫无序"。本间或许是受到了这一影响，当部下递送"巴丹死亡行军"的方案时，他便向山下学习，大笔一挥，予以通过。

本间后来居上，学习成绩一点儿不比山下差，总计有1万多名美菲军俘虏丧生于"巴丹死亡行军"。也因为这一成绩，他得以追赶山下的脚步。二战结束后，山下被判绞刑，本间落了个枪决，二人被处死，均与他们下令屠杀无辜军民有着直接关联。

新加坡屠杀华侨、"巴丹死亡行军"，这两次屠杀，辻政信都是重要参与者和组织者。在"巴丹死亡行军"时期，他已调到参谋本部出任参谋，这使得他得以用大本营的名义，命令第十四军肆意屠杀美菲军战俘，日军甚至拿战俘做活靶，让新兵刺杀"练胆"，而且杀不够数不准过关。有一个日本兵因为胆子特别小，结果上司命令他一连刺死了15名俘虏。

第六十五旅团的一名士兵战后回忆，在一次行军中，他见到山谷路旁，堆有高约2米、长约100米的尸体墙，那全是被杀死的战俘，日军称为"无言之石垣"。

"巴丹死亡行军"

辻政信的行止，即便在日军中也遭到非议，有人称他是"野武士"，一个不上路的恶棍而已。这个恶棍后来趁乱逃到泰国当了"野和尚"，美军一时查不到他，因此没有像本间、山下那样被处死，后他在东南亚旅行时下落不明，被宣布死亡。

逃到澳大利亚的3名美军战俘，都经历了可怕的"巴丹死亡行军"，被关进集中营后同样是生不如死，最后在菲律宾游击队的帮助下，才得以捡回一条命。

听完三人的凄惨报告，麦克阿瑟愤怒到了极点，他拟了一份给新闻界的声明，除披露"巴丹死亡行军"外，还发誓一定要对日军这种残暴的行为加以严惩。

美国政府不仅不允许发表这份声明，还禁止泄露"巴丹死亡行军"的消息。政府有政府的考虑，美国民众要是知道有"巴丹死亡行军"这码子事，必然群情激愤，而且必然会要求政府调集重兵复仇，这将极大地妨碍"先欧后亚"政策的继续实施。

麦克阿瑟所能做的，只是承认巴丹的失陷，并且对巴丹守军表示自己的敬意："那么少的兵员装备，以及他们所经历的考验和苦难，已足以证明他们所做出的重大贡献。"

是的，即便金和巴丹守军最终选择了投降，麦克阿瑟也知道，自己无法站在道德的制高点上，对士兵予以指责，因为在关键时候，他既没能帮到自己的士兵，也没能履行同生共死的诺言。

麦克阿瑟一时悔恨交加，认为都是罗斯福、马歇尔这些人害了自己，让他到澳大利亚，却无兵可用，他请求返回菲律宾，又不被批准，假如他能够重返菲律宾，这时就可以在丛林中大打游击战了。

按照老麦的认识，日军受兵力所限，只能控制城市，乡村拥有相当大的自由度，游击战是大有可为的。事实也证明，他的应变计划并非空想，南吕宋岛屿上的守军便采取了游击战的方案。

巴丹沦陷后，第十四军分兵对南吕宋岛屿发起进攻。岛上守军大部分是美国军官指挥的菲律宾部队，士兵大多没受过正规训练，甚至有连步枪都不会开的，这样的战斗力，哪里挡得住日军的猛攻。

没多久，岛上的城市便告沦陷，此前麦克阿瑟千辛万苦从澳大利亚运来，但未能送到巴丹的那些补给物资也大半落入日军之手。

可是在接下来的时间里，本间就笑不出来了。菲军全部退入山地，打起了丛林游击战。

山里面没有给养，山外有。菲律宾地下抵抗组织不断送来粮食和燃料，游击队也逐步培养出自给自足的能力，他们不仅在大山里饲养家畜，甚至设置了小型碾米厂。

日军起初大感棘手，不过再想想，人长六尺，天下难藏，找人还不容易。

一找起来，还真不容易，因为这是在云深不知处的大山里，而且找的过程常常令人心惊胆战——游击队员以菲律宾人为主，他们会潜伏在山路上，用弓箭和长刀对小股或单个日本兵展开猎杀。

游击队别开生面的战斗，令奉命前来"讨伐"的日军损失不小，只得狼狈撤退。若巴丹守军也能及时转入游击战，不仅可以避免像"巴丹死亡行军"这样惨剧的发生，必然还能给予日军更多更大的杀伤。

南吕宋岛屿上的游击队规模不大，对本间来说无所谓，倒是温赖特继续在科雷希多岛进行抵抗，使得日军仍然无法正常使用马尼拉湾，那才是必须根除的。

早在"巴丹死亡行军"的时候，本间就把注意力集中在了科雷希多。

隔岸炮战

随着巴丹的沦陷，科雷希多已成马尼拉湾中的一座孤岛，海陆空对外交通均被切断，日军也顺势完成了对这座孤岛的包围。在本间看来，只要保持围而不攻，科雷希多就会和巴丹一样，因弹尽粮绝而投降，这个日子并不会很长，扳着手指头就可以数得出来。

可是现在既然连巴丹都拿下来了，难道眼巴巴地留着一座与巴丹半岛南端仅隔4公里的要塞而不攻？那滋味，就好像是甜糖抹在鼻子上，光闻得见，却舔不着，让人不甘心啊。

围困虽然也是一种战术打法，但在日本陆军中很少采用，主要就是觉得没气势，也无法表现日本兵那种"如虹的斗志"。在本间的内心深处，其实同样如是，只是慑于第一次进攻巴丹时就吃了大亏，他才倾向于保守和慎重。

这次看似轻轻松松占领巴丹的过程，如同是半夜拾到金元宝，让本间那颗贼心又蠢蠢欲动：战火如万马奔腾，不能再等下去了，何况以大本营那种死要面子的心

日军对科雷希多要塞进行轰击，使用的都是 150 毫米以上的榴弹炮

态，也不会允许我等，打吧！

1942 年 4 月 10 日，本间下达对科雷希多的攻击准备命令。先前轰垮巴丹防线，靠的是炮兵群，命令下达后，日军马上便着手部署炮兵阵地。

这边有重炮巨炮，那边也有，而且体量更加庞大。作为美国防卫菲律宾的象征，科雷希多是一个现代化程度很高的军事要塞，其防卫力并不亚于新加坡，全岛装有 12 门 300 毫米的榴弹炮，8 门 300 毫米的加农炮，其他火炮的口径也平均在 200 毫米以上。

以四公里的海上距离而论，科雷希多守军仅用肉眼便能看到日军的活动情形，你要大摇大摆地布置炮兵阵地，人家那 300 毫米的火炮可不是吃素的。

这样，日军就只能偷偷摸摸地干活，直到 3 天后，他们才最终完成了隐蔽阵地的部署。

谁也没想到，建个阵地如此花费工夫，让大本营和盛厚亲王都措手不及。

盛厚是裕仁的女婿，乃炮兵出身，曾在日苏诺门罕战役中镀过金，但那个金镀得很不顺利，日军炮兵压根儿就干不过苏联炮兵，自家阵地等于是热辣辣的火锅席，炮战中，一个炸飞的炮车轮子还砸伤了盛厚。大本营见势不妙，急忙派飞机将盛厚接到了后方。

巴丹炮战，又让盛厚看到了机会，他急于要在丈人老爷子面前露一手，便以皇族要争先报国为由，三天两头地请求志愿参战。参谋本部为此大伤脑筋，不答应吧，驸马爷缠着不放，答应吧，万一像诺门罕战役那样有个闪失，没法交代。

最后总算想到了一个聪明的办法，估计菲律宾战事快结束了，便让盛厚起程。大本营的如意算盘是，在无风险的前提下，使这位亲王捞足本钱，同时也借此拍拍天皇的马屁。

可是由于攻击时间推迟，盛厚到达之时，正是炮战启动之日。来了就没法掉转头溜掉了，盛厚随即向本间报到，并要求派往前方炮兵司令部。

4月14日，日军炮击科雷希多。温赖特预计美菲军战俘已全部后送，遂也下令进行反击。

美军炮手的水平不赖，一个炮兵中队打得兴起，把整整300公斤炮弹扔进了日军炮兵阵地，炸得日本兵哇哇乱叫。其他中队也不甘落后，竞相向对岸兜售着自己的"炮弹粥"。

美军炮兵最大的不利之处，是得不到空军的协助，要确定射击诸元，只能看地图，或者依靠设在制高点的观测所，否则早就把对方火炮给打趴下了。

相比较而言，日军炮兵虽然可以通过气球观测兵，来指示岛上的每一个目标，但是因为美军的炮兵阵地主要设在高地反斜面，同样也存在着观测和射击效果不理想的问题。

炮战将近一周，胜负未决，全世界的目光都聚焦过来，美国对国外发布广播："新加坡已经陷落，科雷希多岛安然无恙。"

相似内容日夜进行宣传，不厌其烦地反复播放着，令第十四军的情绪大受影响。远道跑来捡光洋的盛厚自不待言，一来就被套牢，尽管待在炮兵司令部里没有被炸死的危险，然而耳朵边整天炮声隆隆，又不知何时才能解套，怎么着也是件挺晦气的事。

本间等人更是骑虎难下，暗暗着急，前线的日本兵听到美国广播，只能咬着牙根怪叫："走着瞧吧！"

似乎本间又回到了第一次巴丹攻守战时的窘境，不过，到1942年4月19日，一发炮弹改变了整个战局。

星条旗飘扬

这是一发重炮穿甲弹。据日军炮兵统计，发射这发炮弹的240毫米榴弹炮此前已打了262发，轮到第二百六十三发，突然鬼神使差地命中了美军弹药库。

被击中的弹药库供应着8门火炮的弹药，击中后，弹药库立刻发生大爆炸，美军炮兵阵地被连根拔起，巨大的炮身抛起300米高，冲天黑烟遮盖了整座小岛。

科雷希多要塞上被击毁的美军海岸炮

除主岛火炮外，科雷希多旁边还有"军舰岛"——一座在珊瑚礁上按照军舰模型，用混凝土建造的阵地工事。在这座被称为"不沉的战舰"的"军舰岛"上，装有4门160毫米火炮，可对主岛起到协防作用，但在日军有针对性的连续炮击下，上面的炮兵阵地也被摧毁。

日军逐渐在炮战中得势了。在无情炮击下，防御工事后面的美军官兵好像住在了炮靶的中心，每天过着极为恐怖的日子。

弹雨之后又连着大自然的暴雨，而且夜以继日地下个不停，防御工事刚修好就被冲坏，整座岛屿碎石凌乱，一塌糊涂。

本间希望能从精神上率先击垮守军，使其不战自败。

美军营舍高处悬挂着星条旗，日军炮兵每隔两分钟瞄准齐射一次，到第二次射击时，星条旗被炮弹击落，隔岸观望的日本兵高喊万岁。这被日本人视为他们即将取胜的象征，宣传人员专门赶来拍了部电影，名叫"炮轰旗帜"，并于4月24日在前线进行放映。

看完电影，日军炮兵个个手舞足蹈，得意非凡，可是事隔数日，美国星条旗又在原来的位置上高高飘扬，就好像从来没有被击落过一样，把这帮人全看傻了——我们天天朝那个位置开炮，谁还有胆子去重新挂旗？

的确有人有胆子。一位不愿向日军"称臣"的士兵冒着枪林弹雨爬上旗杆，插上了美国国旗。

原来美国人也如此勇敢和爱国，不砸下更多本钱，他们是不会轻易屈服的。1942年4月29日，裕仁天皇的生日，在发射礼炮之后，本间把全部的150门重炮都集中起来进行轰击。

从上午起，美军炮兵阵地就遭到完全压制，炮弹炸裂引起的冲击波，差点把那些躲在散兵坑里的美国兵给吹走。士兵急于躲避炮火，即便日军轰炸机从头顶掠过，也没人顾得上去理会。

到了下午，情况更糟，多个美军弹药库被熊熊火焰包围，接二连三地发生爆炸。

类似的集中轰击一直持续了两天。日军火炮跟机关枪一样，不断喷射着火焰，至5月2日，已达到白热化程度。

在前后达5个小时的炮击中，日军发射炮弹超过3600发，其中一发贯穿弹药库的混凝土墙壁，直接引发大爆炸。目击者形容，当时的情景就好像全岛都在爆炸似的。

巨大的冲击波，使许多岛上军民耳鼻流血，几门重量达13吨的臼炮都被刮离炮台，有1门甚至落到100米开外。

日本战略物资匮乏，在战场上向来就不太舍得多用炮弹，可这次为了自夸它的物资力量，也算是豁出去了。在特定地区消耗如此巨量的炮弹，在日本陆军史上是从来没有过的。

美军已无还手之力，他们只能等炮击告一段落后，才能从隐蔽坑道里爬出来，然后想办法挖出那些被尘土和瓦砾掩埋的战友。因为在拥挤压抑的坑道里待得太久，许多士兵还患上"坑道综合征"，思维紊乱，丧失了战斗力。

科雷希多到了危急存亡的时刻，5月3日，岛上淡水已不足5天之用。晚上，一艘潜艇冒着危险悄悄靠近科雷希多，接走了最后一批妇孺。温赖特安慰紧张的潜艇艇长："他们（指日军）只有打过来才能接近我们，不然他们无法接近。"

本间一直在做着打过来的准备，但他没有渡船，所需的3000艘登陆艇必须从仁牙因拖拽过来，而这些登陆艇在经过马尼拉湾时，又会遭到科雷希多岛上的炮兵攻击，所以只能利用黑夜，将发动机熄灭后，三艘五艘地进行偷运。

偷运过程十分缓慢，到5月5日，登陆艇才集结了一半。本间没耐心等下去了，他决定分两批登陆，当晚就先登一批再说。

破碎的心

1942年5月5日，日本的端午节。本间再次下令对科雷希多实施密集轰击。

由于炮击终日不断，岛上的探照灯被毁坏，甚至海岸上的散兵坑也被炸得一片狼藉。

晚上9点30分，驻守科雷希多的美军从收音机里听到了引擎声，那正是登陆艇所用引擎。

5月5日在日本不仅是端午节，还是男孩儿节，家家户户会在儿子的房前悬挂布制大鲤鱼，称为"鲤帜"。鲤鱼旗飘扬，据说寓意男孩儿要像鲤鱼一样逆流而上，积极面对困境的意思。

本间希望傍着这个黄道吉日，激励一下军心，可是没料到，登陆时还真的要"逆流而上"了——马尼拉湾入口处水流湍急，晚上的海峡潮流转向，使得登陆艇都偏离了预定海滩近一公里，登陆部队要登陆的话，就必须逆流而行。

逆流本身就困难，要登上海岸则更不易，科雷希多的海岸边上多为断崖绝壁，非得攀登上去不可。虽然日军早就制作了竹梯，可是美军不会任由他们从容登陆，阻击火力十分猛烈。

日军也在用炮兵进行支援射击，但黑夜中进行这种射击，稍有差错，便会打到自己人，掩护作用并不大。

在听到登陆部队无法登陆，又蒙受了极大损失的消息后，本间面如土色，整个人都快愁死了。直到深夜，才有人向他报告，说是不幸中的大幸，有一支日军小部队不知什么时候成功登陆了。

这支小部队属第四师团的佐藤源八联队。他们行动隐秘，守军一时没注意，让他们爬了上来，等到准备予以击退时，正好日军登陆部队的第二梯队又拥了上来，结果佐藤部队便得以长驱直入，攻向科雷希多的地下大隧道。

日军炮兵在夜间的支援射击

温赖特闻讯，立刻下令展开反击。佐藤部队不足1000人，美军在岛上仍可动员15000人进行防御，但这时岛上的通信线路大多已被炸断，无法集结足够的兵力，有的负责在海岸阻击的部队，直到第二天早晨，都不知道已有日军登陆且出现在己方身后！

即便是勉强组织起来的兵力，

想要去迎击佐藤部队，还需通过地下大隧道，而隧道里充斥着难民和伤员，美军根本过不去。

陷入绝境的是温赖特，而不是本间，可是本间自己不知道，他只知道成功登陆的是一个小部队，其他部队不是死伤惨重，就是怎么折腾都没法折腾上岸。

当本间接到美军展开反击的情报时，更是震惊不已。美军在数目上占有绝对优势，佐藤部队就算不被捏死，也注定会被赶到海里喂鱼虾，一想到这里，本间的两排牙齿都不由得捉对儿厮打起来。

本间手中的部队倒还很充裕，但是兵力再多，也没法插上翅膀飞过去啊。登陆艇几乎都用光了，剩下21艘，那又能载得了多少人呢。本间沮丧万分，他对幕僚说："我们是失败了。"

事实是，他不仅没有败，而且离胜已经相当接近。美军反击部队为地下大隧道所阻，反过来被佐藤部队包围了。

1942年5月6日，日军其他部队也相继成功登陆，连山炮和坦克战车都投入战场。美军丧失了击退日军登陆的最后机会，科雷希多的命运已经难以改变。

守岛美军被迫全部撤入地下大隧道，一时间，隧道里的伤员人满为患。一切都完了，每个人都像婴儿一样地在叫喊，一个士兵甚至说，他能感觉到被捕鼠器逮住的耗子，正等着人来干掉的时候是个什么滋味。他报上了自己在美国的家庭住址，并且要求："请将我的情况告诉妈妈。"

温赖特知道如果再继续战斗下去，大隧道内的军民除了遭受血腥大屠杀，已不可能再有任何奇迹发生。于是他电告麦克阿瑟，告诉自己的上司，他将"怀着一颗破碎的心，因悲伤而羞耻地低下头"。

温赖特向指挥官下达命令："告诉日本佬，我们将马上停火。"

已撤进大隧道的海军广播电台不停地进行呼叫："敬告本间将军……敬告本间将军……"与此同时，科雷希多的最高旗杆上升起白旗，士兵开始奉命破坏武器。

温赖特乘着日军提供的登陆艇前往巴丹，与本间进行停火谈判。金的遭遇使他清楚，即使向日军投降，事情也未必顺利，日本佬一定还会提出更过分、更苛刻的要求。

果然，本间一副小人得志的嘴脸，他说他不接受温赖特的投降，除非温赖特命令南吕宋岛屿上的美军也举手投降。

温赖特早就切断了对南吕宋的指挥权，但是本间一听，脸马上一黑，声称要么全部投降，要么继续作战，没有第二条道路可选。言罢，他带着部下扬长而去。

温赖特只好返回科雷希多，这时日军已逼近大隧道的入口处了。大隧道里到处都是伤员和护士，如果他的投降要求不被接受，这些人将大批大批地遭到屠杀，而按照西方的最高军事伦理，一个军人可以英勇地战死，甚至也可以屈辱地投降，但绝不能听任无辜者和手无寸铁的人们被杀害。

深夜，温赖特不得不再次低下头，按照本间的要求，把南吕宋美军重新置于自己的指挥之下，以此草拟成一份文件，并在文件末尾签上了自己的名字。

1942年5月8日，自身也成为俘虏的温赖特被带往马尼拉。他在投降书上正式签字，并通过无线电广播，向菲律宾全国宣读由日本人起草的投降书。

继巴丹失陷之后，麦克阿瑟又一次在心理上遭到重重一击。

他为此痛心疾首，直言巴丹和科雷希多是他在二战乃至一生中，所经历过的最悲痛事件。

温赖特不仅自己投降了，还命令南吕宋美军投降，并且宣读了投降书，这都不是麦克阿瑟能料到的，某种程度上也大大逾越了温赖特的职权范围。

美军士兵被迫举手投降

或许在这种情况下，很多人都会随势把所有罪责推到可怜的部下身上，但麦克阿瑟不是这种人。

他也痛苦万分，可是永远不会落井下石。在给马歇尔的电报中，他还设身处地地为温赖特辩解："我认为温赖特不过是一时失算，他的处境使他容易受敌人利用。"

南吕宋的美军指挥官没有接受温赖特的投降令。在日军把用兵重点全部转到南吕宋岛屿后，他又支持了整整三天。

5月9日，日军突破南吕宋美军的右翼，这位指挥官向麦克阿瑟发出了最后一份电报："我们已经不能做任何的抵抗了。"

在菲律宾，除了当地游击队仍在丛林中坚持外，以美军为主的正规作战陷入完全失败。

麦克阿瑟仍将回来，只是回来的道路将更加漫长而艰险。

第五章 / 把旗帜插到最高点

美军的连续失败，起于珍珠港被袭。自那以后，夏威夷便谣言四起，有的说日本伞兵已经着陆，有的说有 21 艘日本运兵船停泊在近海，正准备悄悄登岸。

即便这些都被证明子虚乌有，眼前的情景也足够让人崩溃。当一支外出的巡洋舰队返回珍珠港时，舰队上下全都惊呆了：可爱的战舰被毁得一塌糊涂，珍珠港完全变成了一片废墟。

舰队司令官斯普鲁恩斯少将多年研究海军战史，可谓见多识广，然而在此之前，他也想象不出如此景象。

一夜之间，似乎这里的每个人都变了。金梅尔是斯普鲁恩斯一直崇敬的人，现在他痛心地发现，这位上司头发蓬乱，神情茫然，昔日风采已荡然无存。金梅尔的参谋幕僚同样狼狈不堪，漂亮的白色海军服上沾满泥浆，却没有一个人想到要换洗一下，他们甚至连脸都不刮，只是呆呆地坐着发愣。

斯普鲁恩斯向来沉着冷静，当着金梅尔等人的面，他努力控制着自己的情绪，但是一回家就忍不住泪流满面。在向家人讲述自己的所见所想之后，斯普鲁恩斯说，这是他一生中最痛心的时刻。

对自己的前途，金梅尔已经了然于胸。在办公室里，他对两位参谋说："我如果在华盛顿主事，就立即解除金梅尔的职务。一个人失败的原因无关紧要，重要的是他失败了。"

幕僚都不同意他的看法，认为珍珠港被袭事出有因，不能完全归咎于主将，上面应该不会解除他的职务，可是金梅尔认为自己的判断不会错。

以美盖丑

金梅尔憔悴不堪，但一到指挥台前，仍不失大将本色。鉴于太平洋舰队的编制已被打得七零八落，他重新进行了部署，着手建立起三支航空母舰特遣队。

偷袭珍珠港，最让山本和日本海军懊恼的，莫过于一艘航母都没能兜到。太平洋舰队原有三艘航母，珍珠港事件之前，一艘回美国进行修理，另外两艘按惯例会在周末入港，不过在出事的当天，这两艘航母碰巧都有出港任务，当吉川猛夫将这一情报传出时，上至山本，下至南云舰队的官兵，一个个气得直跺脚。

三艘航母成为金梅尔最有力的盾牌，以这三艘航母为核心所建立的特遣队，使山本暂时无法继续深入夏威夷。

夏威夷是没问题，但特遣队对南太平洋的一些其他战略岛屿救援不力，比如威克岛。一部分原因，是救援威克岛的第三特遣舰队要等候"萨拉托加"号航母从西海岸开来，影响了行动效率。另一部分原因，则与美国海军部长诺克斯的到来有关。

珍珠港事件发生后，诺克斯立即乘坐海军飞艇到夏威夷进行视察。他到达珍珠港的时候，"亚利桑那"号的残骸还在冒烟，水上飞机的碎片则随处可见，诺克斯虽然有了心理准备，也被当场惊得目瞪口呆。

诺克斯必须向罗斯福和国会有所交代，他首先想到的，自然是大家都能过关。在他递交给罗斯福的第一份调查报告上，没有责备金梅尔玩忽职守，只是说金梅尔一直防备的是潜艇攻击，没料到这次的致命威胁来自天空，而非海底。

诺克斯甚至还通过列举间谍渗入、美军缺乏战斗机以及高射炮等因素，来说明金梅尔对袭击的无能为力。

看完报告，罗斯福皱起了眉头：你倒会为金梅尔开脱，金梅尔没责任，那就是政府有责任了，你有没有脑子？能不能学点眉眼高低，出入上下？

被罗斯福一训，海军部长立刻领悟过来。他随即出席新闻发布会，搜肠刮肚地讲了一通故事，都是遇袭后人们如何英勇反击和抢救的事迹。

珍珠港事件爆发后，美方用小船抢救"西弗吉尼亚"号的船员

这是政客和官僚最拿手的绝活，即以美盖丑。公众不知不觉中就会产生出一种错觉，以为既然活着的人如此出色，那些死掉的人也可以开眉展眼了。

诺克斯又当过记者，知道如何添油加醋，吸引听众。参加新闻发布会的记者都入了迷，在诺克斯口若悬河的间隙，全场静到连一根针掉到地毯上都听得见。

心情一好转，其他的就好说了。当然，损失也不能完全不提，但已被诺克斯大打折扣。除了"亚利桑那"号无法忽略外，在罗斯福亲自拟定的损失清单里，全是一些靶舰和废弃的布雷舰。《纽约时报》报道说，清单公布后，"人们如释重负，大大松了口气"。

罗斯福和诺克斯可还没法松口气。搞政治的本能，让他们意识到，必须赶紧找只替罪羊出来，否则即便公众不盯着，那些刁钻的议员和政敌也不会善罢甘休。

于是，三支航母特遣队刚刚驶出珍珠港，金梅尔就接到了免职令，他的不祥念头终于化为现实。

继任者还需要几个星期进行工作交接，在此期间，金梅尔的职务由海军中将派伊代理。派伊一朝被蛇咬，十年怕井绳，他用兵过于谨慎，老是担心自己的航母落入日军圈套，援救威克岛的行动也由此一误再误。

假使官僚不急着互相卸责，假使金梅尔仍能坐镇中军帐，威克岛本来是有条件守住的。

1941年12月25日，金梅尔的继任者乘坐水上飞机抵达珍珠港，几乎所有驻地将领都到港口迎接，金梅尔和派伊站在了迎接队伍的最前列。

新任司令官一面向他们伸出手臂，一面自报家门："我的名字叫尼米兹，得克萨斯人。"

神人

尼米兹此前担任航海局长，这位局长大人有着惊人的预见力。20世纪30年代中期，在一次家庭成员的私下谈话中，他说他确信美国将同日本和德国大战一场，而这场战争将从残酷的突然袭击开始，并且美军将首先失利。

尼米兹甚至神到对金梅尔等人的命运都提前做了预测："华盛顿方面会对海军

指挥官感到反感，虽然那并不是指挥官的错，但他们将会被撤职。"

尼米兹不会未卜先知，他原来的职务也与外交或作战无直接关联，更不可能像罗斯福、马歇尔那样掌握"魔术"情报，他能把这些未来的图景都描得有模有样，乃是缘于他过人的分析推测能力。

通过阅读书刊杂志，尼米兹几乎能像国家最高军政领袖那样把握国际政局的变化，特别是日本的动向。

不过最高首脑犯下的错误，"神人"尼米兹同样也没能幸免。他以为日本海军要袭击的目标是新加坡，绝没想到是珍珠港。为

尼米兹，欲戴王冠，必承其重

此，他还特地拿起笔，在地图上向南画了一个箭头，又在"新加坡"上圈了个红色的圆圈。

尼米兹所预测的被袭和失利地都是新加坡，当从广播中听到日本轰炸珍珠港的紧急公告时，他感觉犹如晴空响起了一声霹雳。

尼米兹与珍珠港的关系非同一般，也可以这么说，珍珠港海军基地就是从他手里诞生的。

20 年前，尼米兹被海军部派往珍珠港筹建潜艇基地。那时候的珍珠港还什么都没有，时年 35 岁的尼米兹所能凭借的，只有一张珍珠港地图和上级赋予的物资调拨权。

所谓的物资，都是一战遗留物。可要把它们征集来也不容易，尼米兹当时的职务只是海军少校，一个芝麻绿豆的小官，谁都不放在眼里——你说上级让拨物资，那你叫上级自己来拿嘛！

尼米兹并不泄气，他的办法是不停地做思想工作，像唐僧一样，叽叽歪歪地说到你缴枪投降为止。要是这样还不行，就先下手为强，晚上用卡车来偷偷拉走，等事主发现，气急败坏地进行追查时，生米已经煮成熟饭，这些物资早就一颗螺丝钉

不少地安装在了珍珠港。

尼米兹戏称，他是用偷来的物资建造出了潜艇基地。

此后一段时间，尼米兹还在夏威夷担任过基地司令官。甚至在金梅尔出任太平洋舰队司令之前，罗斯福属意的最佳人选其实就是尼米兹，只是尼米兹为人谦逊，主动退出竞争，把位置让给了自己的老朋友金梅尔。

海军内部的损失通报不会像政府那样造假，看着那些惨不忍睹的数据，尼米兹心痛不已，这都是他当年像搭积木一样，辛辛苦苦搭建出来的，转眼之间便全部毁于一旦。

最使尼米兹感到难受的莫过于"亚利桑那"号，因为就在 3 年前，在尼米兹担任战列舰第一分队司令的时候，"亚利桑那"号还是他的旗舰，未料 3 年后就遭此厄运，成了一堆废钢铁。

尼米兹对航海局的一位同事说："我们失败得太惨了，不知道能否恢复创伤？"

尼米兹已经聆听到了前方的召唤，但得知要升任他为四星上将，从而接替金梅尔，掌印太平洋舰队时，还是吃了一惊。

尼米兹和金梅尔一样，在美国海军中的资历都很一般，在尼米兹之前，至少有 28 个经验丰富的高级将领可供遴选。罗斯福和诺克斯在这一关键时刻能够越过"二十八将"，对尼米兹予以破格擢升，可见对他的信任和倚重。

罗斯福还托人带话："告诉尼米兹，到珍珠港去收拾残局，然后留在那里，直到战争胜利。"

尼米兹与麦克阿瑟性格迥异，他从不喜欢抛头露面出风头，甚至也不爱打仗，但在他身上，又从不缺少接受挑战的勇气，他一直记得继父对他说过的一句话："把旗帜插到最高点！"

更何况，现在是国家需要他站出来的时候，他不愿意袖手旁观。

回家后，尼米兹抑制不住内心的激动，把消息告诉了家人。妻子立即表示祝贺："这是你梦寐以求的事情，你终于可以指挥太平洋舰队了。"

职务有多高，责任就有多大。尼米兹非常清楚此时太平洋舰队的状况，他回答道："亲爱的，不能让这里别的人知道，但我不得不告诉你，舰队已经沉入海底，所有舰艇都在海底躺着呢！"

尼米兹首先要坐火车到西海岸，为免引起别人的注意，他给自己起了个化名"弗里曼先生"。

一上火车，尼米兹立刻显露出性格中的另一面，他摇身一变，成了嘻嘻哈哈的老顽童，于是一件十分搞笑的事发生了。

圣诞夜

尼米兹尿急，跑进卫生间去方便，列车服务员也不检查，就把门给锁上了，而当火车出站时，他居然又忘了把门打开。

这下可把尼米兹愁坏了，又是扭锁，又是敲门，折腾了足有一刻钟，弄到满身大汗，始终出不去。

过了很久，服务员经过过道时，听到卫生间嘭嘭的敲门声，才掏出钥匙把尼米兹解救出来。尼米兹自然是气不打一处来，而并不了解其真实身份的服务员一笑置之，并且没有要道歉的意思，相反，他还怪"弗里曼"不够机灵，说不过是动一下门闩就搞定的事，怎么一大活人就能被困在里面呢，笨伯啊你！

尼米兹一听，嗯，我是笨伯，那你来试试。他不由分说，拿过服务员的钥匙，便把对方推进了卫生间。

在接下来的时间里，尼米兹在车厢里痛痛快快地坐了 15 分钟，服务员在卫生间里又是喊又是叫，他都充耳不闻，直到 15 分钟过后，才把声嘶力竭且满脸通红的服务员给放出来。

尼米兹并不是真的要报复这名服务员，他只是觉得好玩，以后他还把自己出的洋相，以及跟服务员开的玩笑，都作为段子编进了他最喜欢讲的口头笑话集。

火车到了西海岸，尼米兹再乘飞机前往珍珠港，当接近港口时，他再也笑不出来了。

尽管已反复看过遇袭报告，但眼前的情景依然令人心碎。沉没的"亚利桑那"号只剩三根桅杆斜插在海面之上，其他被击沉的舰船也都底朝天，如同一只只冲向海滩自杀身亡的巨鲸。在舰船周围，到处都漂浮着海军水兵、陆战队员的尸体，那些尸体已经肿胀开来，显得奇形怪状，而对人员的打捞和船体修复工作仍在缓慢进

珍珠港内遍布舰船残骸

行当中。

尼米兹脸色凝重:"真是惨不忍睹啊。"

站在港口迎接的人们也都一个个表情严肃,尼米兹与金梅尔是非常熟悉的老朋友,他自报家门,说我叫尼米兹,得克萨斯人,只是为了缓和一下这种过于紧张压抑的气氛,可是无人响应。

形势确实太严峻了,在这种情况下,别说开玩笑,即便你拿只痒痒挠使劲胳肢人,大家发出的声音,也只会是苦笑而已。

在尼米兹抵达珍珠港时,威克岛尚未沦陷,所以他最关心的便是威克岛的安危。曾代理金梅尔的派伊交给他一份最新电文:"敌人已上岛,结局未定,我们仍在坚守。圣诞节愉快。"

其实这个时候威克岛已经陷落,圣诞节过后,尼米兹才知道真实消息。

威克岛是美军在中太平洋上的前哨阵地,威克岛一失,珍珠港基地顿有唇亡齿寒之感,似乎刮来一阵狂风都能把它给摄了去。在尼米兹度过的许多个圣诞夜中,这大概算是最不祥和的一个了。

5个月后,海底打捞队进入被击沉的"西弗吉尼亚"号战舰。在该舰的水密舱里,人们找到了6名水手的尸体。舱壁上用粉笔画着16个"×",表明这六个人在海底苦熬了16天,一直到圣诞前才最终死去。

再乐观再幽默的人都要痛苦到流泪了,而金梅尔的一番话更让尼米兹感到心情无比沉重。

金梅尔说:"要是子弹把我打死就好了。"

尼米兹明白,金梅尔只是运气太差罢了,设如自己当时处于同样位置,未必会做得更好。他握着金梅尔的手,动容地说:"我的朋友,这件事可能发生在任何人身上。留下来帮助我吧,我现在比任何时候都更需要你。"

金梅尔必须回国接受审查，不能留下来相助，尼米兹便留用了他的幕僚班子。

金梅尔的参谋本以为树倒猢狲散，在珍珠港和威克岛连遭重创，金梅尔又被免职审查的情况下，自己的海军生涯就算不随之宣告终结，也将永不能翻身，没想到尼米兹还会毫无保留地予以信任和重用，这使他们又重新振作起来。

斯普鲁恩斯的话代表了大家的心声："这像是在封闭的房间里，有人忽然打开一扇窗户，然后吹进了一股新鲜空气。"

1941 年 12 月 31 日，尼米兹正式就任美国太平洋舰队总司令，他要带领大家起飞，并向敌人展开反击。

反击愿望更为炽热的是尼米兹的顶头上司、美国舰队总司令金上将。金的形象是个古老骑士，不管敌人多厉害，都阻挡不了他手中的剑戟。金还有一个跟陆军中的麦克阿瑟相似的故事。说是他去了天国之后，一名海军军官也跟着升了天。天堂的看门人向这名军官直叫屈："自从你们这位金将军来了以后，我们天国都进行了改组，并且时时处于战备状态。"海军军官回答："我一点都不感到惊讶，因为金将军经常认为他自己就是全能的上帝！"

金比尼米兹提早一天就任，他一就任，便把所有活儿都揽了过去，搞得金的上司、海军作战部长无所事事，最后索性被罗斯福调去当了欧洲海军总司令，金以美国舰队总司令兼任海军作战部长。

"全能的上帝"这下更全能了，他精力充沛，整天喊打喊杀，要灭日本人的威风，但局面与美好愿望完全背道而驰。

退休的银行家

自 1942 年 1 月初开始，无论美军，还是盟军，在海上都没有打过一次胜仗，而日军在太平洋的扩张行动却是一日千里，打个比方，就像是一滴墨汁落入水中，其速度和规模连日本人自己都感到吃惊。

金不停地催促尼米兹尽快展开反击，以扭转不利战局，为此，他还通过罗斯福，委任尼米兹为太平洋战区总司令。

越是这样，尼米兹越是慎重，不肯轻易出击。当时美国海军的战列舰和航空母舰数量都只是日本的一半，尼米兹的想法是，他必须节省每一分力量来应付挑战，如果稍一失手，整个太平洋以及美国西海岸就会向日军敞开缺口。

新幕僚班子的一位成员如此评价尼米兹："他不像一个领导者，倒更像一个退休的银行家。"在某种程度上，军事家与银行家确有共通之处，即他们都不能做亏本生意，尤其在前任已经大大亏了一次本以后。

金也是个军事家，跟他说道理是说得通的，与之相比，外界的舆论干扰更令尼米兹感到头疼。

人们看到，太平洋舰队也好，亚洲舰队也罢，都不是在追敌人，而是在被敌人追。疑问便自然而然多了起来：我们平时菩萨一样敬你，宝贝一样待你，可是需要战斗的时候，你们海军究竟都到哪里去了？

尼米兹避而不答。他在日常生活中就习惯了低调，成了焦点人物之后，仍然难以适应新闻界的镁光灯——这些到处追着你跑的记者不是喜欢在报纸上乱嚼舌头，就是爱挑三拣四，实在没必要，也没精力与之周旋。

尼米兹虽然在私底下很爱收集笑话，但在公开场合，他讲不出麦克阿瑟那样令记者和公众为之追捧乃至疯狂的光辉语录，于是干脆选择了沉默。

记者不干了。像他们这个职业，若是没料可报，还不如自杀或他杀。海军部接到无数投诉，美国海军部长诺克斯赶紧给尼米兹发去电报，要求他必须接受记者的采访：全国人民都关注着战况，你以为躲就躲得过去？

诺克斯应付记者倒颇有一套，照他看来，骗记者最容易了，实在无战绩，编两个道三不着两的段子也能过得了关。可尼米兹哪会这个，他只好对记者说："要不，我先听听你们的意见，你们到底想了解些什么呢？"

记者要了解和关心的，当然是海军的积

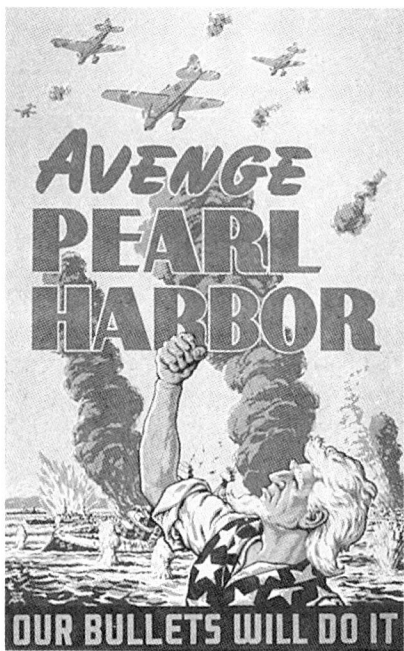
以对珍珠港事件进行报复为主题的海报

极动态，比如说展开反击行动之类。尼米兹双手一摊："先生们，到现在为止，海军除了坏消息外别无任何消息。"

实在没好消息，坏消息也成。可是尼米兹说眼下最好连坏消息也不要刊登，他解释道，如果让日本人从美国报纸中了解到其所取得的战果，就会起到纵虎为患，鼓舞日军军心的反作用。

那什么时候才会有适于刊载的好消息呢，尼米兹用夏威夷话告诉记者："要忍耐！"

记者立刻炸了。总司令官的脑袋糊涂了吧，当前局势之下，"忍耐"跟"逃避"是同义词，你连这都登出来，不是让大家找骂吗？

在记者的穷追猛逼下，尼米兹不得不做出让步。他同意放宽新闻检查制度。原先记者所发稿件，必须经过太平洋舰队司令部及海军第十四军区的双重检查，尼米兹取消了军区一级的检查，并且对司令部的新闻检查官也做出要求，让他今后向每位记者都提供一份经过审查的通稿，以便记者向报社交差。

还是有些追新闻不要命的"刺头记者"，他们可不是一份通稿就能打发的，死活缠着向尼米兹索要独家新闻。尼米兹想了想说，这样吧，允许你们随舰去吉尔伯特和马绍尔采访。

吉尔伯特和马绍尔是距离珍珠港最近的日军基地，"刺头记者"为之兴奋不已，他们意识到这次随舰采访不同寻常，其中一定有料。

确实，料不仅有，而且够足。此时，在中太平洋上，日军已从吉尔伯特、马绍尔两大群岛南下，进逼萨摩亚。

萨摩亚是美国本土、夏威夷与澳大利亚之间的跳板，如果被日军攻占，澳大利亚将像菲律宾一样被切断海上补给线，后果不堪设想。金上将于是建议尼米兹向吉尔伯特、马绍尔发起反击，认为至少可以借此打乱日军的进犯计划，恢复美国的民心士气。事实上，在尼米兹正式就任太平洋舰队总司令之前，他已经要求作战参谋为此做准备。

尼米兹保持谨慎，不是说不击，是要看准机会和条件再击，而且得悄悄地击，不能还没打，就弄得全世界都知道。

在尼米兹的挽留下，派伊担任了他的非正式顾问。尽管派伊在援救威克岛的行动中棋错一着，但仍不失为一个出色幕僚，所推出的袭击方案深得尼米兹赞许。

为了保卫萨摩亚，美国计划动员 5000 名海军陆战队员进驻萨摩亚基地。派伊方案的前提是，日军知晓了这一增援计划，阻止陆战队登陆，那么太平洋舰队将向吉尔伯特、马绍尔进发，对敌军基地进行袭击，通过这种围魏救赵的办法，来援助陆战队顺利登陆。

派什么战舰去作战呢，一般倾向于战列舰，但派伊和尼米兹意见一致：不动用数量已经极其有限的战列舰，转而让航空母舰作为唯一的攻击型武器。

就实战效果来说，战列舰早已得到检验，比如当初"威尔士亲王"号坐镇新加坡，就曾令日本海军舰队噤若寒蝉。航母当时在英美海军中没有战列舰这么吃香，它们大部分只是在演习中使用，尚未能在真正的战争中接受检验，许多人对航母的作战能力都心中无底。

尼米兹则对航母情有独钟，他认为太平洋区域未来将要发生的战争，注定会是一场全面战争，作战时天空和海上都要装防护甲，否则很容易被对手抓住破绽，一击即中，英国远东舰队和"威尔士亲王"号倒霉就倒霉在这上面。

尼米兹支持派伊方案，即派遣以航母为核心的特混舰队去袭击日军基地，但在内部讨论时，派伊方案遭到了多数军官的反对。

反对者主要是觉得奇袭战术很难成功。你想啊，日本偷袭珍珠港用的就是奇袭，甚至进攻菲律宾、马来半岛、新加坡，奇袭也都是主产品。这招都快用滥了，你现在还要用。说好听点儿，是师人长技；说难听点儿，就是拾人牙慧，再奇也不奇了。

至于航母编队能不能产生意外效果。那就更难预计了，因为日本人轰炸珍珠港靠的也是航母，他们对航母攻击一定会备加提防。

还有些人担心，金梅尔刚刚把战列舰送掉，尼米兹新官上任，别又把航母全终结了，那太平洋舰队就彻底没法混下去了。

意见是要听的，但做主的是尼米兹自己。他对所有这些反对意见都不在乎，他在乎的只是一个人的看法，只要这个人说行，他就会做出最终决断。

你有你的船了

尼米兹特别在意的这个人，是特混舰队司令哈尔西，他指挥着太平洋舰队所辖的全部航空母舰。

珍珠港事件时，哈尔西正好去为威克岛运送飞机，逃过一劫，一同得以逃生的还有"企业"号航母。本来哈尔西还会带走另外三艘战列舰，可是因为战列舰速度太慢，就临时决定把它们留在了珍珠港，结果一念之差，三艘战列舰全都入了鬼门关。

哈尔西绰号"蛮牛"，属于火上浇油的性格，谁要是惹了他，佛面上也敢刮你一层金子下来。得到珍珠港遭袭的消息后，他勃然大怒，立刻率领自己的舰队去找日本人单挑，可是找了一天也没找到，只得悻悻地返回港口。

战前"企业"号的舰桥，当时还没有安装雷达，舰桥前的防空炮罩着一层防水帆布

自此，哈尔西的口头禅就变成了"杀！杀！杀！杀死日本人"。在美国海军的高层指挥官中，他是最恨山本，张口闭口就要骂"山本是畜生"的人物之一。

开会的这天，哈尔西刚结束海上巡逻回港，上岸后便直奔会议室。"蛮牛"可没有尼米兹那么好的脾气，一见这么多人都反对出战，脾气马上又上来了，哗哗哗就是一顿骂，说你们这帮人全是失败主义，只会在家里扯些野狐禅，歪歪道，怎么奇袭就成功不了呢，我要率航母出战，肯定马到成功。

尼米兹本人不是飞行员出身，也从来没有指挥过航母，这是他遭到质疑的一个重要原因，众人虽不便道破，但心里多多少少都存着这么一个疙瘩。哈尔西不同，他是半个水手，半个飞行员，属于全才型的海军军人，而且作为美国最早的航母指挥官之一，哈尔西多年指挥航母，关键时候讲话很有分量。同时，他又肯亲自领先锋印出征，别人就算是想反对也找不出理由。

尼米兹和哈尔西其实早在海军学校时就是同窗，虽然哈尔西要比尼米兹高一届，但从那时起，他们就相识并成为朋友，这种关系一直维系到两人正式进入军界。

有一年在纽约参加国际会议，在宴会上两兄弟酒都喝高了，从旅馆出来时，一前一后，摇摇晃晃。

门口有个醉汉误把哈尔西当成了看门的，对他吆喝道："看门的，给我找部车。"

哈尔西白了他一眼："先生，请你放明白点，我是美国海军的将军。"

醉汉仍未清醒过来："哦，那更好，你就给我一条船吧！"

这个段子毫不意外地又编入了尼米兹的笑话集，只不过尼米兹将赋予其新意。他把哈尔西召到司令部，意味深长地说："现在，你有你的'船'了。"

1942年1月11日，哈尔西率两支航母编队秘密地向指定的目标接近，只留下两支航母编队负责保卫夏威夷。

恰在当天下午，护卫编队中的"萨拉托加"号被日军潜艇鱼雷击中了锅炉房，必须返回美国西海岸进行大修，几个月内都无法参战，至此，仅剩"列克星敦"号对夏威夷进行护卫，而"列克星敦"号还得额外担负攻击威克岛的任务。

从得到的空中情报来看，日军袭击珍珠港的6艘航母已经离开日本，假如它们再度向夏威夷袭来，情况将会非常危险。尼米兹顶着重重压力，始终未撤销袭击计划，但他实际上彻夜难眠，忧心忡忡。

哈尔西也并不如人们想象的那样气壮如牛。他当时已知道日军在马绍尔群岛做了设防，而且在过去的一次军事演习中，曾判定美国的攻袭计划为失败。

然而哈尔西又坚定地认为，美国海军必须打好这一仗。珍珠港事件后，太平洋舰队的士气一落千丈，由于唯恐日军再次来袭，从上到下都草木皆兵。太平洋舰队司令部曾下令哈尔西率特混舰队出击，理由是发现了日军潜艇，哈尔西披挂整齐后跑去一看，哪是什么潜艇，不过是普通的海洋生物而已。

类似的事情一再发生。有一次，哈尔西奉命前往夏威夷北部的海面进行搜索。海上观察员竟屡屡把白色浪花当成敌潜艇的潜望镜，把海豚报告成鱼雷，整个舰队被弄得胆战心惊，一路上的感觉都是"顶门不见了三魂，脚底下失了七魄"。

哈尔西实在没办法，只得亲自站到舰桥上进行观察。过了一会儿，又有一个年轻军官失声大叫："哎呀不好，我们的驱逐舰沉下去了！"

哈尔西就站在他旁边。其实什么都没沉下去，那不过是驱逐舰被波峰挡住了，该舰完全是在正常行驶。

哈尔西头上的火直冒了有十几丈高，他瞪着眼朝这个军官吼道："下次再说这种蠢话，我就把你扔进大海！"

假如失魂落魄的情绪不能得到改变，太平洋舰队将不战自败，在第一线指挥作战的哈尔西非常清楚这一点，所以他才会主动站出来，成为支持尼米兹的极少数将官之一。

奇袭过程果然充满了变数。先是奉命奔袭威克岛的"列克星敦"号因途中加油而意外耽搁，迫使尼米兹把珍珠港仅有的一艘油船派出为它加油，结果这艘油船又被日军潜艇击沉了。

袭击威克岛的计划只能取消，"列克星敦"号也灰心丧气地返回珍珠港。与此同时，随哈尔西出征的"约克城"编队同样碰到了需要加油的问题，一时无法前进。

派伊方案会不会因此失败，凝望着地图上哈尔西舰队的所指方向，尼米兹除了在心里默默祈祷外，已毫无其他办法。

日版珍珠港事件

哈尔西选择了勇往直前，他一边指挥"企业"号航母编队在萨摩亚外围巡航，一边等待加油的"约克城"号编队到来。

1942 年 1 月 24 日，"约克城"号终于与"企业"号会合，舰上载运的海军陆战队员开始登陆萨摩亚。

第二天，陆战队全部登上萨摩亚。哈尔西率两支航母编队向吉尔伯特、马绍尔进发，如同南云舰队偷袭珍珠港前一样，哈尔西舰队同样采取了无线电静默的方式，不过尼米兹仍能通过电台同他们保持联系。

尼米兹刚刚得到了一个好消息，美军侦察潜艇发现日军在马绍尔群岛设防是设防了，却不像原先担心的那样坚固完备。更主要的是，日军航母也不在那里，它们正支援日军在其他岛屿登陆。

杀人须见血，度人须度彻。在原先的奇袭计划中，袭击范围仅限于马绍尔群岛

"企业"号在进行飞机回收作业，一架 TBF 复仇者式鱼雷机即将被回收

东北部的珊瑚岛，尼米兹建议哈尔西，要趁此机会，渗透到群岛心脏里去，也就是直接攻击可能是当地日军司令部所在地的夸贾林岛。

1月31日拂晓，哈尔西舰队向马绍尔群岛发起攻击。在5个小时之内，"企业"号航母轮番出动飞机，连续扫射轰炸夸贾林锚地，把这次袭击变成了一次小小的"日版珍珠港事件"。

中午12点，空袭结束，美舰向航母靠拢，在太阳落山时，哈尔西舰队返回珍珠港。

此次奇袭行动，不仅有记者随舰采访，广播电台还进行了实况转播。南云舰队本来正在高速追击哈尔西舰队，听到广播，知道哈尔西把该干的都干完了，他们也就掉头返航，回家洗洗睡了。

根据飞行员报告，哈尔西估计自己共炸沉日军两艘潜艇、一艘轻巡洋舰、一艘轻型航空母舰，对岸上的破坏程度也很大，而美军付出的代价十分轻微。

这是珍珠港事件后，美方实施的首次海空反击战，美国新闻界、舆论界对此期盼已久，美国报纸称为"伟大的空袭"，并用头版头条进行报道，标题也十分振奋人心："为珍珠港报仇雪恨！"

珍珠港事件带给人们的挫败感，终于被"我们到底干起来了"代替。1942年2月5日，哈尔西舰队悬挂着代表获胜的满旗，喜气洋洋地返回珍珠港，并受到隆重欢迎。军舰靠近码头，还没等放下舷梯，尼米兹就坐着吊板登上军舰，握着哈尔西的手高呼："干得好！"

从内心深处，尼米兹可以说对哈尔西充满了感激。他空降太平洋舰队不久，正处于十分微妙的时候，先前袭击方案被那样七嘴八舌地讲究，就从一个侧面反映了这位当家人的窘境。现在好了，胜利足以打消人们对新任太平洋舰队司令的怀疑，他将在未来拥有更多的发挥空间。

欢迎仪式也很好地说明了这一点。曾经对奇袭行动持激烈反对态度的一位将领跟着尼米兹上舰，他用手指着哈尔西的脸开玩笑："该死的比尔（哈尔西全名比尔·哈尔西），这里没什么事，你回来干啥？"

哈尔西成为太平洋战争以来，美国人可以引以为傲的第一位海军英雄，记者将他团团围住。据说哈尔西生着一副外星人的长相，但他说话不像尼米兹那样四平八稳，讲到如何对付敌人时，语调像机关枪，既辛辣又有趣，因此马上就得到了记者的欢迎。

经过妙笔生花，哈尔西被成功打造成日本人的克星，一个传奇式的人物，报界誉之"哈尔西公牛"。

气是顺了，可这次奇袭的实际成效并不大。负责观察战果的美军飞行员缺乏经验，识别不出舰艇类型，日军没有一艘大型战舰、潜艇或者航母沉没，被击沉的其实只是一艘运输舰、两艘小型舰艇，另外飞行员对破坏程度的判断也不准确，岛上设施未受重大损伤。

哈尔西的奇袭并未能令日军放慢进攻步伐。此后，尼米兹又多次策划了袭击行动，但是与第一次一样，这些行动对日军的打击都很有限，几乎如同是隔靴搔痒。不久，连哈尔西本人也承认，袭击收效不大，一位参加袭击行动的军官说得更为直接："日本人对袭击毫不在乎。"

尼米兹本身就低调，又久无战绩，记者对他的兴趣越来越小，太平洋舰队再没能有一条消息登上报纸头条。倒是跑到澳大利亚的麦克阿瑟，尽管久无作为，仍能抢占风头，就凭那句"我将回去"就足以令美国人为之目眩神迷了。

记者不来耳边聒噪，对尼米兹来说，反而还是件值得庆幸的事，更大的压力来自军政界内部。

尼米兹新官上任时，许多人毫不吝惜地送来赞美之词，后来看到太平洋舰队似乎没有什么大的起色，情绪渐渐就不对了，失望之色已经显而易见地泛现在了他们脸上。

在尼米兹的上司中，只有金对尼米兹的袭击行动尚表满意，海军部长诺克斯自从就新闻采访发来电报以后，就再没同尼米兹通过信。这令尼米兹十分忐忑，他在给妻子的信中说出自己的担心："要是再能在太平洋舰队工作上 6 个月，我就是

休息中的"企业"号炮手

幸运的了。"

尼米兹当然也希望自己能够尽快出成果，可是条件不允许啊。金曾要求尼米兹把驻扎于美国西海岸的六艘战列舰调来参战，但这些战列舰过于老旧，又缺乏反潜和防空能力，根本不能独立作战，更无法适应打了就跑的奇袭战。

只有航母编队可以来去自如，却又面临着近袭无成果，远袭太冒险的尴尬。

尼米兹还想到用潜艇。他是美国海军知名的潜艇专家，若是用潜艇来攻击日本油船，切断日本到东印度群岛的石油运输线，日本的战争机器将很快停止运转。

可是美军潜艇部队的战绩同样令尼米兹大失所望。截至1942年4月底，尼米兹派出约50艘潜艇，所击沉的日军舰船寥寥无几，超过6000吨的只有4艘，而在同一时间，同样数量的德国潜艇游弋于大西洋，击沉盟军舰271艘，合计已达160万吨。

如此悬殊的差距，令美军的潜艇战颜面扫地，以至于尼米兹都羞于提及。

就在海军的袭击战陷入低谷的时候，陆军提出了一个袭击计划，他们的袭击目标有够远，也有够大：日本东京！

最危险的行动

袭击东京，最初其实是太平洋舰队提出来的，但尼米兹对此始终持有异议。他担心，空袭东京可能会招致日本报复，而太平洋舰队尚处于养精蓄锐的阶段，没有足够兵力去对付日军的攻势。

不过这一计划得到了金上将的支持和首肯，尼米兹也无力进行阻止。计划搁置的主要原因，是2月份时北部地区加油困难而推迟了，同时从技术上说，实施起来也有相当难度。

美国在太平洋上没有足以轰炸日本本土的空军基地，要说大的基地，也就是夏威夷了。可是要从夏威夷飞往日本本土，就连最远程的轰炸机都做不到。

用航母的舰载机空袭，是唯一可行的办法，但是舰载机的作战半径很小，非得航母驶近日本方可。这又带来一个难以解决的新问题，即航母过于靠近日本机场，进入了日军轰炸机的作战半径，等于自杀。

为了示威式地扔几枚炸弹，把不多的几艘航母都赔上去，这自然是一笔相当亏本的买卖。

尼米兹对空袭东京并不热情，能搁置就搁置。进入 3 月，加油的环节解决了，同时一直插不上手的陆军也对这一计划产生了兴趣，他们捡了旧瓶装新酒，拟出了一个更为保险的技术方案：用陆军的中远程轰炸机替代海军舰载机，这样既可以实施轰炸，又能确保航母的安全。

因为参战的陆基轰炸机型号为"B-25"，所以此项轰炸任务被命名为"B-25 工程"。具体负责人是杜立特尔中校，他本身就是一个非常优秀的飞行员，曾创下过一天内飞越美国本土的纪录。

接到任务后，杜立特尔从飞行员中精心挑选了 16 名志愿者，在空军基地进行秘密训练。

对于陆基轰炸机来说，航母的跑道实在太短，无法用于降落。"B-25 工程"的办法，是让 B-25 轰炸机做单程飞行，完事后到中国机场降落。

中国政府军当时的军事实力并不能保证机场安全，可以想见，这是一项即使轰炸成功，也未必能够生还的奇险任务。因此训练开始前，杜立特尔就开宗明义地告诉大家："这是你们将经历的最危险的一次行动。行动完全自愿，如果犹豫，现在可以退出，只是不向别人提及这件事就行。"

没有人犹豫，更没有人退出。

B-25 轰炸机全长达到 16 米，起飞重量 13 吨，相当于一个庞然大物，要让它在航母甲板上起飞，虽然具有理论上的可行性，但要做到也非常之难。

杜立特尔先让飞行员在一块较小的场地上练习起飞，以后这块场地越缩越小，缩到只有航母甲板那样大。经过一个月的紧张训练，所有飞行员都达到要求，能够

油画作品，画中飞机即为"大黄蜂"号上的 B-25，飞机下的两人是杜立特尔和哈尔西

做到以 100 公里的时速在航母甲板上起飞。

搭载 B-25 的是从大西洋调来的新航母"大黄蜂"号。由于已经搭载陆基轰炸机，"大黄蜂"号无法再用它原来的舰载机进行侦察巡逻，军方便让尼米兹再派一艘航母护航。

尼米兹尽管对空袭东京仍持保留态度，但他还是派出了手下的第一大将哈尔西，由哈尔西率"企业"号编队护送"大黄蜂"号前往日本海域，并直接指挥此次行动。

1942 年 4 月 14 日，"企业"号与"大黄蜂"号会合，组成特遣舰队。由于秘密尚未公开，"企业"号航母上的官兵看到"大黄蜂"号上满载着特大的陆基机，都感到很纳闷：这么大的家伙，既不能起飞，又不能降落，它们要去干什么？

"大黄蜂"号上早已揭秘。4 月 17 日，甲板人员对 B-25 做了最后检查，他们用起货机装上炸弹，然后用粉笔在飞机上写下："我不想让整个世界燃烧起来，只想让东京着火罢了。"

4 月 18 日，哈尔西向"企业"号的全体人员宣布："我们此行的目的，就是要将匕首插向日本帝国的心脏——东京！"

将士这才明白过来，顿时上下欢声雷动。

接着，哈尔西又把杜立特尔叫到身边，将一枚纪念章交给对方。这是哈尔西以前随舰访问日本时，日本政府赠予之物，上面刻着"日美亲善"几个字。

美国和日本确实有过关系亲近的时候，美国曾提供这个蕞尔岛国以石油、钢铁等必要资源，然而一碗米能养个恩人，一斗米养出来的，却是个仇人，现在珍珠港都被你们炸了，还亲善，见你们的大头鬼吧！

哈尔西嘱咐杜立特尔："把这东西从东京上空扔还给日本佬！"

特遣舰队士气高涨，众志成城，但就在这天凌晨，他们被一艘渔船发现了。

这不是一艘普通的渔船，乃是日本海军征用的武装渔船，名叫"日东丸"。船长立刻用明码向东京发电："他们来了，三艘美国航母！"

凌晨 6 点，山本五十六收到了这份电报。他马上做出判断："美国航母的目标一定是东京。"

机深祸亦深

在偷袭珍珠港成功之后，日军通过疯狂进攻，陆续占领或控制了东南亚及西南太平洋，以至于中途岛以西的岛屿和海域全都成了日本的"内陆"和"领海"。

速度太快了，快到猪八戒吃人参果，还不知道什么滋味，那果子就咕嘟一声落了肚。裕仁之前在对美宣战的问题上哆哆嗦嗦，迟迟不敢决断，这个时候也喜形于色，他情不自禁地对木户内大臣说："卿随朕去祖庙，朕要告慰列祖列宗在天之灵。"

裕仁还让木户传诏首相东条英机，"放手进行圣战"，不用再有所顾忌。

东条忘乎所以，真的以为自己成了足以比肩罗斯福、丘吉尔的国际巨头。他整天不是模仿希特勒，坐着辆敞篷车，扬扬得意地视察各地，就是在首相官邸里举行宴会，与外宾一起畅想着所谓"大东亚共荣圈"的建立。

从上至下，日本举国欢腾，海陆军乐得都快飘起来了，全都陷在梦境中不得自拔。战将之中，只有一个人还保持着警醒，这个人就是山本。

山本此时在日本的声誉已达到其个人军事生涯的顶峰，被称为"日本战神"，他的联合舰队则是"无敌舰队"，但山本认为这些都是过誉之词，光吹不能解决现实问题。

现实是，对美作战将会越来越难。山本曾对着美国军方的一份资料愣了半天，那是对珍珠港事件损失的统计，与美国政府最初公布的，为稳定人心而掺了水分的报告不同，这里面的所有数字都未加任何掩饰。

损失这么惨重，还有勇气实话实说，这是何等可怕的对手。山本狠狠地在办公桌上捶了一拳，大声叫道："了不得！"

对于偷袭珍珠港成功，山本也并不感到特别得意，他认为不够光明正大，有违武士道德。据说一直到死，他都为此感到苦恼。

冒着不光彩的代价去做这样一件违心的事，山本只有一个目的，即在对美开战之初，缩小双方兵力的悬殊差距。最终，这个目的并没能完全达到，三艘航母奇迹般逃脱了，靠着这三艘航母，太平洋舰队就有了活过来的可能。

太平洋舰队活过来后，会怎样呢？一定会反击。具有欧美考察经历的山本太了解美国人了，他们看上去大大咧咧，但骨子里都极其勇敢好胜，如果你一棒敲不死他们，那么等不到你来第二下，他们的大棒就一定会反抢过来。

更何况，山本深知美国工业能力之强大，那是一个今天想要什么电器，明天就能造出来的国家，它可以持续不停地为太平洋舰队输血，直至这支舰队完全满血复活，甚至大大超出原有的能量和体量。

反过来，日本却没有这样的条件，战争若继续进行下去，联合舰队很可能会变得越来越弱。

山本如此论述双方的实力对比："英国和美国可能低估了日本，但从他们的观点来看，就好像自己喂养的狗咬了自己的手一样。"

量大福也大，机深祸亦深。尽管日本在战争初期靠耍心机占了便宜，可是如果战争持久下去，日本是注定打不赢的，到那时，祸不远矣。早在偷袭珍珠港之前，山本就看到了这一点，他曾说过："如果要我去进行不计后果的战争，我可以在头半年或一年之内横行于天下，但对第二年和第三年的战争，我则全然没有信心了。"

在山本的内心深处，他并不想把对美战争继续下去，如果能借助于太平洋战争初期的胜利，逼迫美国和谈，是再好不过的事。

然而这可能吗？根本不可能。日本人普遍的性格是，在他得势的时候，绝对想不到要欠欠身子，弯弯腰。天皇都说要"放手进行圣战"，这种情况下，你说东条肯罢手，还是其他高官肯软下来？

在珍珠港遭到偷袭前，一名日军飞行员拍摄的地面情况，照片显示港内舰艇云集，但几分钟后即成为一片火海

死知府不如一只活老鼠，在东京高层的眼里，美国就是那个"死知府"，除了山本，没人愿意去与"死知府"谈判——谈什么谈，打就是了！

高官的能力和见识，让山本十分担忧，觉得这些人讲起话来，"就好像战争的结局已经定了似的"。

战争非但没有结束，还刚刚开始。就像对美开战之前那样，在发现"和"的想法落空后，山本马上转入"战"，并且思虑得比一般人更为缜密和全面。

在遥远的西南太平洋上指挥作战时，山本常常会一边凭舰眺望东京，一边不停叹气。幕僚见他郁郁寡欢，便问他是不是身体不舒服。

山本答非所问地自语道："上野公园的樱花开了吗？我真想去赏樱花。长期在海上颠簸的人，对陆地都有一种特殊的感情，更别说那么美的樱花，可惜了啊。"

上野公园是日本东京最大的公园，鲁迅在他的散文名篇《藤野先生》中曾如此记述："上野的樱花烂熳的时节，望去确也像绯红的轻云。"

如"绯红的轻云"一般的樱花，显然已经引起了山本的思乡之情。他情不自禁地念起了一首樱花诗："万里长空白云起，美丽芬芳任风飘。"念着，念着，这位显赫人物连眼角都湿润了。

不了解山本内心的，以为他只是思乡，懂他的，才会知道他还心忧。

珍珠港事件发生后，山本最担心就是"睚眦必报"的美国人对日本本土进行空袭，尤其是东京的防空问题，更是成为山本的一块心病。

东京与别的地方不同，天皇就住在这里。昭和时代的日本军人，也许在执行过程中会对天皇的命令阳奉阴违，但大部分人在骨子里都对天皇有一种宗教式的愚忠，他们绝不能容忍天皇的安全受到威胁。

不管置身何处，山本都会过问一下东京的天气情况。东京要是下雨，那这一天他的脸上就是相反天气，万一天空晴朗，他便会坐立不安，浑身冒汗，因为天晴就意味着为美军空袭东京提供了条件。

尼米兹派哈尔西对太平洋上的日军基地实施一系列空袭，尽管都成果不大，但进一步加深了山本的这层忧虑。他在日本本土东岸组织了严密的海上警戒线，日夜进行警戒和巡逻。

早在 4 月 17 日那天晚上，哈尔西就通过雷达发现了日军海上警戒线最外层的哨艇，他马上改变舰队航向，未暴露目标。

可是到了第二天，特遣舰队终究还是没能逃过武装渔船"日东丸"号的视线，哈尔西最为担心的事情发生了。

大胆变招

只知路上说话，不知草里有人，"日东丸"号的探报除了山本有一份外，特遣舰队手里也有一份——"日东丸"号使用的是明码电报，被特遣舰队成功截收了。

哈尔西十分恼火，立即下令前卫巡洋舰开火，将"日东丸"号予以击沉。小渔船哪是巡洋舰的对手，"日东丸"号被打得一佛出世，二佛生天，嘴里冒着泡便咕噜咕噜地沉入了海底。

那边山本还让"日东丸"号继续报告美舰的具体数字。当值班参谋试图再联系时，"日东丸"号的无线电已经中断。

山本知道美军已经动手，他也赶紧采取紧急措施，调兵遣将，准备趁此机会将特遣舰队予以全歼。

特遣舰队可以截收日军的电令，上面载明了山本的兵力部署：日本海军中最强大的南云舰队就在日本海域附近，仅这一舰队，就有 5 艘航母，除此之外，周围的其他舰队也正合拢包抄过来。

按照哈尔西的想法，特遣舰队应该是越接近日本东海岸越好，这样飞行员相对才会更安全，但现在已经顾不上了。

1942 年 4 月 18 日，上午 8 点，哈尔西签署命令，放飞轰炸机。

提早起飞，意味着比预定航程多出 200 海里，纵使机群能到达日本上空，空袭也只能在白天进行。同时由于敌人已得到预警，在没有一架战斗机护航的情况下，轰炸机很可能在到达东京之前，就被日军战斗机击落，飞行员安全返航的机会几乎不存在了。

杜立特尔向机组人员说明了提前起飞的原因，他迎着狂风，大声地说："弟兄们，死神将会在前面迎接我们，有谁害怕吗？我们的替补飞行员愿意出 100 美元替换他！"

甲板上鸦雀无声，但是，随即便响起一迭声的呼喊："快去东京揍这帮无赖！别说 100 美元，给 1000 美元我也不换，让那哥们儿留着钱回夏威夷逛夜总会去吧。"

杜立特尔满意地笑了笑，随即下令："伙计们，登机！"

"大黄蜂"号上的电警笛拉响了，从扬声器里传出急促刺耳的声音："飞行员上机！飞行员上机！"

杜立特尔第一个起飞。尽管他们已经训练有素，但起飞仍相当困难，当天上午，风在怒吼，海在咆哮，航母甲板猛烈摇晃，就像是一块剧烈起伏的跷跷板。甲板人员全都动员起来，帮助杜立特尔升空。

就在舰首抬起的一刹那，杜立特尔的轰炸机终于如升降机一样腾空而起。在他后面，其他轰炸机也一架接一架地飞离航母。

上午 9 点 20 分，16 架 B-25 全部离舰而去，哈尔西率领舰队掉转航向，全速返航。

为了节约油料和便于隐蔽，B-25 机群采用了超低空慢速飞行的方式。这本来是非常危险的，很容易遭到地面炮火的射击，但令人奇怪的是，在进入日本领空后，下面的那些日本人不仅没有敌意，还直朝飞机挥手欢呼。

哈尔西的大胆变招，打了山本一个措手不及。山本并不知道美军航母上所载运的，竟是航程很长的陆基轰炸机，当 B-25 机群起飞时，特遣舰队距离日本东海岸尚远，所以他所布置的警戒线只对外面警戒，里面是宽松的。正好 B-25 机身上所涂的仍然是老式星徽，图案上有一颗白星和一只红球，远看去跟膏药旗差不多，日本人就错当成自家飞机了。

途中，B-25 机群还遭遇了两批日军战斗机，两者之间一低一高，上下只相差 500 米，但日机也没能发现他们。

中午，B-25 机群到达东京湾。杜立特尔首先撞到奇遇，他在东京

空袭东京行动最著名的一张照片：杜立特尔第一个驾机升空

上空与一架日机擦肩而过，事后才知道那竟然就是日本首相东条英机的座机！

东条的秘书开始觉得旁边的"日机"有点怪，当近到能看清飞行员的脸时，他才惊觉这是美国飞机，不用说，当时魂都吓飞了。

杜立特尔并没有对东条的座机太过在意，他当时在意的，是机上所能收听到的日本无线广播。起初，广播里正用英语播讲着东京其乐融融的生活，以及防空方面的万无一失："这是一片美丽而幽静的土地，到处盛开着鲜花……"

就在这时，广播突然终止，再听时，播音员已经在慌慌张张地讲着日语。显然，日方可能发现了异样。杜立特尔暗想，东京恐怕不会再是一块安全的乐土了。

东京人还在吃着午饭，没人关心广播，而且机群特别走运：上午东京举行防空警报演习，专门施放了银色气球，用于堵塞低空飞行的飞机，此时演习已结束，气球被取下来了。

杜立特尔向空袭目标扔下了第一枚高爆炸弹，随着 B-25 轰炸机上的投弹指示灯红光闪烁，一枚枚炸弹呼啸着直坠而下，"到处盛开着鲜花的圣土"顿时笼罩在一片火光和硝烟之中。

来自"香格里拉"的突袭

当第一批轰炸机掠过东京上空时，路上的行人还以为日本航空兵在做逼真的防空演习，他们不约而同地向头顶望去，挥动着手，等到周围浓烟滚滚，才猛然发现，原来这是真正的空袭。那种惊悚的感觉，完全可以被形容为：分开八块顶梁骨，倾下半桶冰雪来！

美军空袭目标主要是炼钢厂、造船厂等军事建筑，天皇皇宫不在其内。这是因为美军意识到，如果轰炸了天皇皇宫，日本人一定也会急眼，并不顾一切地在战场上搏命到底。

一名飞行员向炼钢厂俯冲投弹，投完弹，他向身后望去，看到了一幅他永远不会忘掉的图景：中弹的炼钢厂好像散了架的围墙一样，訇然倒地，落在一团黑色与红色的云团里。

日军的反击也算迅速。地面人员一边拉响警报，一边用高射炮进行射击，炮火非常猛烈，但 B-25 机组人员凭着高超的驾驶技术，左闪右避，没有一人中招。

东京空袭时，山本正忙于调动海军舰船去围击特遣舰队，航母上的日军舰载机已待命起飞，但即便飞到航程尽头，也没能找到特遣舰队的踪影。

山本于是做出判断，特遣舰队知道自己被发现，已经放弃攻击撤走了。这倒也好，眼不见为净嘛，彼此可以相安了。

可是到下午一点，他接到了一个新的报告："东京遭到空袭！" B-25 机群不仅空袭了东京，还轰炸了名古屋、大阪、神户等其他城市。这些报告一个接一个地送到山本案前，把他弄得不知所措，阵脚大乱，被紧急派出的日军战斗机也稀里糊涂，搞不清楚袭击究竟来自哪个方向，又该到哪座城市的上空截击——是东京，还是名古屋、大阪、神户？

完成空袭任务后，趁着一片混乱，B-25 机群向东飞往中国海，日军战斗机想追也追不上了。

共有 80 名美军飞行员参与了 "B-25 工程"，他们中的绝大多数人在中国军民的救助下得以生还，以后陆续返回美国。担任指挥官的杜立特尔被国会授予勋章，随后又越级由中校晋升为准将。

尽管东京空袭给日本造成的破坏远不及珍珠港事件，但大大振奋了美国乃至盟国的军心士气。大家都好奇，东京上空戒备森严，连只麻雀都不能轻易飞进去，16 架 B-25 是怎样闯入禁区并大快朵颐的呢？

记者拿这个问题问罗斯福，罗斯福故作神秘："哦，那是来自'香格里拉'的突袭。"

"香格里拉"的用语源自一部美国小说，意为仙境。幽默的总统运用穿越和玄幻概念，巧妙地诠释了这次成功的海空突袭行动。

面对本土遭到的历史上第一次空袭，

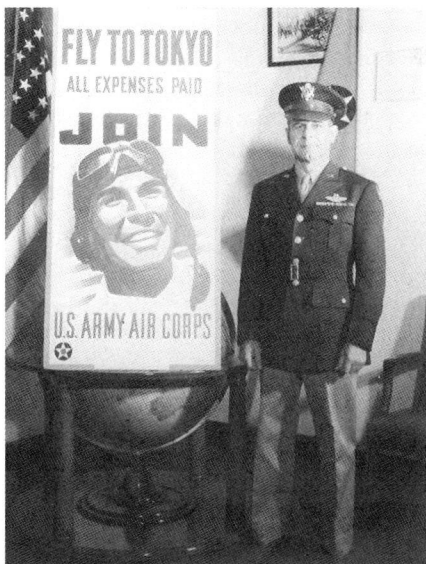

杜立特尔

日本军方表面竭力装出一副无所谓的样子。在英文单词中，空袭指挥官杜立特尔的名字与"成效甚微"发音相同，他们便讥笑东京空袭"成就甚微"，甚至是"一无所成"。

可实际上，日本人的小心脏都快给震碎了。日本海军军令部总长永野修身满脸都是汗水，一个劲儿地绕着会议桌转圈，嘴里不停地嘟囔着："这怎么能行，这怎么能行？"

相比之下，被奉为"日本战神"的山本还算是镇定，他以轻松的口气评价说："这算不上什么真正的空袭，对东京人来说，不过是一次有利于提高警惕的防空演习而已。"

不过山本同样也感到非常窝囊："空袭一事，给人一种感觉，好像一个自鸣得意、飘飘然的人，突然上了别人的当。更令人感到遗憾的是，我们竟连一架敌机也没有击落，实在有失国体。"

人便如此如此，天理不然不然，惯于偷袭的日本人如今也遭报应了，东京空袭让他们完全失去了安全感。在浑身打过冷战之后，他们知道美国一旦开了头，就绝不会草率结束，那些 B-25 轰炸机还会再来，让包括东京在内的整个日本本土陷入噩梦之中。

空袭结束后，日本内阁马上举行会议，惩办了负责本土防空的有关人员。海陆军也增强了对本国的防御力量，原拟飞赴中国的 4 个陆军战斗机大队被留在国内，海军也将两艘大型航母及大批舰船部署于日本海附近，随时防备美军航母突袭。

山本觉得这些还远远不够，按照他的设想，"一次拙劣的攻击，胜过巧妙的防御"，以攻为守，才是上上之法。

在进攻方面，日军内部一直有"东进""南进"之争，自爪哇海大战结束，进占东印度群岛后，日本海军省、军令部更倾向于"澳大利亚第一"，很多人主张继续南下，占领澳洲。

海军说得轻松，真正吃苦受累的却是陆军。澳洲有老麦坐镇，他指挥下的澳军虽说暂无能力反攻菲律宾，但保卫澳大利亚的实力还是有的，登陆战必然难打，因此陆军参谋本部不同意直接攻占澳洲，认为有这把力气，还不如先切断美澳海上交通线再说。

军令部总长永野把海陆军的观点汇总起来，制订了以切断美澳交通线，孤立澳大利亚为目的的珊瑚海海战计划。

山本却是东进派，他力主先向东进攻，占领中途岛。

中途岛是中太平洋上的一座珊瑚岛，因地处太平洋航路的中途，故有此名。它的面积非常小，但战略地位极其重要，是夏威夷群岛的西北门户和前哨阵地。

在山本的"Z"计划中，原本就有袭击中途岛的内容。当初南云舰队从珍珠港返回，山本发来命令，说如果情况允许，你一定要空袭中途岛，力争将其摧毁到不能再用的程度。

谁知南云对这道电令并不买账，他以天气不好为由拒绝执行，并且还颇为气愤地说："岂有此理，这就像是赢了相扑比赛，还要在凯旋途中再买棵大萝卜带回来一样。"

强兵也压主，南云急着回家抱冠军奖杯，哪有闲心再去做别的事，在他看来，山本纯粹是脂油蒙了心，把他当苦力的干活了。

"大萝卜"那时候不买，现在已经升值，得花大价钱，但是在山本看来，花大价钱也值得一干。

山本的这一主张遭到了军令部大多数人的反对，连南云都不认同，计划被一再拖延。

东京空袭令这场论战发生了根本性转折。自从罗斯福说出"香格里拉"后，日本海陆军的高级幕僚就在各种地图上量来度去，猜测它究竟是哪里。

在不了解美国"航母上起飞B-25"的前提下，众人只能认为飞机是从一个陆上基地起飞的。作为选项的基地共有两个。一是阿留申群岛，那座群岛荒无人烟，不太可能。另一个即是中途岛。

中途岛是最接近东京的美军据点，日本人据此做出结论，认为中途岛就是传说中的"香格里拉"。

空袭东京行动前，人们为 B-25 准备备用的油料桶

这无疑给中途岛计划提供了重要的理论依据。山本于是再次力陈，认为必须毫不迟延地把防御圈向东推进到中途岛，而且动作要快，谁先下米，谁先吃饭，这样才能最大限度确保本土安全。

军令部的大佬也被空袭吓怕了，他们感到，来自东面的威胁才是当务之急，"东进"确有必要。

不过"南进"也舍不得丢，于是永野做主，将二者合并打包成了一个齐头并进的方案，即"南进"照旧，"东进"也不耽误，珊瑚海海战、中途岛海战全都一步不落地往前推。

日本人把摊子摊得过大，酒席多到即便多生出两张嘴来也吃不完，而这种急攻冒进的打法，正合尼米兹之意。

第六章

当着矮人不说矮话

执掌太平洋舰队以来，尼米兹始终采取"攻势防御"战术，在不显山不露水的背后，他实际正努力寻找着对手身上的种种破绽。

战争也是一个扩大了的拳击赛场，如果对方拳击手站着动都不动，你很难发现他的命门所在，但只要他动一动手，出一出拳，挪一挪步，那事情就好办了。

战争当然又不是真的拳击场，大家不可能面对面，要察知对方的动向，必须从情报着手。

尼米兹上任不久，便视察了夏威夷情报站。在情报站负责人罗彻福特少校的带领下，他走进了军区大楼的地下室。

这里陈设简陋，但设备非常先进，IBM 公司的计算机 24 小时昼夜运转，发出咔嗒咔嗒的响声。

夏威夷情报站专门负责破译日本海军的作战密码，IBM 计算机所要做的，就是破译所截获的各种密码。当然机器再好，也离不开人的辅助，情报站集结了一批世界上技术最高的破译专家，罗彻福特就是其中之一，他破译密码的水平非常厉害，甚至能打开他不知道暗码的保险柜，就像有特异功能一样，因此人称"魔术师"。

视察过程中，尼米兹表现得兴致勃勃，还不时问一些问题，但其实他内心里对这个情报站并不十分认可。

你说你的计算机有多么高级，专家有多么高明，那为什么珍珠港事件之前你们没有提供出一点线索呢？

这个疑问最后由莱顿少校解开了。

先找藤，再摸瓜

莱顿是太平洋舰队司令部的收报人兼情报官，情报站会把破译出来的电报交给他处理。他向尼米兹解释说，发生珍珠港事件并不是因为情报站的工作效率不高，而是日本人太滑头了。

当时日本海军使用了尚未被破译的密码，而在情报站已破译的电报中，又根本没有提到过偷袭行动。到了袭击前几个星期，联合舰队更是采取了无线电静默的方式，就算偶尔截获到电报，也全是假的。

尼米兹恍然大悟，所有疑惑烟消云散，以后他凡是遇到难解之谜，第一个想到的就是夏威夷情报站。

直接与情报站联系的是莱顿。莱顿起初很紧张，因为在珍珠港事件之前，他未能向金梅尔提出预警，更没搞清楚南云舰队在哪里，这几乎是不可饶恕的失误。

莱顿认为自己会第一个被尼米兹炒鱿鱼，其他人也都这么想。未料到，尼米兹却力排众议，把莱顿留了下来。莱顿遂成为整个二战中，除尼米兹外，唯一自始至终在太平洋舰队司令部工作的军官。

尼米兹留用莱顿是有道理的。莱顿曾和罗彻福特一起，被海军送到日本去学习日语和当地的风俗习惯。他对日本人心理状态的深刻了解，以及对日本海军部署及动向的把握，都给尼米兹留下了深刻印象。

尼米兹把莱顿作为重要幕僚使用，经常鼓励他站在永野、山本那样的立场，以一个发号施令的日本人视角去思考问题，这样尼米兹可以更好地知道如何去捉摸和打败对方。

抓住关键后，一切变得水到渠成。

在罗彻福特亲自把控下，夏威夷情报站24小时对日本军方的无线电进行监听和破译。到1942年春，情报人员的技术越加精湛，他们仅仅根据报务员发报速度的快慢，指法的轻重，就能迅速辨别出究竟是谁在发报。比如，南云的旗舰"赤城"号航母，其报务员的指法就很重，听起来就好像是坐在电键上蹦跶一样，听到这样的信号，情报站马上就能确定"赤城"号在哪里。

至1942年3月1日，罗彻福特已掌握了大多数日军舰船的位置，误差不超过三四百海里。他每天将相关内容转送给莱顿进行处理，为了对情报进行分析，还要每天用保密电话与莱顿通话。

莱顿与罗彻福特的配合非常默契高效，但有一点罗彻福特始终不解，那就是莱顿有时会在他提供的数字上加码。比如，罗彻福特说有 4 艘日军航母在活动，莱顿上报时，就说有 6 艘。

明明 4 艘，你偏说 6 艘，凭空多出 2 艘能换糖吃？罗彻福特对此很生气。

其实莱顿这么做有他的道理。当时作战军官普遍认为情报人员喜欢无事惊慌，夸大敌情，尼米兹的幕僚也有这个心理定式，他们总爱把莱顿报告的数字减掉 1/3。

莱顿掌握了这个规律，他知道他多报的 2 艘一定会作为水分被砍掉，最后剩下来的还是 4 艘，正好与原来的数字相同。

与此同时，密码破译也出现曙光。日本海军的最新密码为 JN25 密码体系，该体系包括三种数码，每一种数码都有超过 4 万个数字，分别代表不同的含义，发报时，报务员会随意选用并加入电文，如果你不知晓其中诀窍和关节，几乎就跟阅读天书一般。

要破解如此复杂晦涩的密码体系，必须先找藤，再摸瓜。

早在 1942 年 1 月，日本海军曾派出"伊 -124"号潜艇，到靠近澳大利亚的海域布设水雷。返航途中，"伊 -124"号与一艘美军驱逐舰及三艘澳大利亚猎潜舰遭遇。经过一番激战，它被击沉海底。

尼米兹随后秘密调来一艘潜水母舰，并派技术熟练的潜水员潜入海底，经过两昼夜的紧张作业，终将"伊 -124"号打捞出水。

在"伊 -124"号的指挥室和电报间里，美军找到了他们梦寐以求的东西——战略密码本和技术密码本。

二战时期的日军潜艇

尼米兹以这两套密码为本，以"魔术师"罗彻福特为首，迅速建立了一个由 24 名顶级专家组成的密码破译特别小队，这个小队后来被称为"魔术队"。到 1942 年 3 月至 4 月，"魔术队"取得重大突破，在截获的密电中，每隔三四个数码组，他们就能成功地破译出一组，而每破译一组，又使下一组的破译容易了许多。

沿着藤，终于摸到了瓜。4 月中旬，根据"魔术队"破译的密电，日军一支运输舰队在航母编队的护航下，将很快进入珊瑚海，此次进攻战命名为"MO 行动计划"，正是日本海军作战计划中的"南进"部分。

尼米兹判断，日军的主要目标是拿下珊瑚海的莫尔斯比港基地。因为莫尔斯比港是新几内亚南部的最大军港，美军飞机可以从这个基地起飞，直接对日军的南进行动形成威胁。

新几内亚是麦克阿瑟指挥的作战地域。麦克阿瑟对莫尔斯比港也很重视，他正计划把这一港口建成重要军事基地，既可用来阻止日军进攻澳大利亚，又能作为他重返菲律宾的起始点。

不过麦克阿瑟现在困难很大，他手中只有 200 架陆上飞机，飞行员都是陆战出身，没有经过海上作战以及识别军舰的必要训练。如果想要挡住日军，就必须使用航母上的舰载机。

这样，任务就落到了尼米兹和太平洋舰队身上。

"魔术队"提供的情报报告，不仅透露出日军"南进"的主攻方向，还包括日军舰队的数量、编号以及出发的准确日期。

经过多少天忍耐，如今终于找到并抓住了对手的破绽，尼米兹一向举止稳重、处变不惊，但这时也显露出兴奋的神色。

唯一的担心，就是会不会上当。

日本人是使诈使惯的。如果永野、山本的真正目的是打夏威夷、西海岸怎么办？偷袭珍珠港前，他们可是玩了不少这种把戏，要是这些电报仍是假电报，岂非空欢喜一场。

抱着宁信其有，不信其无的态度，尼米兹下令整个太平洋舰队进入一级戒备状态，并提前向珊瑚海调集了一切可调集的兵力。

尼米兹的首选之将，毫无疑问还是哈尔西，但哈尔西尚在从东京返航的途中，尼米兹便先派弗莱彻少将率队进驻珊瑚海。

航母早已成为海战的主角。太平洋舰队的编制里有 5 艘航母，"萨拉托加"号仍在美国西海岸进行整修，"企业"号、"大黄蜂"号因空袭东京尚未返回，只有"列克星敦"号和"约克城"号随弗莱彻去了珊瑚海。

1942年4月25日，哈尔西舰队返回珍珠港。经过5天的物资油料补充，他又奉命赶往珊瑚海。

对于尼米兹来说，这是一个带有一定风险性的决定。要是山本虚晃一枪，再朝夏威夷和珍珠港杀来怎么办？

金子掉在井里头

尼米兹得到了莱顿的保证："还未发现舰船驶往夏威夷。"

不过在哈尔西走之前，尼米兹还是特地关照他，一俟珊瑚海的局势稳定下来，美军的全部航母和护卫舰必须马不停蹄地赶回珍珠港，以应付日军可能发起的袭击。

哈尔西舰队最终没能赶上海战。在珊瑚海重整以待的美国海军，除两支航母编队外，还有麦克阿瑟小舰队的增援部队，后者由盟国海军组成，所有这些海上兵力合并为第十七特混舰队，由弗莱彻担任总指挥。

按照日本海军军令部的计划，本来3月就要占领莫尔斯比港了，但因为尼米兹派"约克城"号编队进至西南太平洋，他们不得已将作战计划推迟到5月初实施。

兵力也进行了增强，最初出战的仅为井上成美率领的第四舰队，山本另从南云部队中抽调高木舰队增援。合并之后又拆分为两支编队，其中后藤编队负责直接掩护两栖部队登陆，高木编队负责海上的机动作战，任务就是跟美国海军干仗。

1942年5月3日，日军占领了所罗门群岛东南端的图拉吉岛，并在岛上建立了海上飞机的起飞基地，井上准备以此为前进基地，进一步夺取莫尔斯比港。

所有过程似乎都是那么顺利，直到一架美军侦察机到达附近。

飞行员看到图拉吉港集结着日军舰船，当即呼叫航母，并用无线电报告。

由于与航母距离较远，这名飞行员使用了大功率远程发射机，这很可能被日军发现并将其击落，所幸图拉吉港上空有着终日不散的浓厚积云，飞机以此做掩护，像个隐身人一样，日军根本就没看到。

当天黄昏，侦察机返回航母，向上司做了详细报告。在此之前，弗莱彻虽然知道日军要占领莫尔斯比港，但并不知道日本的入侵舰队要在哪里集结。

受命珊瑚海之前，弗莱彻曾受到过好几次打击。第一次是按照派伊的指令，前去援救威克岛。那是一次失败的援救行动，事后人们把失败普遍归咎于派伊及弗莱彻的优柔寡断。

此后，弗莱彻又参与指挥袭击马绍尔群岛的战役，不过运气仍然不佳，他的编队在与哈尔西编队分开后，接连遇到暴风雨，编队两次被冲散，有6架鱼雷机在暴风雨中坠毁，机上人员无一幸存，与此同时，弗莱彻也没能取得什么像样的战果。

有了这样不算出色的成绩单，尼米兹对派弗莱彻上阵并不是特别放心，而且从将领的既往立场来看，弗莱彻与哈尔西形成极大反差，他被认定为一个"失败主义者和悲观主义者"。

弗莱彻指挥作战，也不像哈尔西那样勇猛，比如同样是去袭击敌人，哈尔西的脑子里可能全是如何杀敌，弗莱彻则要谨小慎微得多，他会先补充给养，给舰队加足油，再考虑向敌人发起进攻，以勇将的标准来看，确实有些缩手缩脚。

如果可以，让哈尔西任总指挥是最合适的，可是从珍珠港到珊瑚海有3500海里的航程，早在哈尔西出发时，尼米兹就已经意识到他可能赶不上作战，那么也只有让弗莱彻试试了。

都是大将，都不想被看成替补角色，弗莱彻当然觉得憋气。不过金子掉在井里头，是你的总是你的，这位参加过一战的老将终于有了证明自己的机会。得报后，他不动声色，让特混舰队继续按原航向正常航行。

当最后一线微弱的暮光消失，弗莱彻马上下令"约克城"号编队改变航向，以夜色为掩护，高速驶往瓜达尔卡纳尔岛（简称瓜岛）。

这时由菲奇少将率领的"列克星敦"号编队正在海上加油。弗莱

"约克城"号上的机枪手，可以看到船员还戴着旧式的英式钢盔，所使用的水冷式高射机枪防空效果并不好，而且这些机枪位置也没有任何防护

彻严格遵守无线电静默的规定，只派出一艘驱逐舰去和菲奇联系，以便商量第二天会合的地点。

1942 年 5 月 4 日拂晓，"约克城"号航母到达瓜岛的西南海面。珊瑚海一带有日军的水上侦察机值勤，但阴霾天气像一扇厚厚的屏风，阻挡了日机的视线。

从早晨 6 点 15 分起，40 架舰载机分两次对图拉吉岛进行空袭。日军没有料到美军会发动突袭，高炮炮位上也没有人，当听到第一架俯冲轰炸机刺耳的尖叫声时，他们才如梦初醒。

轰炸机把港口搅得一塌糊涂，到处是浓烟、水柱和碎片，巨大的爆炸声甚至把飞机的引擎声都遮住了。

声势大，却并不一定说明实效高。美军俯冲轰炸机和鱼雷机一高一低，协同明显不够，此外，飞行员从 17000 英尺的冷空向下俯冲，当俯冲到潮湿的低空时，挡风玻璃或瞄准镜上结了一层雾气，导致目标看不太清楚，准头也就差了许多。

最后取得的战果是，美军共击沉 1 艘驱逐舰、1 艘布雷艇和 1 条运兵船，另有 5 架日军水上飞机被击伤。

弗莱彻随后用电报向尼米兹报告，在电报末尾，弗莱彻说出了心里话："真痛快！"

根据"魔术队"所破译的其他日军电文，井上这次的时间表安排得很紧，他必须在 5 月 10 日前完成珊瑚海作战，然后调出两艘航母给联合舰队，以便山本出兵中途岛。

接到电报后，尼米兹异常兴奋，因为这一方面证明"魔术队"的情报准确无误，日军在太平洋的下一个目标，不是珍珠港，而更可能是中途岛；另一方面，弗莱彻发起的空袭，将有助于推迟山本对中途岛的攻势。

现在尼米兹需要观察战局的进一步发展。作战室的幕僚用描纸图标注出弗莱彻的位置和航线，以后每天子夜换一张。

尽管办公室里电话不断，尼米兹仍不时离开办公室，到作战室查看情况。

他知道，珊瑚海海战的大幕刚刚拉开，鹿死谁手还是个未知数，弗莱彻及特混舰队的命运究竟如何，依然要为之捏上一把汗。

此后的状况，不仅让大家的手心里全是汗，还一度急得差点要去集体撞墙。

黑夜里捉迷藏

1942年5月4日这一天，双方都有航空母舰需要加油。弗莱彻这边是菲奇编队，井上那边是高木编队，两支航母编队都缺席了当天的作战。

在图拉吉港遭到空袭后，高木编队因为离得太远，不能及时提供支援，井上只得将登陆部队暂时撤走，只留一支小型部队守岛。而后，后藤编队赶到，但这时美军特混舰队已经消失得无影无踪。

得悉大批美军舰队出现在珊瑚海，高木立即发出命令："出发，准备战斗！"

因为在爪哇海战中大败盟国海军，高木一跃成为日本海军界的一线明星，其声誉和威望仅次于依靠偷袭珍珠港而成名的南云。名气涨，脾气就涨，高木和南云一样，如今都拥有了一个特点，即急于求胜，骄悍轻敌，不管山本安排什么活，都是一副不耐烦的表情：反正是一箭就中靶的事，用得着婆婆妈妈，怕这怕那吗？

高木编队破浪南下，开入珊瑚海后便到处寻找特混舰队，与此同时，弗莱彻也在侦察高木编队的位置。对于双方舰队来说，谁先找到对方，谁就能抢先发起攻势，当然也就能占到先机和主动。

5月5日，找了一天，全是徒劳无功。

5月6日，继续。在雨雾低垂的辽阔海面上，要找几艘军舰并不是件容易的事，两边都瞪大眼珠，期待能抢先发现对方，提早展开进攻。

上午11点，一架日军搜索机发现了会合后正在加油的特混舰队，飞行员随即向日军电台报告。

几家盟军电台同时通过电台收到了这则消息，太平洋舰队司令部一时大为紧张，尼米兹的心都提到了嗓子眼。

日军知道特混舰队在哪里，特混舰队却还不知道高木编队的位置，高木编队完全可以提前发起攻击，那样一来，特混舰队就真的是"金命水命，走投无命"了。

尼米兹十分害怕收到弗莱彻被攻击的消息，但是一直到晚上，并没有任何消息传来，他这才松了口气。

原来出于无线电信号的原因，高木编队既未收到搜索机的侦察报告，也没有收到日军电台转发的情况通报，白白错过了一个攻袭的大好机会。

美舰的雷达操作手。在珊瑚海，美日双方都不敢贸然行动，胜负的关键是能不能首先发现对手

大家都是在黑夜里捉迷藏，由于使用了无线电静默，弗莱彻同样不知道自己已被搜索机发现。根据总部提供的情报，日军的两支编队将于第二天入侵莫尔斯比港，既然暂时找不到高木，他索性决定守株待兔，加了油后便到通向莫尔斯比的航道附近进行埋伏。

当天正午时分，后藤编队护卫一队运输船准备通过该航道。日军搜索机掌握着特混舰队的动向，因此急忙向井上的司令部直接报告。

得知有两支美军航母编队要打伏击，井上司令部反应也是恐慌一片。井上一边紧急命令运输船停止前进，一边命令高木编队迅速出击。

高木这回是得到真信了，但当时他正在瓜岛以南加油，等到他准备好，要将距离缩小到可以发动空袭的时候，云雾已经加厚，战机穿越和目视都变得十分困难。

高木并不把特混舰队放在眼里。反正是左一刀右一刀的事，等等再剁也行。他决定继续加油，待天亮后再去追杀。

1942 年 5 月 7 日，过了一个晚上，由于黑夜的遮护，大家又回到了同一起跑线，尽管实际相隔不到 100 海里，但双方舰队都不知道对方的具体位置在哪里。

当天早晨，日军搜索机又在珊瑚海上空转悠。迷蒙晨雾中寻找目标不易，但飞行员还是重新锁定了目标，并立即通过报话机用军语进行报告，说他发现了美军的"航母"和"巡洋舰"。

这一通话恰好被夏威夷情报站监听到了。罗彻福特通过保密电话将情况通报给莱顿，莱顿马上又报告给尼米兹。

作战室的空气再度变得紧张起来。日本人也在不断纠错和总结，昨天无线电信号犯了回"二"，不大可能再犯第二次，特混舰队将在劫难逃。

然而，当值班军官将情况标注在图上时，众人全愣住了。

搜索机通报的方位，与特混舰队的实际位置相去甚远，也就是说，根本就不是一个地儿！

打墙也是动土

日军飞行员的眼神再不好，也不至于胡说八道，他一定是看到了什么。

那么他看到了什么呢？

有人眼尖，马上说搜索机通报的方位，与"贵妇人"号所在位置倒很吻合。

"贵妇人"号是美军一艘大型油船的外号，它负责给特混舰队进行海上加油。美军这种海上加油的办法，最早还是由尼米兹发明的，这样就使得军舰不需要再回港加油，依靠油管就可以随时补充。

昨天，"贵妇人"号刚给特混舰队加完油，现正在驱逐舰的护航下，绕道驶回美国。

大家终于看懂了，日军飞行员报告的"航母"和"巡洋舰"，实际上是油船和护航舰。

上午9点以后，"贵妇人"号向太平洋舰队司令部发出危险信号，称它们遭到攻击，最初的推测得到完全证实。

高木得到搜索机的报告后，出动舰载机群对"美特混舰队"进行了猛烈轰炸。几分钟内，驱逐舰便连中三枚炸弹，断成两截，然后迅即沉没。

"贵妇人"号是超大型油轮，在3万吨级以上，因为体形过大，就被当成了航空母舰。它受到的攻击还要厉害，共中多枚炸弹和鱼雷，船上引起大火。

幸运的是，"贵妇人"号的油舱在为军舰加油时已被抽干，肚子里空空如也，具有密封舱一样的浮力，所以虽然已被打得如同废人一般，但并没有立即沉没，在消防队员扑灭火焰后，它在海上继续漂流，直到船员获救。

在高木对假"特混舰队"发起进攻之前，真的特混舰队也在不断搜索中发现了后藤编队的踪迹，并且判断里面有一艘航母。

弗莱彻闻讯大喜。这还是特混舰队在太平洋舰队上第一次发现日军航母，大好机会岂能错过。

随着一声令下，"约克城"号、"列克星敦"号航母上呼啦一下子飞起了93架舰载机。

机群才飞出去，弗莱彻突然又接到侦察机报告，说是前面看错了，不是航母，只是日军巡洋舰。

大家都有看走眼的时候，在这样雾蒙蒙的环境下，确实没办法对飞行员太过苛求。弗莱彻的想法是，打墙也是动土，反正已经惊动人家了，那就不如一锤子到底，干脆挖地三尺，把附近的航母给一块儿找出来。

他下达了一道补充命令："扩大海上搜索范围，争取攻击航母，万不得已，也可进攻巡洋舰。"

弗莱彻的念头完全对了路，既然巡洋舰已经现身，航母可不就在附近。上午10点，一架美军侦察机在距巡洋舰不远处找到一艘军舰，当阳光照到浅色的飞行甲板上，又反射过来时，飞行员认出，这是一艘航空母舰。

"我看到了一艘兔崽子航空母舰！"飞行员大声呼叫。

没错，这正是后藤编队唯一的航母——"祥凤"号。此时，后藤编队正排成环形正常行驶，"祥凤"号就位于编队中央。

老鼠从猫嘴边过，没有不吃的道理。美军侦察机、轰炸机编成纵队，一架接一架地从4000米高空实施战斗俯冲，那幅画面，犹如是一条垂挂的大瀑布，每隔几秒钟，就有一条大鱼直冲而下。

从开始俯冲，到离海面仅300米高度时实施投弹，然后再快速脱离，整个过程一共只有40秒。

"祥凤"号上空有零式战斗机进行巡逻，但情况发生得过于突然，零式战斗机已经来不及提前拦截，只能被动尾追。于是"俯冲瀑布"变成了叠罗汉，常常是，轰炸机上面是一架零式，零式上面又是一架轰炸机，相互绞在一处。

这并非零式的优势所在，美军飞行员通过连续俯冲，可以轻松进行摆脱，零式不是赶不上去，就是劲太大冲到了前面。

"祥凤"号是一艘经过改装的轻型航母，也就是俗称的小航母。当时甲板人员正在替尚未起飞的零式战斗机加油。发现美军机群扑过来，舰长急忙掉转船头，准备放出飞机，但已经来不及了，一轮俯冲过后，当场扫掉了好些零式。

40秒俯冲结束，被打得一脸灰的"祥凤"号这才得以掉头迎风，并准备把剩下的飞机放出来。

这是"祥凤"号犯下的一个错误，它本应继续规避，因为更大的危险还在后面。

在"祥凤"号扭屁股掉头的瞬间，鱼雷机群赶来了。

鱼雷机来得正是时候，"祥凤"号呈一条直线行驶，看上去简直就像个活靶子。

见鱼雷机来袭，"祥凤"号躲闪不及，只得用高射炮进行拦阻。鱼雷机群先是试图从航母的两舷翼侧攻击，受阻后迅速迂回至航母背后，从右舷方向发射鱼雷。

眼见飞机已无法起飞，"祥凤"号开始兜圈子，但这时候它就如同一只掉进木桶的鸭子，再怎么扑闪，都跳不出来了。

7条鱼雷插上"祥凤"号的屁股，差点儿没把这艘航母打得从海上跳起来。

鱼雷机背后，还有第二轮俯冲轰炸。

美军空袭图拉吉岛的战果一般，一定程度上缘于飞机的协同性不好，到攻击"祥凤"号，由于准备充分，并有了经验，俯冲轰炸和鱼雷的协同攻击动作已变得十分老练。

短短几分钟内，7条鱼雷又加上了13枚重磅炸弹，鱼雷直捣锅炉房，炸弹则摧毁了残余可以使用的所有高射炮。

航空母舰被虐的情景可谓是劲爆至极。落在航母上的炸弹和鱼雷，每隔三四秒钟爆炸一次，每次爆炸引起的浓烟烈火和水柱都能腾起100多米高。猛烈的爆炸简直要把这艘大舰炸碎了，从舰首到舰尾，全都燃烧着熊熊大火，"祥凤"号成了一团向前开动的火球。

甲板下面的过道里，则横七竖八躺满伤兵。当消防队员灭火时，伤兵的鲜血把水龙头里流出来的水都给染红了。

经过半个小时的空袭，"祥凤"号的动力停止，抽机停止转动，而可怕的烈火却还在继续蔓延。从轰炸机飞行员的角度来看，舰上已经没有任何人可以逃生了。

舰载机几乎都被一扫而空，即便有匆忙起飞的，也被守候多时的美军"野猫"战斗机一口吞下了肚。战列舰要保命，靠的是厚装甲，舰载机就相当于航母的装甲，每损失一架飞机，就等于给航母减了几分"装

被美军飞机攻击成一团火球的"祥凤"号

甲厚度"。

航母变得越来越脆弱，只有 6 架零式还在上蹿下跳着为它保命，舰长希望能借此撑到救兵到来。

可是事已至此，撑得到，撑不到，早已不是他的个人愿望能决定了。

真假美猴王

"约克城"号航母出动了第二批鱼雷机。它们给予"祥凤"号致命一击，"祥凤"号舰体被鱼雷完全炸裂。

在取出天皇照片后，舰长下令弃舰，能跳的人都跳进了海里。

4 分钟后，一团黑烟和一片油污在珊瑚海扩散开来，"祥凤"号如同被一位巨人的脚掌踩到了海底。发报员只来得及发出："我们遭到美机……"随后随舰沉没。

飞行指挥官用无线电向弗莱彻报告："敲掉了一艘航空母舰！"

这是二战中美军第一次击沉日军的航母级大型战舰，也是击沉速度最快的一次，而他们所付出的代价，只是损失了 3 架侦察机。这一消息使得整个特混舰队，从舰首到舰尾，从舱面到舱下，都响起了经久不息的欢呼声和掌声。

击沉"祥凤"号，并没有让尼米兹的脸上露出笑容。在他看来，若不是高木编队阴错阳差，将油轮错认为"特混舰队"，弗莱彻的攻击行动绝不会如此顺利。

尼米兹提醒弗莱彻，"祥凤"号不过是一艘改装的轻型航母，高木编队却拥有两艘大型航母"翔鹤"号、"瑞鹤"号，要谨防高木发起攻击，任何疏忽或麻痹都可能给美军带来损失。

他的提醒是对的，高木不会善罢甘休。

高木现在是一肚子苦水，他的遭遇几乎跟弗莱彻一模一样，也是舰载机派出去后，才收到侦察机发来的纠错报告，说是弄错了，真正的美军特混舰队不在这里，在那里！

都是覆水难收，美军油轮的位置却离特混舰队老远老远，舰载机根本赶不过去，高木只能将错就错，让舰载机直接对油轮展开袭击。

空袭虽说打残了"贵妇人"号这样美国最先进的巨型油轮，还外加击沉一艘驱逐舰，但那些毕竟都不是航母，与"祥凤"号不能等量齐观。

也就等于说，高木这边可能是烧成了一锅粥，可是后藤那边连锅都给打破了。

高木感到无比懊恼，真恨不得也把特混舰队踩成海底的泥。不过这时天色已晚，距日落只剩下 3 个小时，如果舰载机再次出击的话，等它们返回航母时便已是黑夜，飞行员的安全将很成问题。

高木用信号询问"瑞鹤"号航母上的原忠一："你是否能发动夜间空袭？"

原忠一答复："没问题。"

接近黄昏，原忠一精心挑选 27 名受过夜战训练的飞行员，由他们驾机向特混舰队所在海域猛扑过去。

黄昏时分，乌云蔽空，海面上的能见度低得几乎什么也看不见，搜索起来十分费劲。日机在指定地点连一艘航母也没找到，却与"列克星敦"号航母上的美军巡逻机遭遇了。

这些巡逻机都是"野猫"战斗机，日机则均为轰炸机和鱼雷机，机身上携带笨重的鱼雷和炸弹，只一交手，高下立现，日军 8 架鱼雷机和 1 架俯冲轰炸机被打得凌空爆炸，剩下的日机见势不妙，立即仓皇而去。

等到夜幕徐徐降临，"列克星敦"号上的舰载机大半已返回航母。晚饭后，飞行甲板上空突然传来飞机引擎的嗡嗡声，有许多轰炸机朝航母飞来，并且已飞到舰桅的高度。

奇怪的是，"列克星敦"号事先并没有接到任何信号，而且航母上的舰载机只有一架侦察机还未返航，怎么一下子会多出许多来？

这不是在孵蛋，出去一个，带回一窝，所以甲板人员感到又惊又疑。

轰炸机排成一行，用目击者的话来说，"像一群精疲力竭的鸟回巢一样"，它

1941 年的"列克星敦"号舰载机，VT-2 中队 TBD "破坏者"鱼雷机

们不断发出识别信号，准备降落，领队长机已经开着航行灯朝这边飞了过来。

飞行使用的识别信号确实与美机有些相似，可是有一个细节暴露了其真正身份：长机打开了航标灯，这可不是美机的着舰原则，而且航标灯也不一样。

大家一下子明白过来，原来是黄昏空战中逃走的日机，慌里慌张中认错了巢，把美舰当成了日舰。

巧的是，航母上最后返回的那架侦察机正好归来，飞行员见到陌生的航标灯，立即开火，真假美猴王打成一团——要不是飞行员出手，日机就可能在"列克星敦"号的甲板上束手就擒，那将是海战中的一大奇事和趣闻。

护航驱逐舰打开探照灯光，对日机实施高炮射击。这时日军长机已经放下降落钩，万没料到迎接它的是猛烈炮火，当即被拦腰击中，落入水中。飞在前面的日机在突如其来的打击下，纷纷坠海，其余日机看出端倪，赶紧关闭航行灯，钻进漆黑的夜空逃遁。

日机飞走后，航母上的船员七嘴八舌地议论起来，有人说，这大海上肯定到处都是航空母舰，而且日军的航母离我们一定也不会远，没准儿就在附近，否则日机不会这么冒失。

向日机开火的那名飞行员挺有胆量，乘着对方弹药已空，他还驾着侦察机跟踪了一段，随后才通过无线电的引导返回"列克星敦"号。

他报告说，敌机在离"列克星敦"号只有 30 海里的一艘航母上降落了。他还说，那是一支规模很大的敌舰队，到处都是军舰，他估计至少有两艘航母，也可能更多。

高木编队可能就在 30 海里开外，雷达监视人员根据荧光屏上日机消失的位置，也做出了这一判断，有人建议，既然双方已近在咫尺，不如直接向高木编队实施夜间鱼雷攻击。

弗莱彻不是哈尔西，用兵没有这么大胆，他也怀疑高木编队是否真的距离如此之近。他选择了一个在他看来相对稳健的做法，命令特混舰队向南行驶。同一时间，高木编队正向北撤退，二者的距离越拉越大，不知不觉中，弗莱彻也错过了一个大好战机。

自 1942 年 5 月 5 日起，弗莱彻和高木在珊瑚海已经寻找对方达 3 天之久，有两次双方的距离都接近于 100 海里以内，只是最后仍擦肩而过。

不过有缘总会见面，你懂的！

让它去见阎王

这注定是一个不眠之夜。

虽然没有得到一较短长的机会，但是弗莱彻和高木都在为第二天的决战积蓄力量，而且他们都清楚，谁能在次日早晨先一步查明对方的位置，谁就能占得胜负之机。

夏威夷情报站开足马力，帮弗莱彻查明高木编队新的位置。可是要找到高木编队并不容易。高木编队的航母拍发了很多电报，但因为日舰处于一个多风暴地区，并受到高静电干扰，很难建立性能可靠的电台测向装置。

1942 年 5 月 8 日，凌晨，两军派出的侦察机一前一后，几乎同时锁定对方的位置，中间只相差了两分钟。

嘭的一声，美军航母上的弹射器将舰载机弹上天空，从"约克城"号和"列克星敦"号起飞的 81 架战机如同离弦之箭一般杀向敌阵。几乎同时，高木编队的"翔鹤"号、"瑞鹤"号也冲出 70 架飞机。

这是世界海军史上的首次航母大战，它的特点之处还在于，美日两支大舰队相距约 175 海里，你看不到我，我看不到你，水面舰只不可能实际也没向对方发射一枚炮弹，整场战斗都是指挥官用无线电指挥飞机展开攻防。

10 时 30 分，"约克城"上的俯冲轰炸机群率先飞至高木编队上空。这时"翔鹤"号、"瑞鹤"号已经疏散开来，彼此相距 8 海里至 10 海里，并有警戒舰只护航。

轰炸机飞临后，没有立即实施战斗俯冲，而是以云层为掩护，等待鱼雷机的到来。"瑞鹤"号比较诡诈，见美机来袭，它把乌龟脖子一缩，躲到了暴风雨海域。于是，"翔鹤"号就成了美机唯一的攻击目标。

轰炸机和鱼雷机会合后，即在"野猫"战斗机的掩护下猛击"翔鹤"号。鱼雷机纷纷向"翔鹤"号发射鱼雷，然而美军鱼雷的质量太差了，它们速度慢，射程远，敌舰可以拐着弯躲闪，还有好些鱼雷下沉过多，从敌舰下面直接滑了过去，未能造成任何损伤。

最后只有一条鱼雷直接命中"翔鹤"号，又因引信失效没有爆炸，气得飞行员们禁不住破口大骂起来。

攻击并不顺利，但这是 5 天的珊瑚海海战中，美军飞行员打得最勇敢也最坚决的一次。他们当着矮人不说矮话，鱼雷机不中，就上轰炸机，一架接一架，锲而不舍，紧盯不放。

轰炸机飞行员鲍尔斯上尉起飞前就对同伴说，他要把他的那枚大炸弹投到日本航母上，让日本航母去见阎王或是见龙王。

在同伴投弹相继失败后，鲍尔斯向着"翔鹤"号舍命俯冲，一直俯冲到离海面只有 150 米后才投掉炸弹，然后安全脱离。

150 米是俯冲轰炸机实施俯冲的最大极限。扔掉炸弹后，轰炸机高度已不到100 米，极其危险，连鲍尔斯的同伴都为之咋舌，说他光想着命中了，能够安全脱离，真该感谢上帝保佑。

鲍尔斯的这枚重磅炸弹命中了"翔鹤"号的舰首。炸弹引起的气浪不仅震撼了整座航母，就连尚未脱离爆炸区的鲍尔斯都感受到了震动。

由于航母上有装满燃油和高级汽油的巨大油舱，中弹后，油舱着火，大火一直烧到飞行甲板上。

"列克星敦"号的攻击机群出动时间较晚，而且在接近高木编队时，遭到了零式的拦截，战机相互失散，最终到达目的海域的仅为其中一部分。

这一批战机中，鱼雷机仍是颗粒未收，但牵制和吸引了航母上的高炮。建功的依然是轰炸机，两枚重磅炸弹直接穿透航母的飞行甲板，并且每次命中都是浓烟和碎片齐飞。

"翔鹤"号连遭攻击，伤势非常严重。舰上的火势虽得到控制，但飞行甲板已损坏，已无法自行收容飞机，

1941 年的"翔鹤"号，"瑞鹤"号为其同型航母

只好由"瑞鹤"号代收。

在 1942 年 5 月 8 日天亮后的几小时内，珍珠港方面望穿秋水，也没有收到来自珊瑚海的任何消息。上午 10 点左右，麦克阿瑟转来弗莱彻的一份求援电报，弗莱彻说出了自己和高木编队所处位置，他希望麦克阿瑟派陆基轰炸机进行支援。

陆基轰炸机正忙于轰炸日军两栖部队，抽不出力量增援，但尼米兹据此推断出，双方舰队彼此都发现了对方，历史上首次航母大战已经一触即发。

众人又紧张地等候了两个多小时。临近中午，终于收到了弗莱彻发来的一系列战报，报告重创日军一艘航母。

打坏的这艘日军航母被证实是"翔鹤"号，另据飞行员观察，"翔鹤"号摇摇晃晃，可能正在迅速下沉。

尼米兹紧绷着的脸上终于露出了一丝笑容，他预想的战果比这还好，不过作为航母首战，能这样也不错。要知道，"翔鹤"可不是像"祥凤"那样经过改装的轻型航母，是实实足足的大型航母。

尼米兹给弗莱彻发去了一份带有激励性质的电报，他以一种相对轻松的心情，在作战日志上写道："今天是我们舰队在珊瑚海战斗中一个值得纪念的日子。在过去的 36 小时内，我们击沉了敌人的'祥凤'号、重创'翔鹤'号。"

然而老帅此时并不知道，还有一桩悲伤的事情在等着他。

海空大绞杀

在攻击敌舰的空袭部队出发后，弗莱彻指挥特混舰队排着密集队形，顺着飞机飞去的方向驶去。这么做主要是为了缩短舰载机返回航母的距离，保证飞机回归时的安全。

那个时候，他们还不知道上午的战况会演化成什么样子。"列克星敦"号舰长谢尔曼预计，有可能美日的攻击部队这时都在空中，并且飞向各自要攻击的目标。

谢尔曼很坦率地说："我认为，现在要想挡住对方的空中攻击部队都是不可能的。现在的形势，就像两个拳击手同时挥拳打去，双方都会被打中。"

按照谢尔曼的命令，飞行甲板和舱面上的每个人都戴上了钢盔，每个船员包括舰载机飞行员都准备了救生衣。

果然，在美机攻袭结束后数分钟，70架轰炸机也对"列克星敦"号、"约克城"号展开了攻击。

早在上午10点左右，"列克星敦"的雷达就已经发现了来袭的日机。当时日机相距还有70海里，但是航母上空仅有8架"野猫"战斗机，而且油量严重不足，根本不足以前去迎击日机。

对方的拳头终于打过来了，航母面临着突如其来的直接危险。"列克星敦"号、"约克城"号不约而同地一边转舵，一边放出甲板上备用的16架"野猫"为自己护航。他们都知道，对航空母舰或任何其他舰只来说，唯一真正的防空武器是飞机。

"列克星敦"号的航速已被加到最高一节，炮手则全部站到战位上，端着预备弹夹，急切地张望着前上方日机可能出现的方向。

上午11点，航母上空的警戒机发现日机接近，立即通过无线电告知母舰："强盗逼近了！"

航母呼叫和引导所有护航机上前拦截，但日机飞得很快，护航机数量又太少，空中防御线很快被日机撕开了口子。

"列克星敦"号、"约克城"号被攻击机群追上了。在瞭望哨的观察范围内，日机变得越来越大，呈单横队接近，而且速度非常之快。

"列克星敦"号上的100多门火炮展开拦阻，爆炸的巨大声响和引起的舰体颠簸，使得舰桥上的军官连气都透不过来。

谢尔曼指挥"列克星敦"号不断地进行规避，无奈"列克星敦"号吨位大，吃水深，与异常灵活的日军战机相比，就如同没动一样，同时密集的弹幕和不断被击落的日机，也丝毫不影响日军飞行员的决心，他们就像骑在弹雨之上，看上去毫无畏惧之感。

由于不停地使用规避动作，美军两艘航母的距离拉大，警戒舰只随之一分为二，防御火力不可避免地受到削弱，另外，警戒舰只对航母的掩护序列也被打乱。比如，本应在"列克星敦"号左舷进行掩护的驱逐舰、巡洋舰，现在到了前面、后面甚至右舷位置，这样当然只能更有利于日机袭击。

最让人头疼的，莫过于以超低空方式飞行的鱼雷机。高木编队的鱼雷机富有作战经验，在爪哇海战中便让盟国海军望之生畏，飞行员采用"铁钻"战术，在 800米距离范围内射箭一样不断向航母射来鱼雷。

谢尔曼左躲右闪，第一批鱼雷从舰尾飞过去了，他马上转舵迎着第二批鱼雷机航行，但是这批鱼雷是从航母的两舷多方向飞来的，你躲哪边都不管用。

谢尔曼清楚地看到，两条鱼雷拖着航迹从左舷袭来，可是他已没有任何办法躲避了。

11点10分，一条鱼雷命中"列克星敦"号左舷前部，剧烈的爆炸使那里即刻喷出了一股夹带着海水的巨大火舌，船员感到脚下的军舰已猛然抖动起来。

鱼雷成了死神的化身，追命一样地逼迫着"列克星敦"号。在避闪鱼雷的过程中，"列克星敦"又被3枚重磅炸弹直接命中，其中一枚正好落在左舷前炮位中间，随着一声可怕的巨响，那里的火炮全炸哑了，炮位上的人大部分被当场炸死。

11点30分，日机对"列克星敦"号的攻击达到高潮。日机从四面八方猛冲过来，它们从"列克星敦"号的飞行甲板上掠过，变成一个个小点，然后迅速消失。

攻击停止时，"列克星敦"号的甲板已被打坏，舱内也燃起了大火，舰体受到重伤。

在这场海空大绞杀中，"约克城"号自然也不能幸免于日机的攻击，不过"约克城"号的机动性能比"列克星敦"号要好，舰长操纵着两面舵，鲸鱼一样地左右躲闪，让从海面上飞蹿过来的鱼雷都扑了空。

鱼雷全躲过去了，没提防空中坠下一枚重磅炸弹，穿透两层飞行甲板，在下面的储藏室爆炸了。不过还好，该舰的航行和作战能力未受到太大影响。

对于高度飞行的战机来说，海上目标都跟豆粒相仿，即便航母也不过是颗稍大点的豌豆罢了，所以双方飞行员所观察到的战果，都会出现与实际不符的现象，日机的报告是："击沉美军一艘大型航母和一艘中型航母。"

日军飞行员飞走时个个兴高采烈，

被炸弹击中后损坏的"列克星敦"号甲板

觉得自己为"祥凤"号报了仇，而"击沉两艘美国航母"，这样重大的战绩已足以令高木吐出一口恶气。

当硝烟消散，弗莱彻也认为自己是无可置疑的胜利者。他下令"列克星敦"号、"约克城"号一边修复，一边加快前行速度，准备再次袭击敌军。

"列克星敦"号的修复工作进展很快。船上的火已被扑灭，漏洞被堵住，甚至于舰体发生的轻微倾斜也被逐渐纠正过来。12点40分，当空袭部队的首批飞机返回时，飞行员们从空中一点看不出自己的母舰受到过攻击。降落后，许多人听说"列克星敦"号遭到那么猛烈的攻击并多次中弹，一个个都很吃惊。

"列克星敦"号是美国海军第一种大型航母，也是同时期世界上最大的航母。该舰与"萨拉托加"号情况类似，都是由战列舰改装成的航母，因此其甲板和防御钢板的坚韧程度，几乎与战列舰不相上下。设计师曾经自豪地断言，"列克星敦"号即使挨上10条鱼雷也不会沉没。

一名军官说，看来给设计师说对了，"老姑娘"（船员对"列克星敦"号的昵称）的状况丝毫不严重。

"列克星敦"号安然无恙，不仅正在平稳行驶，而且能恢复战斗力，这一消息令大家备感振奋。

可是随后情况就不一样了。

坚持到底的女人

12点45分，"列克星敦"号舰长谢尔曼收到损失控制中心打来的电话，对方仍然显得十分乐观："我们撑住了被鱼雷打坏的地方，但是，先生，我要建议，如果你想再挨鱼雷，就在右舷挨好了。"

两分钟以后，谢尔曼感到"老姑娘"猛然一扭，显然是舰体腹内发生了爆炸。他最初还以为是中了潜艇发射的鱼雷，经检查才知道，是一架发电机忘了关闭，以此惹祸。

在遭空袭时，舰底油舱曾受到鱼雷破坏，油雾从油管里漏出，结果被发电机爆出的火花点着了。

船员急忙进行扑火，但大火主要来自油舱，无法浇水，只能听任火势继续蔓延。

"列克星敦"号最初还能保持编队队形，不久，舰首开始左右摆头，而且越来越厉害，最后对周围的其他舰只都造成了威胁。

弗莱彻向特混舰队下达命令："编队离开'列克星敦'号，由它自己动吧。"

船员还在尽一切努力进行抢救，然而到下午2点30分，舰体发生了更为严重的爆炸，舰体剧烈震动，一名军官在笔记本上写下了"末日"两个字。

"列克星敦"号的速度越来越慢，尤为严重的是，舰内还存放着一批炸弹和鱼雷，而舱内的温度早已超过了理论爆炸点，也就是说随时可能发生毁灭性大爆炸。

再也没有办法拯救"列克星敦"号了。下午5点，谢尔曼接到了弃舰命令。

弗莱彻派来巡洋舰和驱逐舰，准备接走"列克星敦"号上的幸存者。"列克星敦"号的船员对自己的军舰有着很深的感情，有的人从1927年军舰下水时就在舰上服役，因此虽然知道在舰上多待一分钟，就多一分钟危险，但是没有人急着离开。

船员在飞行甲板上井井有条地排着队，顺着绳子逐一滑下去，当轮到自己往下滑时，大家的表情仍然是恋恋不舍，他们实在不愿离开这个行将沉没的好朋友。

谢尔曼最后一个离开，他在舰上转了一圈，看看是否还有活着的人留在上面。临走时，他又突然停下来，跑进作战舱，把他那顶镶金边的帽子给戴在了头上。

生死关头，还惦记什么帽子，谈及这件事，谢尔曼哈哈一笑："听说战争结束后，就不会发这种金边帽了。我想，还是得把最好的东西保留下来。"

来到舰尾，下面的人催他快点顺着绳子滑。谢尔曼还有些犹豫，他慢吞吞地说："现在我离开了军舰，要是大火灭了，那我不显得太愚蠢了吗？"

谢尔曼往下滑时，舰上再次发生爆炸，他被震得松开手掉进海里，最后这位戴金边帽子的舰长被小伙子提着裤子，脸冲下，扔上了摩托艇。

"列克星敦"号发生剧烈爆炸

要把一个人从海里拽上来，这恐怕是唯一的办法。不过谢尔曼还是觉得有些尴尬，他笑着说："我看把一位舰长弄到艇上，他们应该用更体面的办法。"

所有人都舍不得与"老姑娘"分别，但是它的命运已不可挽回。

下午6点30分，大火终于点爆舰内的炸弹和鱼雷。"列克星敦"号发生了最厉害的一次爆炸，巨大的火柱夹着浓烟直冲云霄，甲板上还来不及移走的整架飞机，以及大块的钢铁构件全都飞上了几十米的高空，碎片溅落在周围几百米的海面上。

茫茫暮色中，这个情景不可谓不壮观，但深深刺痛着人们的心。船员再也抑制不住，他们或号啕大哭，或默默流泪。

"列克星敦"号没有立即沉没，甚至在它沉没之前，大火还得烧上几个小时，而这会给整个特混舰队带来危险，因为它在黑夜中就像是一个信号标志，日军潜艇或侦察机在100海里之外，甚至更远的地方都能看到，他们将毫不费力地在地图上将特混舰队的位置标注出来。

弗莱彻下令击沉"列克星敦"号，驱逐舰奉命，向熊熊燃烧的军舰发射了4条鱼雷。

晚上8点，"列克星敦"号消失在滚滚波涛之中。目睹这一情景，一位从舰上撤出的海军军官低声说："它沉了，但它没有翻，它是昂着头下去的。亲爱的列克斯夫人（美国水兵对"列克星敦"号的另一昵称），一位坚持到底的女人！"

当消息传到太平洋舰队司令部，原先的喜悦和乐观氛围一扫而空，大家心头都被蒙上了一层厚厚的阴影。在经历过高台跳水一般的心理逆转后，尼米兹实在忍受不了如此沉重的打击，眼泪夺眶而出。他在办公室的狭小空间里不断地来回走动着，一边走，一边自言自语："'列克星敦'号是不该丢的！"

在这种情况下，没有一个人会好受。觉察到幕僚也全都垂头丧气，尼米兹急忙说："请记住这一点，我们还不很清楚日军受损的情况，他们显然也付出了沉重代价，绝对不会称心如意。我可以有把握地说，敌人也受到了打击。"

尼米兹说这番话，不过是为了稳定军心。毕竟"翔鹤"号只是被重创，要是击沉还差不多。

值班军官依据日军广播电台的消息，"翔鹤"号带伤向北逃窜，正在返回日本本土的途中。复仇心切的尼米兹立即命令："马上派潜艇去追，只要发现目标，就把它彻底击沉！"

在浩瀚无际的太平洋上，一艘航母就像是森林中的落叶，若不能确定其准确方位，要找到它实在是比登天还难，但奉令出击的"海神"号潜艇仍竭尽所能，最后在日本四国岛以南的海域，发现了"翔鹤"号及其两艘护航驱逐舰。

可惜的是，潜艇的速度不及军舰，"海神"号没能追上"翔鹤"号，只得无功而返，返回时潜艇的所有燃料几乎都耗光了。

失去"列克星敦"号，迫使弗莱彻放弃了继续进行夜战的打算，同时这也改变了尼米兹的决心。

尼米兹曾考虑让特混舰队继续留在珊瑚海，等哈尔西舰队到达后，可以继续寻找战机，但他后来想到，山本即将进攻中途岛，这个时候己方不能再有任何闪失，因此下令特混舰队立即后撤珍珠港。

要撤还不一定就撤得下来。美军的两艘航母，"列克星敦"号沉了，"约克城"号受了伤，"列克星敦"号上的舰载机只有20%被"约克城"号接收，实力已经大亏。

高木虽然废掉了一艘"翔鹤"号，但"瑞鹤"号完好无损，而且接收了"翔鹤"号的大部分舰载机。战局现在明显变得对日军更有利，倘若高木腊月里萝卜动了心，对弗莱彻来个紧咬不放，特混舰队极可能面临被全歼的危险。

问题是，经过这场生死大战后，高木也已疲惫不堪，失去了原先嗷嗷叫的劲头。他率领舰队在所罗门群岛北部航行了一夜，越走越困，便决定停止第二次攻击，暂时脱离战场，跑到没人的角落去歇个脚，比如补充燃料，整修飞机什么的。

你问我有什么理由躺下来，"击沉两艘美国航母"，还要怎么的？

井上对高木汇报的战果深信不疑，觉得高木有如此成就，确实不好再去催他了。

在日军轻型航母"祥凤"号被击沉后，后藤编队和运输船队都同时失去了空中掩护，预定开往莫尔斯比港的运输船队不敢贸然前行，一直乖乖地停留在原地。

井上认为，高木编队保存下来的航空兵力有限，不足以掩护部队登陆，于是下令推迟莫尔斯比港的攻击作战，运输船队也全部返回出发地。

趁着高木手一松，弗莱彻率特混舰队撤出了危险海域。

井上、高木的小怯懦，激怒了联合舰队司令部，山本和幕僚都大为恼火，他们的想法与前沿指挥官正好相反：既然已经击沉了两艘美国航母，你们为什么不乘胜

停泊在湾内的"大黄蜂"号

追击，一鼓作气，把美军的锅碗瓢盆全砸到烂？

井上解释是因为燃料不足，山本的一位幕僚说："如果燃料用完了，就把一切可燃物统统投进锅炉里去……"

接到语气如此尖刻的命令，井上不敢怠慢，连忙拿起考勤表，让高木受累再出去跑上一圈。

1942年5月9日，高木二度南驶，寻找弗莱彻作战，可是连续搜索了两天，都没找到特混舰队的影子。

自弗莱彻安全撤出后，尼米兹将计就计，按照他的部署，已赶到珊瑚海的哈尔西拉开阵势，"企业"号、"大黄蜂"号呼啦啦一字排开。

这招果然把高木吓住了，他以为太平洋舰队的所有航母都到了南太平洋，急忙在5月10日晚退出原有区域，并转攻为守。

珊瑚海海战很难说谁胜谁败。就战术上，日军毫无疑问占优势，他们击沉了一艘大型航母、一艘超大型油轮、一艘驱逐舰，但是击沉舰船多，并不一定意味着战略上的胜利。

日本海军的两大作战行动，"南进"已遭挫败，"东进"亦受到很大影响。总之，这是一个力量对比即将发生重大变化的微妙时刻，尼米兹就要和他的对手摊牌了。

第七章 / **打着打着就打出了感觉**

早在尼米兹做学员的时候，美国海军在演习时就已经把日本作为潜在对手，这是因为当时日本已拥有世界上首屈一指的海军力量。

最能显示日本海军实力的，便是对马海战。海战胜利后，日本天皇专门在御宫花园举行露天晚会，除款待他的有功之臣外，还向战舰正停泊在东京湾的美国海军官兵发出了邀请书，尼米兹也在受邀之列。

就在这次宴会上，尼米兹见到了大名鼎鼎的东乡平八郎。在宴会临近结束时，尼米兹突发奇想，站起来邀请东乡入席一起喝酒。

一边是初出茅庐的水兵，一边是功成名就的大将，地位相差非常悬殊，尼米兹也做好了碰壁的心理准备，但出乎意料的是，东乡十分爽快，走过来与众人一一握手，并用流利的英语与他们进行了交谈。

东乡的平易近人让尼米兹大为折服。20多年后，尼米兹已成为大型巡洋舰的舰长，他坐着舰船再次抵达东京港。其时恰逢东乡去世，尼米兹特意上岸参加了在东乡家里举行的简单葬礼。

如果东乡活着，还能在海上与美军作战，尼米兹一定会不遗余力地与之一决高低，这是对名将和前辈表示尊重的最高方式。

换了山本五十六，其实也是一样。倘若美日之间不是交战国，仍是友邦，他跟山本之间完全可以做到惺惺惜惺惺，好汉惜好汉，两人甚至可以坐一起切磋海战的谋略和战术，但是现在不同了，他必须绞尽脑汁，想尽一切办法去战胜对方。

无事不登三宝殿

早在4月间，尼米兹在研究地图之后，就初步判断山本可能会袭击中途岛。此后，莱顿和罗彻福特也做出了相似的估计，在他们向尼米兹提交的情报报告中，预测山本很可能会在 5 月 28 日全力进攻中途岛。

尼米兹并没有匆匆忙忙地对这份报告予以完全认可。和对待有关珊瑚海的情报一样，他始终保持着必要的谨慎和清醒。

事关重大，假如这是山本故意泄露的假情报，那我可不就中了他的圈套？

尼米兹说："我得好好想想，不过我相信我知道的是实情。"

尼米兹做事的特点是，做什么事都会三思而后行，但一旦定下主意，便不再浪费时间去怀疑和犹豫。1942 年 5 月 2 日，尼米兹飞往中途岛，此时珊瑚海即将开战，太平洋舰队司令亲临小岛，自然是无事不登三宝殿。

尼米兹用一天时间，在中途岛指挥官香农、赛马德等人的陪同下，视察了岛上的全部防御工事。他全程对机密消息未提及一字，只是在视察结束时，询问香农，要顶住日军大规模的水陆两栖进攻，前哨基地还需要些什么。

香农对此早有考虑。珍珠港事件发生之前，中途岛守军还不多，当时日本派来栖三郎前去华盛顿，途中受阻在中途岛等了三天。不能让这位日本特使看轻中途岛的实力啊，香农下令海军陆战队员排成一字长蛇阵，在路上缓慢行进。

当香农陪同来栖乘车经过时，香农便煞有其事地对本栖介绍说，陆战队员正在进行例行的训练演习，而这只是他属下的一小部分官兵。

事实是，为了凑齐这支队伍，香农已经把岛上的所有活人都动员起来，连厨师和炊事兵都用上了。

难得尼米兹亲自视察中途岛，又主动提问，香农便毫不客气地提了一长串要求。

尼米兹听完，加重语气问了一次："如果我如数解决了你们需要的东西，你们能够守住中途岛，并打退敌人的进攻吗？"

"是的，先生。"香农斩钉截铁地回答。

这个状态好，尼米兹满意地笑了。他接着问负责航空兵的赛马德有哪些需求，然后全都一一记录下来。

回到珍珠港，尼米兹即刻予以落实。数千米的铁丝网、成千吨的水泥和弹药、几万只沙袋迅速运抵中途岛，兵员方面也做了补充，守备部队达到 2000 余人，一时间，这座小岛几乎要被集结的人和物给压沉了。

随储备物资、补充兵员一道到中途岛的，还有尼米兹给两位指挥官的一封亲笔信。

尼米兹到中途岛，不仅视察工事，对指挥官进行考察也是一个重要内容。结果是满意的，现在他可以直接赋了责任了。

在信中，尼米兹通知香农、赛马德，他们的军衔已由中校直接提升为上校，同时尼米兹还和盘托出了日军要进攻中途岛的全部情报，包括要使用的战略、投入的兵力以及可能的进攻时间。

香农、赛马德读信后非常吃惊，但正如尼米兹所希望的那样，他俩并没有表现得惊慌失措。

中途岛由于处于前哨位置，驻军一直处于严密戒备状态。巡逻机每天拂晓都会向西面散开巡逻，地面的海军陆战队员则随时都戴着钢盔，拿着步枪，就算是吃饭和游泳时也不例外。到了晚上，除瞭望哨外，所有人员都藏身于地下室。

既然早就做好了功课，香农、赛马德也就不必做大幅度的改动，他们只需尽快做好最后准备，并把补充兵员编入各个战斗单位。

到这时候，尼米兹已确信山本的目标就是中途岛。当然，不是每个人做出的判断都和他一样，分歧最大的是英国，英国军方觉得联合舰队既不会顺着澳大利亚"南进"，也不会朝着中途岛"东进"，而是会"西进"，即再度进入印度洋。

事实上，"西进"曾是日本陆军提出来的一个计划，已经被其海军给否决了。

美国军方自身更是众说纷纭。马歇尔和美国陆军方面怀疑，联合舰队要袭击的是美国西海岸。麦克阿瑟则说，日军会恢复"南进"，继续进攻新几内亚和所罗门。

从中途岛上空飞过的 SBD 无畏式俯冲轰炸机

每种意见都有它的道理，又都强调自己这边才是防御重点。比如，陆军就不愿意把陆基轰炸机全部拨给尼米兹使用，为的是防守西海岸。

即便是美国海军内部也不统一。尼米兹的顶头上司金上将就认为，山本的目标应该是夏威夷的瓦胡岛，这一推断也得到了大多数前线指挥官的赞同。

就连尼米兹的一些幕僚都说，他们不相信山本会集结庞大舰队去攻打中途岛，因为这样做无异于用鱼叉去叉小鱼小虾。

必须告诉大家一个唯一正确的答案，尼米兹找来了罗彻福特："你应该告诉我，日军打算干什么。"

一件不秘密的事

很多人对情报机构，并不如尼米兹那样重视和理解。中下层军官认为搞情报的喜欢一惊一乍，过度吹嘘所获情报的极端重要性，每当莱顿走进餐厅用餐时，同桌人就会开玩笑地起哄："啊，莱顿来了，今天又有什么紧急情况了吧。"

海军部的某些高层人员则和尼米兹刚到珍珠港时一样，觉得情报工作既未能阻止珍珠港事件的发生，似乎也就可有可无，他们对莱顿、罗彻福特这些人表现得很冷淡。

正是因为得不到充分信任，莱顿有时才不得不在报告敌舰数目时玩玩游戏。

只有尼米兹，他对夏威夷情报系统的态度是"非常合作，非常体谅"。知道这不是常人能插手的活，尼米兹从不对莱顿、罗彻福特求全责备，他让两人放手干，就算不合常规，不合常理也无所谓，总之一句话，拿出有价值的情报来是硬道理。

至 1942 年 4 月至 5 月，罗彻福特领导的"魔术队"已基本掌握日本海军的最新密码。不过正如你能记录下一首歌词，但不一定能完全领会其中意蕴一样，破译密电内容还不是最后的终点。

一段时间以来，在日方的无线电通信中，不断出现一个字母代号"AF"。从电报的上下文来看，罗彻福特有一种强烈的预感，"AF"指的就是中途岛。

罗彻福特不仅在破译密码方面享有"魔术师"之誉，而且记忆力惊人，能够记住几个星期前日军电报的所有内容细节。他自己说，他的组织工作做得很差，档案工作也搞得不好，但他有别人比不上的一项本事，那就是把所有材料一点不漏地全部记在脑子里。

罗彻福特的脑子几乎就相当于一台人性化的计算机，他把记忆中的所有线索理了一下，得出一个认识，即日军通常都以 A 字起头的字母组合，来标注美军在中太平洋海区的部署。

日军轰炸机被派到中太平洋执行任务，经常接到通知，让他们避开来自"AF"的空中搜索，据此推断，"AF"只能是中途岛的密码代号。

这样推断似乎还不能让大家完全心服口服，当尼米兹要求拿出有力证据时，罗彻福特便和莱顿一起商量出了一个点子。

根据两个精灵鬼的建议，尼米兹通过海底电缆与中途岛方面取得了联系，海底电缆不同于无线电通信，不会受到静电干扰或被敌人侦听、破译，而如此秘密，却是因为尼米兹想让中途岛做一件不秘密的事。

1942年5月10日，中途岛奉命用明码电报向珍珠港拍发电文，谎称中途岛的淡水设施发生故障，岛上淡水短缺。

珍珠港方面也假模假式地立即回电，说有一艘供水船正前往该岛紧急供水。

这是一个圈套，等待日本人自己伸着脖子钻进去。两天后，夏威夷情报站成功地截获到一份日军密电，上面说，"AF"缺乏淡水，入侵部队要多带水。

真相大白，"AF"正是中途岛的代号。"魔术队"喜出望外，他们以此为藤，继续摸瓜，一下子将联合舰队进攻中途岛的所有通信都破译出来。

日军将"南进计划"命名为"MO行动计划"，将"东进计划"命名为"MI行动计划"。战端未开，尼米兹即掌握了"MI行动计划"的轮廓，包括兵力、数量、进攻路线以及大致的作战时间。

山本对此还浑然不觉。不知道自己的上上下下、左左右右都已被对手看得清清楚楚。

未来的中途岛之战对山本来说，将是一场决定性战役，除了以攻为守外，他还希望能够诱出太平洋舰队，并通过决战将其一举歼灭。

山本曾向他的心腹部下吐露，只要在中途岛消灭太平洋舰队，他就打算利用其个人声望，劝说东条首相做出让步，并迫使美国走到谈判桌上来。到时，就像1905年的日俄战争那样，精锐丧尽的美国一定会自发地同意将其海外领土和势力范围出让给日本，太平洋战争就可以宣告结束了。

如此大的胃口，似乎也只有山本才想得到，说得出，这非常符合他那"要么全赢，要么就输个精光"的赌徒性格。

赌徒的心理是，赢了总是还想继续赢下去，只不过这一次，他将更接近"输个精光"。

思想的反面

渊田美津雄是偷袭珍珠港的飞行指挥官，也是第一个驾机轰炸珍珠港的人，可以说日军能偷袭成功，就靠渊田及其部队冲锋陷阵，但他也因此有一种强烈的受冷落之感。

在珍珠港事件中，有5艘袖珍潜艇也参与了攻击。袖珍潜艇又叫特种潜艇，每艘潜艇上只能乘坐2人，它实际上没有多少实战功能，不过是一种类似"神风"飞机的自杀性进攻武器而已。袭击行动结束时，10名潜艇乘员中除1人晕厥被俘外，其余9人全部死亡。

战后论功行赏，死亡的9人被晋升两级，并且追赠军神称号。渊田部队死了55名飞行员，渊田要求给予同样的晋级，政府却不予批准，问为什么，回答是你们死的人太多了，封不起！

让渊田更气愤的，还是政府竟然把偷袭珍珠港的最大战绩——击沉"亚利桑那"号归功于袖珍潜艇。渊田都快给气乐了，因为那天他明明看到"亚利桑那"号的外侧还停靠着一艘油船，隔着油船，那小小潜艇又是怎样把鱼雷射到战列舰上去的呢？

"亚利桑那"号沉没，那是我们轰炸机干的！

死掉的飞行员如此被看低，对飞行队的士气是个不小打击，有的飞行队长就一直在埋怨上面存心泼冷水，让人干活都提不起精神。

按照道理，就算军令部不去向政府争取，作为联合

珍珠港事件后吊起的飞机残骸，由美国海军确定为日本鱼雷机

舰队的一把手，平时"航空制胜"不离口的山本也得出头说上两句，但是他似乎并没有为此做些什么。

飞行队是舰队和航母的骨干，说句不好听的，就算你是楚霸王，也得靠这两只膀子来帮你举千斤顶呢。山本对渊田曾有知遇之恩，也是他心目中的英雄人物，然而面对眼前的一幕，渊田实在难以掩饰自己的失望之情。

珍珠港事件及之后的一系列胜利，确实让山本的身上发生了一些极其微妙的变化。在这之前，他在实力上处于相对劣势，所以敢于搏到底，他的那些战术思想，"航空制胜""航空优先""大战列舰无用"，一个比一个前卫，也让他站到了战术导新的最前沿。

可是在骨子里，山本其实和大多数海军高官一样，仍然视战列舰为舰队的皇后，而不是航母。他说"大战列舰无用"，在某种程度上，却是因为他的战列舰不如别人，等到偷袭珍珠港，把太平洋舰队的战列舰都摆平了，日本海军的战列舰占了优势，山本的心态也就变了。

每个人都可能走向自己思想的反面，尽管他自己不愿承认，或暂时还没有觉察出来。山本已经为自己更换了旗舰，这就是刚刚下水不久的超级战列舰"大和"号。"大和"1937 年动工，前后穷四年之功才得以建造完成，无论在舰长、排水量、速度还是火力上，都超过了以往的"威尔士亲王"号、"亚利桑那"号，创造了世界创舰史之最，德国人曾引以为豪的"俾斯麦"号与之相比，已经完全是上不了台面的货色了。

"大和"号攻防皆备，你说攻，它的一发炮弹就有一吨半重，士兵可以在炮膛里爬进爬出。你说防，船舷钢甲厚度近半米，被称为"永不沉没的大和"。

一个高贵心，两只体面眼，虽然山本仍常把航母和航空兵挂在嘴里，但谁都能看得出，他对"大和"号的爱意才称得上是如糖似蜜的爱。自从有了这艘超级大舰，山本就不再远行，出外打仗主要靠南云所指挥的航母特混舰队，日本人称为机动部队。

对山本的非议也由此而起：要么你就像尼米兹那样迁到陆地，以便掌握全局，要么就向你的偶像东乡平八郎学习，远赴重洋，亲临前线，在机动部队进行指挥，老是这样僧不僧、道不道地蹲在家里，算怎么一回事呢？

不知道此类闲言碎语有没有飘进过山本的耳朵，人们看到的只是，山本把包括"大和"号在内的 7 艘战列舰当棺材本一样，全部集结于日本濑户内海的柱岛锚地，直到中途岛作战之前，所有这些军舰都停泊在柱岛一动不动，似乎是天塌下来，都准备靠这 7 个壮汉给撑着。

时间长了，海军军官干脆把联合舰队司令部也称作"柱岛"，一些舰载机的飞行员则以讽刺的口吻，把这些战列舰部队叫作"柱岛舰队"。

渊田对此百思不得其解："'柱岛舰队'每天都在练习炮击，可我不知道他们的炮口打算朝向哪里。"

太平洋舰队的战列舰销声匿迹，那是被炸沉了，没办法，"柱岛舰队"竟然也静止不动，那效果岂不跟被炸掉了一样？

有时渊田和他的那些飞行员甚至有一种错觉，以为山本是不是要发扬他的武士道精神，等尼米兹将珍珠港事件中受创的船只全部修复好，然后再摆好阵容对决。

可看山本的样，好像又没那么君子。

在渊田看来，应该把"柱岛舰队"与南云的机动部队合并起来，以航母担当主力，以战列舰进行支援，挥戈向东，那样的话，说不定早就把太平洋舰队给打得灰飞烟灭了。

当然，这事其实也不能全怪山本，他的"东进计划"老是批不下来，而要让他在"西进""南进"中就投入"柱岛舰队"，他又舍不得，觉得太过浪费。

现在倒是能够"东进"了，但是不是晚了一点？

硬弓上马

山本和他的幕僚似乎的确是觉得晚了，而且不是晚一天，正月十六贴门神，是起码晚了一个月！

正因为有这么一个浮躁的心态，相比于偷袭珍珠港，中途岛的战前准备显得异常忙乱和粗糙，组织策划者全都跟慌脚鸡似的，爱抠细节的好习惯也在不知不觉中被他们抛到了九霄云外。

保密是重大战役开始之前的头等大事，比如，偷袭珍珠港时的保密措施就极其严格，山本甚至把联合舰队的无线电密码都整个换了一遍。

到中途岛战役之前，都不用山本自己操心，从 1942 年 5 月 1 日起，日本海军高层便更改了密码本，决定启用新密码。可是，如何使用新密码，以及把更改后的密码本发下去，这些活都得有人做，此时联合舰队司令部的大大小小，老老少少忙得不可开交，谁也顾不上什么密码不密码，结果导致新密码本的使用日期一拖再拖，从 5 月 1 日一直推到了 6 月 1 日。

也就在这短短的一个月里，日本海军 90% 的重要密码电报遭到破译。虽然"魔术队"已经拿到破译日军密码的金钥匙，但如果他们及时换新密码，也不可能这么轻而易举地被破译——新密码直到启用几个星期后，才被"魔术队"予以破译。

可叹的是，日本海军的情报专家一边被蒙在鼓里，一边还自得其乐，以为他们的密码仍处于绝对安全状态。

进攻中途岛的计划或许得到密电里去找，联合舰队将出海作战的意图却几乎是毫无秘密可言。海军基地的日军战舰出出入入，跟赶集似的，为航母运送备战物资的驳船更是每天频繁来往于舰队与港口之间，一眼看过去，船上装的全是冬季服装和耐寒装备。

现在夏天还没到，傻子都知道他们要到哪里去了。一位海军军官到理发馆刮胡子，竟然有理发师问他："这回你们要出去打一个大仗，是吗？"

珍珠港事件爆发时的情景之一："内华达"号战列舰试图起锚向港外运动，最后因受伤过重搁置在港内，但没有堵住港口

对比偷袭珍珠港时的谨慎和伪装，渊田感到十分困惑：小道消息竟然比公函来得还要快，这也太不像话了吧。

到了 5 月中旬，小道消息已经像长了腿一样不胫而走，就连夏威夷的檀香山大街上，都开始流传日本要攻打中途岛的消息，而这跟密码破译可毫无关系，完全都是口耳相传的结果。

联合舰队偷袭珍珠港时，依靠吉川猛夫等间谍内线，几乎每一步安排，都能以确凿的第一手情报为依据，可到中途岛这里就瞎了。

所谓没家亲引不出外鬼，珍珠港事件发生后，美国政府便在内部采取了严格的整肃措施，不仅吉川这样的人再无匿身之处，就连普通日侨也被火透的美国人统一送进"军事区"关了起来，别说打探情报，人身自由都受到了限制。

夏威夷的美国报纸跟着机灵起来，再不刊登太平洋舰队来来往往的消息。日本情报部门一丝一毫有价值的情报都得不到，也始终未能破译出美国海军最高层所使用的密码，当然更不可能告诉联合舰队，敌方的军舰会在哪里出没，数量有多少。

除了无情报作为依据，中途岛作战方案本身也充满了硬弓上马，想到哪儿做到哪儿的行事痕迹。中途岛战役的运送补给拟由第四舰队担任，联合舰队派军需去和舰队司令长官井上成美联系，井上对第四舰队的运输能力尚存顾虑。本来双方可以有话好好说，但军需参谋根本没有耐心，当即就愤然离去，临走时还扔下一句硬邦邦的话："既然不能依靠第四舰队，我们只好把这个任务交给陆基航空兵去完成了。"

牛不喝水强按头，联合舰队一副强买强卖的样子，让人家运送补给是如此，调集兵力也是这样。南云的机动部队已在印度洋打了3个月，刚刚才返回日本国内不久，人困马乏，理应休整一段时间，可是山本不由分说，就把他们硬按进了"东进"战车。

机动部队丢下笸儿又要弄扫帚，累得够呛。不过对于这一点，南云倒也没多大怨言。自从英国远东舰队覆灭之后，在印度洋海域，已经没有任何敌手可以跟日本的机动部队相抗衡，南云在那里就像是用大棒槌砸鸡蛋，这无疑更助长了他身上的那股子狂劲，以至于出门进门都是一副灌了黄汤的感觉，晕晕乎乎，东颠西倒，全不知天有多高，地有多厚。

士兵是不是疲惫，方案是不是周全，作战会不会失败，这些全都被南云抛至脑后，他脑子里能想到的只有一个，那就是如同偷袭珍珠港时一样，把太平洋舰队打个稀巴烂。

照例，战前要举行图上演习，这是战役组织中极为重要的一环。参加演习的高级将领大多气壮如牛，尤其是机动部队的军官，全把自己当成了高大全的典范。南云的参谋长草鹿龙之介甚至扬言："只要有机动部队打先锋,什么敌人也不在话下。"

当演习总裁判宇垣缠询问机动部队,航母上的飞机全部出去空袭后,该如何保护航母群时,南云的首席幕僚源田实脱口而出:"铁袖一触!"

这是一首日本诗词里的句子,意思是无坚不摧,不用怕我们挨揍,只会是我们揍别人。

源田不仅号称机动部队乃至联合舰队的智多星,他还是偷袭珍珠港计划(即"Z"计划)的起草者之一,被许多人看成日本海军的希望,他都把话说到了如此地步,怎由得宇垣不激动?

宇垣的正式职务是联合舰队参谋长,头脑和口才都不错,也被称为日本海军在战略方面的权威。这其实是一个和源田很相像的水晶心肝聪明人,但从山本、南云开始,到宇垣、源田,此时似乎都由聪明人变成了莽汉,一个个都表现得不知所以,毫无章法。

身为演习总裁判,演习过程中只要"日军"遇到一点困难,宇垣就会毫不犹豫地动用手中的权力,让"日军"轻松过关。

尽管如此,令宇垣担心的场面还是在演习中出现了,并成为"日军"难以绕过的一道坎——机动部队空袭中途岛,岛上的陆基轰炸机不可能不反过来轰炸航母群。

如何确定舰群的受损程度,需要按照战场实情及双方的火力对比来判定,然而宇垣为此制定的规则非常无厘头:掷骰子!

掷就掷吧,裁判掷出来的结果是,日本航母中弹9次,有2艘航母被击沉。

骰子掷得不如意。宇垣不爽了,他立即宣布裁决无效,说怎么可能有9次中弹呢,不算!照我说的,3次中弹,两艘航母一沉一伤。

到了第二阶段图上演习,众人吃惊地发现,曾被宇垣判定为沉没的那艘航母居然又不声不响地从海底复活了,并且参加了新的战斗。

赖皮到这种程度,谁还玩得过你?于是"美军"很快便招架不住,"日军"一路得胜,连小挫折都没碰上过一次。

演习虽是假的,但它是对未来真实情况的模拟,最后搞成鬼不成鬼、贼不成贼的样子,不过是在自欺欺人而已。

渊田如此评价这种几乎要诌掉下巴的荒唐演习："真不知羞耻，就是脸皮最厚的飞行员见了，也一定会惊得目瞪口呆。"

参加演习的许多军官并不是都看不出问题，但是没有人敢在会上公开提出来，都怕被说成胆小畏缩。

有人小心翼翼地建议对计划做一些修改，并且希望能推迟作战，以便有更多时间进行准备，宇垣一律答复："办不到！"

对着真人不说假话，宇垣是真着急，恨不得第二天就跟着山本登上中途岛。他在日记中写道："现在耽搁 1 天，将来要后悔 100 天。"

在一片响亮的口号声中，4 天的图上演习就这样草草结束了。会后才有一帮人叫嚷起来，而且叫嚷最凶的，正是会上胸脯拍得最响的：机动部队。

蒸笼里的馒头

在行动方案中，山本没有如渊田等人所期望的那样，将"柱岛舰队"与机动部队集中在一起，而是分隔四块，一块是主攻中途岛的机动部队，一块是山本亲率的主力，也就是"柱岛舰队"，另外两块，一块是近藤率领的中途岛攻略部队，一块是高须率领的阿留申警戒部队。

机动部队作为尖兵顶在前面，在它西面 300 海里才是"柱岛舰队"，其余部队离得更远，高须部队相距机动部队近 1000 海里。

进攻中途岛时，万一美国人突然出现，机动部队只能独自承受全部的正面压力，那三支部队什么忙也帮不着，而且机动部队所需的警戒和保障也得南云自己解决。

出头的椽子总是先烂，源田起先大话连篇，胸脯拍到山响，但演习结束后，他心里也有些发毛，觉得自己的部队吃亏了，于是会后又拉扯着山本的幕僚讨说法。

让你说的时候你不说，现在不让说了，你背后瞎说，山本的幕僚没好气地甩了他一句："联合舰队司令长官不能眼看着首都遭到袭扰。"

幕僚的意思是，山本这么做，是为了防备类似东京空袭那样的事发生——反正桩桩件件，领导都有考虑，你只要安心干好你的分内活就行了。

源田哑巴吃黄连，只好耷拉着脑袋回他的航母。他还自己安慰自己：我不是没

联合舰队（油画）

提意见，提了，山本那边不答应，难道让我拿脑袋去撞南墙不成？

作战方案果然在机动部队内部引起了波澜。海军少佐村田重治在偷袭珍珠港时，曾带领鱼雷机攻击，因为他脾气不错，所以又有个绰号叫"菩萨"。

听到方案对机动部队不利，"菩萨"也按捺不住，大声说："什么鬼行动，简直是胡闹！'大和'号和其他战列舰离我们机动部队有 300 海里，作战时，那些大炮全都躲到航母屁股后头去，能顶什么用！"

全程指挥过空袭行动的渊田亦有同感："要是那些战列舰在我们面前，大炮还能派上些用场，而且有助于机动部队的行动，可是现在情况不是这样。我不禁要问，他们究竟想不想打仗？"

村田认为说来说去，还是南云、源田等人不够专业，如此重要的演习及其方案，怎么能锥子都扎不出一声，就任由别人处置呢？他嘟囔着说："我们的司令长官（指南云）根本不中用，他只是个鱼雷手。"

"赤城"号航母上驻有一个长期跟舰拍摄的摄影师，名叫牧岛贞一。他跟渊田、村田这些人都很熟，渊田平时留一撮小胡子，一双眼睛总是死死地盯着人看，所以牧岛背地里还给渊田起了个"希特勒"的绰号。

听到"菩萨"和"希特勒"的这段对话后，牧岛本能地感到，即将到来的中途岛战役确实存在着某种严重缺陷。

可是机动部队长期以来"铁袖一触"式的优越感，还是让官兵对这种缺陷选择了习惯性的忽视。在村田不住抱怨时，他的领航员耸耸肩，不以为然地说："也许你的顾虑是对的，可我们还是会打赢。"

领航员的话，果然让村田又感觉良好起来，他咧嘴一笑，对摄影师说要带对方坐鱼雷机在前线兜一圈，就像偷袭珍珠港时一样，"不过这回也许没那么好玩了，因为敌人可能不会出来"。

在机动部队的意识里，中途岛就是下一个珍珠港，对这座小岛，他们先前是不高兴打，要是高兴了，怕是连整座岛都能给囫囵吞掉呢。

如果有战列舰部队的支援，最好，即使没有，凭机动部队的实力，也能独自击碎太平洋舰队。

这种盲目乐观在某水上飞行队中达到了极致。该队在一份电报中大言不惭地宣称，6月中旬以后，凡寄交他们队的邮件，收件地址上一律写"中途岛"。

从联合舰队司令部，再到参战的各支部队，都在一厢情愿地做着好梦，似乎中途岛就是他们蒸笼里的馒头，只怕冷了不好吃，绝对不存在吃得上吃不上的问题。

1942年5月5日，奉天皇敕令，军令部总长永野修身向联合舰队发布了"大海令"，正式通过攻打中途岛的"MI行动计划"，这标志着日本海军史上最大的一次作战行动已部署就绪。接到命令后，联合舰队的官兵像触了电一样，大呼小叫，兴奋不已。

然而也就从这时开始，发生了一连串让山本心里直打咯噔的事。

开门黑

在联合舰队接到"大海令"的同一天，"日向"号战列舰在训练时发生意外事故，炮塔爆炸，造成70余人死伤。

仅隔两天，日本海军再遭当头棒喝，小航母"祥凤"号被美军击沉。接下来的珊瑚海海战，表面上日本人占了上风，但在战略上损失很大，不仅没有达到攻占莫尔斯比港的预期目的，就连备战中途岛都因此受到了连累。

高木舰队的两艘航母，"翔鹤"号负重伤，在返回日本国内途中就差一点翻掉，最后一瘸一拐好不容易开入军港。该航母是太平洋舰队战争开始以来，日本海军损伤最重的大型舰船，一检查，至少需要一个月才能修复，也就是说，它将不能参加中途岛作战。

几天后，高木舰队的旗舰"瑞鹤"号入港。"瑞鹤"号虽然船身没有受伤，可是飞行人员损失了近一半，死亡人员中排在第一位的是海军少佐高桥赫一。

在空袭珍珠港时，高桥担任俯冲轰炸机队的队长，此人作战风格冷静犀利，与渊田、村田等人同属日本海军航空兵中的佼佼者。

日本海军并没有中断过对飞行员的培养，新飞行员可以不断补充，但新飞行员无论多么求战心切，多么悍不畏死，都不能完全替代这些技术娴熟、富有作战经验的沙场老兵，他们才真正称得上是日本海军的力量之本，因此，高桥及一批老飞行员的死，对日本海军造成了沉重打击。

另外，舰载机与母航之间还有一个配合问题。"瑞鹤"号到港时，离机动部队出发只有一个星期了，即便马上补充飞行员和飞机，也来不及对补充人员进行舰上训练，显然，"瑞鹤"号也无法参战。

高木舰队原来就属机动部队编制，番号为第五航空母舰战队。它们的意外缺席，令机动部队陡然少了 1/3 的空中攻击力，而在重大战役中，这一变故极可能决定最后的胜负。

"翔鹤"号进港的当天，曾因未能追上"翔鹤"号而抱憾的美军"海神"号潜艇又给山本来了个下马威。这艘潜艇在日本九州外的海底潜行时，发现日军潜艇"伊-164"号正在水面行驶，"海神"号当即瞄准对方驾驶指挥塔开火，仅用一条鱼雷，便把毫无戒备的"伊-164"号送上了天。

"伊-164"在联合舰队中属第五潜艇战队，根据"MI 行动计划"，第五潜艇战队是组成日军潜艇警戒线的重要部分。"伊-164"号恐怕自己都想不到，会在无意中成为中途岛战役的第一个倒霉蛋，并使他们的上司山本实实足足尝到"开门黑"是什么滋味。

凡此种种，都给山本的心理蒙上了一层阴影。不过既然"大海令"已经颁布，就没有反身而退的道理，何况从高木舰队的报告来看，太平洋舰队也被击沉两艘航母，实力应该被抵消得更多才是。

日本的舆论也很给军人壮胆，一家报纸甚至吹嘘说，美国海军的主力舰队此刻正躺在太平洋底，美国有无能力再派舰队到太平洋来，都是大可怀疑的一件事。

1942 年 5 月 21 日，日军中途岛参战部队在公海举行了为期两天的舰队演习，这是太平洋战争以来日本海军规模最大的一次演习，也是他们在公海上举行的最后一次演习。

5 月 25 日，上述部队返回柱岛锚地后，联合舰队又在"大和"号上进行最后一次沙盘演习，这标志着中途岛的战前准备已经全部就绪。

午餐时，乘着高兴劲，山本命令打开天皇御赐的米酒，举杯痛饮，然而当厨师端上菜肴，他脸色忽然变了。

不是菜不好吃，是菜名太晦气。这道菜叫"加酱烧鲫鱼"，"加酱烧"在日语中的发音跟"失败"相同。

就算不烧"庆功鲫鱼"，来道"鼓劲鲫鱼"也好啊，偏偏是"失败鲫鱼"！可这又怪不得厨师，毕竟人家也不是故意的，谁知道你们这帮打仗的如今这么讲究呢。

只能说，山本并未能真正摆脱心底的那层阴影，否则他又何至如此迷信。

酒在肚里，事在心头，既然撞上了晦气，不冲下喜是不行了。山本将机动部队的起锚日定于 5 月 27 日，这是日本的海军节，也是对马海战的周年纪念日。

对马海战是山本从军后参与的第一仗。在那一仗中，他的左手被炸掉了两根手指，如果他当时被炸掉三根手指，按照有关规定，他就将作为伤残人士退出海军。

保留一根手指，就让山本在 30 多年后接了前辈东乡的班，在日本人看来，这岂非天命。山本自己也做如是想法，他选择这一天起锚，就是希望中途岛之战能成为第二个对马海战。

5 月 27 日，南云率机动部队第一个起锚出发。5 月 29 日，近藤部队、高须部队、山本舰队也先后起程。

然而不祥之兆似乎仍在继续。就在联合舰队出发前的一个晚上，山本的好朋友、一名海军战队司令官做了个梦，梦见他在为竣工的船舶举行下水仪式，结果滑轨上的船突然就翻倒了。

不用说，这梦做得简直比"失败鲫鱼"还要让人难受。

这名司令官没敢把自己的梦讲

对马海战（油画）

229

给山本听，但是山本的心其实已经在摇晃个不停。出发前，他给情人写了封信："说心里话，对这次出征作战，我并没有寄予多大的期望。道路崎岖坎坷，已到顶点。"

正是在情人面前，这位"日本战神"才肯放下面具，说出自己的真实感受。

当然，这些大多是事后才翻出来的零碎。战前如果让看客下注，没有几个人会预测日本输，事情明摆着，山本在中途岛战役中投入了总计200余艘舰艇，几乎包括了联合舰队的所有船只，其中仅航母就有8艘，战列舰17艘，其舰艇数量之多，弹药之充实，火力之凶猛，都是前所未有的。

如此神话一般的舰队，别说偷袭珍珠港时不能相比，就算放在世界海战史上，也堪称奇观。

一名日军军官说他在前往中途岛途中，满脑子都是珍珠港和印度洋作战中的胜利，至于中途岛，他的看法始终是："战争很简单，我们能打赢，攻下中途岛易如反掌。"

铁丝网与高射炮

中途岛也已完成最后的防卫部署。

在距离中途岛100海里、150海里和200海里的地方，分别设置了3条弧形潜艇巡逻线，鱼雷快艇不分昼夜地在沿海区域进行巡逻。

岛上更是枪炮林立，每个阵地都武装到了牙齿，有些甚至装备有汽油手雷。除了海滩和周围海域密布地雷、水雷外，不管走到哪里，都有密匝匝的有刺铁丝网。

铁丝网是陆战队指挥官香农的最爱。他参加过一战，坚信带刺的铁丝网十分有效，所以像种仙人掌一样，将铁丝网安得到处都是。

盯舰艇的，打坦克的，射步兵的，锅碗瓢盆，样样俱全。中途岛不过是一座不足5平方公里的小岛，还没有联合舰队甲板面积的总和大，守备加强到这种程度，还要咋的？

海陆守备已经是无懈可击，只剩下了一个空中。尼米兹向中途岛派驻了一个高炮连，岛上部署有4门37米口径的高炮。

4门高炮说多不多，一位高射炮手认为香农光知道设置铁丝网，不注意空中防卫，所以愤怒地叫喊："铁丝网，铁丝网，天哪，这老头以为铁丝网就能挡住敌人的飞机？"

铁丝网不能挡住飞机，可高射炮也有弊病。这些高炮必须安放在沙丘高处才能起到防空的最大效果，而当日军登陆时，它又必须改用平射的方式才能保护自己，这个时候，炮手的位置都要高出炮管许多，其身影轮廓直接映在天幕上，就好像射击场上的死靶子，有多少得被人家打死多少。

何况，就算高炮火力再严密，也不能遮住整个天空，要是日军飞机从死角袭击，或者干脆从炮兵射程以外的高空投弹，那可就够岛上受的了。

这正是香农格外担心之处。太平洋舰队司令部同样也注意到了，尼米兹的幕僚研究后认为，中途岛防守的关键还是先发制人，即在敌军攻击距离之外，就抢先出动陆基轰炸机进行轰炸。

中途岛原有 52 架战机，看起来数量不少，但大多陈旧落后，很多飞机连蒙皮都腐烂了，只能用当地医院的黑色医疗胶布缠一缠，不注意还以为那是特殊迷彩或辨识标志呢。

于是尼米兹向中途岛增援了一批飞机，但是这些增援的飞机其实大多也是从航母上淘汰下来的老式机，机型都跟岛上原有飞机一样，只是外表光洁点，不用缠胶布而已。与此同时，临时集中的飞行员来自陆军、海军、海军陆战队等各个兵种，还不习惯于协同作战。

尼米兹很清楚中途岛航空队的条件，他虽然同意采用"先发制人"的方案，但并不指望陆基航空兵能取得多大的战果——我对你们的要求不高，能轰炸日军航母，阻击其不断发动进攻，便是大功一件。

在中途岛航空队背后，将由我们的航母舰载机来上场挑大梁！

太平洋战争爆发之前，美日海军没有两样，都视战列舰为"海上皇后"，航母所充当的角色，不过是些侦察船或战斗舰艇的辅助船而已。之后日本的山本五十六，美国的尼米兹，通过实战对此进行了颠覆性的革命。

山本当过航空兵，能成为海军航空力量的倡导者，或许不难理解。尼米兹并非飞行员出身，从某种角度上来说，他倒真要感谢珍珠港事件，由于战列舰被击沉或击伤，在珍珠港事件后的 6 个月时间里，他只能依靠也必须依靠航母作战。

在珍珠港事件中，美军多艘战列舰被击沉，画面近处就是"西弗吉尼亚"号，"宾夕法尼亚"号是劫后余生的幸运儿

没想到，打着打着就打出了感觉，所谓好男不吃分家饭，好女不穿嫁时衣，没有战列舰，单单依靠航母，反而被尼米兹挣出了一份功名，闯出了一片江山。

在战术革命的道路上，专业出身的山本开始一马当先，但是跑到中途，他逐渐向另一条道路打滑，正如日军飞行员私下所嘀咕的，联合舰队并没有完全把航空兵当作自己的海上兄弟。

尼米兹则在此时显示出了非同一般的见识和魄力。当他发现独重航母不是窄巷，而是光明大道之后，便咬定青山不放松，再无任何犹豫。

当时包括"宾夕法尼亚"号等战列舰已恢复了战斗力，但是美军这些战列舰的航速缓慢，不能与快速的航母部队一起行动，除此之外，还要拨出许多航空兵来为战列舰保驾。尼米兹怎么算都觉得划不来。

正好马歇尔等人仍然疑心日本会袭击美国西海岸，乃至于对美国发动东京空袭式的袭击，尼米兹便顺水推舟，将一众老战列舰派去西海岸驻守。

尼米兹故意将这些过时货搁在了一边，顺便省去了派航空兵护卫战列舰的环节，他必须把有限的资源尽可能集中到最需要的地方，也就是全部投入中途岛战场上去。

现在尼米兹急切地等待着哈尔西舰队停靠珍珠港。哈尔西舰队是尼米兹计划用于中途岛的两大主力之一，在珊瑚海吓退高木后，哈尔西便急忙返回珍珠港待命。

战将之中，尼米兹对哈尔西还是最为信赖，他准备着哈尔西一到，便将中途岛之战的指挥权交给这位美国最有名的航母指挥官。

可是意外发生了。

功夫不负有心人

突袭马绍尔群岛后，不知哪个想象力贫乏的参谋出了个馊主意，将哈尔西舰队编为第十三特混舰队，并授予其在"十三日远程袭击"的任务。

"十三"在西方是一个非常不吉利的数字，还是双"十三"，没有哪个神志清醒的水手愿意在这种情况下起锚出航。哈尔西听说后非常生气，立即派参谋长去太平洋舰队司令部进行抗议，司令部发现部署确实欠妥，赶紧予以更正，将哈尔西舰队重新编为第十六特混舰队，并将他们的出港日期提前了一天。

经常需要出海远航的人都是迷信的，山本如此，哈尔西亦然。尽管改了番号，哈尔西此后还是遇到了一系列倒霉事：几次袭击都雷声大雨点小，战果不尽如人意，好不容易碰到珊瑚海海战，又没赶上参加战斗。

东京空袭还能拿来讲讲，可对哈尔西来说也不是件完美无缺的乐事，因为最后把炸弹甩到日本本土的，是陆军轰炸机，而不是他哈尔西的舰载机。

哈尔西不知道，以上这些还不算倒霉的极致。

早在空袭东京时，哈尔西全身就起了皮疹，身上奇痒难忍，所有建议的疗法他都一一试过，无一奏效，等到他率舰队返回珍珠港时，实在是没法再坚持了，只好到医院进行检查。

医生检查后确诊为"全身皮炎"，病因初步估计为精神高度紧张加上热带阳光照射，必须马上住院治疗，再也不能耽搁。

哈尔西拖着病体，坚持在住院前先见一见尼米兹。

当尼米兹见到哈尔西时，他一眼就看出医生提出的住院要求是对的——哈尔西整个人已经变了形，不仅眼圈发黑，而且十分消瘦，连身上的军服都显得空空荡荡。

也难怪，6个月了，除了短暂的泊港外，这位大将一直衣不解甲，马不卸鞍，在舰桥上进行指挥，如此辛劳，即便铁人都得垮掉。

哈尔西积劳成疾，再不能继续领兵打仗，这让尼米兹的心凉了半截。尽管有人怀疑弗莱彻在珊瑚海海战中指挥不力，尼米兹仍然决定让他继续担任总指挥。

第十六特混舰队还缺少一个指挥官，尼米兹请哈尔西举荐替代者，哈尔西推荐了斯普鲁恩斯。

斯普鲁恩斯此前担任巡洋舰队司令，名气虽不大，但尼米兹对他印象不错，如今又有哈尔西的鼎力推荐，当即允以委用。

哈尔西就这样暂别了他心爱的战场，他把这次被迫放弃指挥作战看成"我一生中最痛苦的失望"，此后他便像上了油的枪支一样，全身涂满药膏，乘着船到美国本土接受特别治疗了。

弗莱彻的第十七特混舰队迟一天到达珍珠港，迟到自然与"约克城"号的受伤有关。

未来的中途岛之战，必然也会像珊瑚海海战一样，是航母与航母的对决。太平洋舰队原有 5 艘航母，除了第十六特混舰队的"企业"号、"大黄蜂"号外，第十七特混舰队已经损失了"列克星敦"号，"约克城"号则千疮百孔，必须进行修理。

曾在美国西海岸进行大修的"萨拉托加"号倒是已经修复，但又远在南美，难以如期抵达中太平洋参战。

巧媳妇也做不出没米的粥，面临着只有两艘航母可以参战的窘境，尼米兹急得跳脚，他甚至不惜放下老大哥的面子，将借条打到英国海军部，希望可以借艘航母用用。

英国人的答复彬彬有礼，同时无价可还："一艘也不能借，我们本身就需要保卫大英帝国的安全。"

这是最让尼米兹伤脑筋的阶段，他不是一个容易紧张的人，但是在中途岛战役之前的那几天，他一下子就失眠了，眼睛熬到通红。

正在进行紧急维修的"约克城"号

唯一的希望，只能寄托在"约克城"号上面。除了主机没有损坏外，"约克城"号遍体鳞伤，有人预计要 3 个月才能修好，弗莱彻乐观一些，不过也说起码得两周，已经无法赶上即将到来的战斗。

尼米兹当过海军工程人员，在军舰修复方面并不外行。未见到

"约克城"号之前，他根据电报上的描述，就判断不需要 3 个月，至于两周要不要，得看了再说。

1942 年 5 月 27 日，日军机动部队的起锚日，也是"约克城"返回珍珠港的日子。尼米兹登上"约克城"号，亲自对舰身进行检查。

"约克城"号的推进器、升降机都是好的，木制飞行甲板已在返航途中修复，就是被炸弹炸穿了窟窿的舱体需要修补一下，其他的只是难看一些，并不影响作战和安全，特殊时期完全可以当看不见。

尼米兹以行家的眼光判断，这样处理应该不要两周，几天就可以了。他转身向维修部门下达命令："想尽一切办法，限定 3 天内修好！"

维修部门马上行动。不到一个小时，焊接工具、钢板以及其他材料就都集中到了船坞，大批机修工蜂拥而至，舰上的缆绳尚未系好，舰面就响起了一片叮叮当当的敲打之声。

整个珍珠港都被紧急动员起来，无论机修工还是船员，全都投入争分夺秒的抢修工作中来，甚至尼米兹有时也穿着齐腰的长裤靴在船坞里进行现场指挥。

功夫不负有心人，奇迹诞生了，仅仅用了两天多一点时间，"约克城"号便神奇康复。当然并没有完全好透，比如速度已大大降低，只及原来的一半，但尼米兹的要求不高，能走路，也能够起降飞机就 OK 了。

尼米兹松了口气，3 艘航母参战虽然仍嫌不足，但大家已竭尽所能，再也无法挤出哪怕是半艘来了。

他召来罗彻福特，询问联合舰队进攻中途岛的确切日期，但罗彻福特回答不出。

鸡飞蛋打

并不是夏威夷情报站出了什么岔子，而是联合舰队终于更换了战时密码，破译人员需要几个星期才能将新密码破译出来。

确切的不知道，罗彻福特所掌握的只是大概日子。他估计联合舰队将在 6 月上旬进攻中途岛。

于是尼米兹又召见莱顿，让他来提供答案。

莱顿和罗彻福特一样，肚子里的情报资料多得几乎要鼓出来，不过罗彻福特只负责破译，莱顿还负责分析，从山本及联合舰队的角度。

一开始，莱顿也显得有些畏难："我现在很难谈得具体。"

"我要你具体地谈。"尼米兹的语气不容置疑，在这一刻，他完全把对方当成了山本的化身，他需要从"山本"嘴里了解至关重要的信息。

莱顿鼓足了勇气，开始侃侃而谈。这回轮到尼米兹吃惊不已了，莱顿不是光具体这么简单，他不仅说出了日军机动部队进攻中途岛的日期，而且精确到了几点钟和所处方位。

莱顿并非信口开河，他已经连续3个月通宵达旦地查阅各种情报资料，并仔细研究了太平洋近期的风向、气象和洋流情况。

尼米兹吃惊归吃惊，但他用人不疑，全盘接受了莱顿的观点，并据此勾勒出中途岛的作战方案。

当尼米兹根据情报调兵遣将的时候，山本对此还一无所知，联合舰队正在他的指挥下浩浩荡荡地向中途岛开去。

这是日本海军有史以来规模最大的一次远征，看着眼前乘风破浪的威猛气势，山本又来了他那说一是一，说二是二的劲头：这么庞大的舰队，谁能挡我？

最初好像还真是这样，连大海似乎都屏住了呼吸，太平洋就跟它的名字一样，显示出死一般的沉静，一些日军指挥官甚至害怕环境太过安详，导致士兵的反应变迟钝，为此想出一起唱歌、做徒手操的办法。

不过到出海的第二天，情况就有些不对了。天气骤然间变坏，海上波涛汹涌，太平洋终于露出了它的真面目。

南云的"赤城"号上则乱成一团。渊田突发急性阑尾炎，不得不在船上动手术，手术之后自然不能再担任飞行队长了。

渊田是空袭珍珠港的指挥者，对联合舰队来说，相当于一个标志，全舰的人都因此

日本机动部队指挥官南云忠一

变得阴郁不快，村田烦恼地说："渊田中佐不能参加战斗，这恐怕会大大影响飞行员的士气。"

祸不单行，没过几天，南云的幕僚源田又得了肺炎，高烧不断，只能卧床休息，与此同时，山本也经常感到肚子疼，就像是被大海颠坏了一样。

1942 年 5 月 30 日，当联合舰队经过中部太平洋时，天气变得更加恶劣。秒速18 米的大风卷起巨浪，令舰船航行极其困难。

比惊涛骇浪更令山本不安的，是他尚不清楚太平洋舰队的所在位置，而他发动中途岛战役的目的，不光是扩大国防圈，更重要的还是要诱歼太平洋舰队。

就在这天白天，"人和"号无线电兵截听到了美军潜艇发往中途岛的一份紧急密电，内容很长。因为无法译读密码，不知道上面讲的是什么，不过从篇幅和紧急这一级别来看，应该是在报告日军大举进攻的迹象。

山本的幕僚不惊反喜。我们不就是想诱太平洋舰队出来吗？还怕他们发觉？

这帮小子完全把中途岛战役当成了狩猎之旅，以为从隐蔽处飞起的美国鸟越多，即将获取的猎物也就越多。

但山本还是更想知道太平洋舰队的动向，这样他瞄准时将更容易有的放矢。

山本为此设计了一个侦察计划，代号为"K 号作战"，即派两架水上飞机到夏威夷上空进行侦察，以便弄清珍珠港内还有多少兵力。

要直飞夏威夷，飞机没这么多油量，中途必须由加油潜艇对飞机进行加油。可是当潜艇驶至预定地点时，却发现那里已停了两艘美舰。

眼巴巴地希望美舰溜达一会儿就走，哪承想，美舰根本就没有走的意思，随后便开来两架美军的水上飞机——原来他们把那个预定地点当作了美军的水上基地。

"K 号作战"鸡飞蛋打泡了汤。弄不清珍珠港的虚实，山本就无从知道太平洋舰队究竟有没有被诱出来，这样心里始终没着落啊。

山本于是再出一招，决定到 1942 年 6 月 2 日为止，在夏威夷和中途岛之间拉起三道潜艇警戒线，以监视太平洋舰队的动向。

可他还是晚了一步，从珍珠港出发的两支特混舰队早已通过这条警戒线，神不知鬼不觉地驶往中途岛。

"企业"号飞行员在日志中写道："飞机和潜艇的侦察，表明日本人正按计划逼近，希望真的能接待他们，好好打一仗。大家都渴望当英雄，我想会有这个机会的。"

这时的中途岛守军也正严阵以待，迎接着那个当英雄的机会。

灵丹妙药

中途岛的两位指挥官，香农指挥海军陆战队，赛马德管航空兵，但在人员和物资不断涌入的情况下，他还需要负责后勤及岛上设施，忙得分不开身。太平洋舰队司令部决定派拉姆齐中校到中途岛，协助赛马德指挥航空队。

拉姆齐毕业于美国海军学院，该学院多年前曾举行过一次演习，其假想背景就是日军企图占领中途岛。拉姆齐参加过这次演习，上手快，能节约许多时间。

拉姆齐在太平洋舰队的多个航母上做过飞行员，他不仅精通水上飞机，而且会驾驶陆上飞机，更重要的是，他还协调过陆机的空中巡逻，熟悉海陆两军种的活动，后面这一点，正是中途岛航空队所需要的。

从 1942 年 5 月 30 日起，拉姆齐开始在中途岛实行空中搜索。在搜索中，中途岛航空队与日军发生了开战以来的第一次交火。

当天早晨，两架 PBY 卡特琳娜式巡逻机与威克岛的两架日本陆基轰炸机遭遇。"卡特琳娜"体大笨重，是二战时期最慢的飞机之一，有"最鸡肋机种"之大名，交战中，两架飞机都被打得满身是洞，差点就回不了岛了。

此时中途岛已部署有 B-17"飞行堡垒"轰炸机，既然"卡特琳娜"如此不禁打，"飞行堡垒"便加入了巡逻搜索队伍。

"飞行堡垒"的油耗很大，偏偏岛上的汽油库又正好出事故，发生爆炸，导致整个油库储量的一半付之一炬。

听到中途岛在这个节骨眼上出事后，尼米兹异常担心，他说："时间越来越紧迫，中途岛很需要那些油。"

因为情况紧急，尼米兹便临时租了一艘货船，以便将最后一批桶装航空汽油火速运往中途岛。

未料，你急人不急。货船上的人觉悟不高，当货轮抵达中途岛时，又正好是星期天，船员便要起态度，说法定休假日他们是不卸货的，要卸得等到星期一——实在要卸也行，那就必须额外付给加班工资。

中途岛守军无权决定是否能给船员多开工资，又不可能为这点小事就打电话或发电报给尼米兹。

你们不是眼皮子浅吗？得，这就让你们见见世面。守军急中生智，恐吓这些船员，说你们到底加不加，不加，日本人马上要打过来了，船上堆着这么多汽油，那可都是一包包炸药啊，只需一个火星飞过来，轰，船上的人全得变成烧煳的卷子，你们还能再看到星期一的太阳？

这话一撂下，船员被吓得面无人色，立即动手把货物和汽油卸完，然后匆匆忙忙地就跑掉了。

巡逻很危险，但不能不巡逻，而且"卡特琳娜"仍是主力哨兵。这个"最鸡肋机种"还不能弃之，缘于它还有优点，其中之一便是续航能力超强，飞得够远够长。

1942年6月3日，又是一组"卡特琳娜"出发了，其中有一个叫里德的小伙子，他飞了6个小时，已到达巡逻区的尽头，仍然没有看到日舰的影子。

里德最初也怕碰到日机，"卡特琳娜"在打架方面属于幼稚园的小朋友水平，碰到谁都得被欺负，中途岛航空队前后已有4架"卡特琳娜"被打成重伤，他可不希望自己的座机成为第五架。

不过事有凑巧，前一天晚上，中途岛新到了几架"飞行堡垒"，飞行员炫耀他们的爆破弹威力无穷，并且拍着胸脯说，只要用上一发，准保能立刻让日机开花。

里德等人正愁打不过日机呢，一听，这么神，那不是医生开的灵丹妙药吗？于是马上凑过去，用"交换或借用"的方式，弄到了6发爆破弹。

枪壮尿人胆，有了爆破弹，人的心眼便活络了许多。里德算了一下，如果再向外飞出20分钟至40分钟，油料还绰绰有余，到时就算碰上日机也不怕，说不定还真能发

执行侦察任务的PBY-5"卡特琳娜"，这是一种水上侦察巡逻机，太平洋战争爆发前才刚刚装备

现日军舰队呢。

飞了 20 分钟，依旧一无所获。里德失望了，他开始转弯，准备进入返回中途岛的航线。

就在这时，他发现地平线上有几个小点。开始还以为是挡风玻璃上的污点，没顾得上去理会，过了一会儿，他猛然醒悟过来，对副驾驶喊道："啊，上帝！地平线上的那不是敌舰吗？我想我们是交上好运了。"

几分钟后，里德紧急拍发了两个字的电报："主力。"

接报后，拉姆齐急忙通知赛马德，两人都异常兴奋。在这之前，也有飞行员发现了敌情，但就数里德的报告最具价值，日军主力舰队啊，要钓就要钓这样的大鱼。

赛马德需要知道大鱼的详情，他命令里德继续观察。里德随后发报，说有 6 艘大型舰只，呈纵列行驶。

赛马德、拉姆齐收到电报后，鼻子都差点气歪了，6 艘，你难道真是幼稚园的小朋友，只会数数？报舰种啊！

要认清舰种，就非得降低高度。里德猜想日军舰队一定有战斗机护航，这一带没有云层保护，如果面前突然跳出一架零式，就算有再多爆破弹，"卡特琳娜"也是火鸡遇上鹰，只有白给的份儿。

小伙子很聪明，他想到了一个主意。

空中华尔兹

里德与日军舰队捉起了迷藏，他转了个圈，跑到了舰队后面，并且尽量贴近水面飞行。

日军舰队只会集中精力注意前面有无巡逻机，很少有人会留心身后还有盯梢的，里德通过仔细观察，确认舰队中主要包括了战列舰、小航母、水上飞机航母、巡洋舰、驱逐舰等各舰种。

观察结束，里德才意识到自己已在中途岛以西约 750 海里处，距日本比这些日舰还近。离原定的返回时间，已过去 2 个半小时，也就是说飞机已连续跟踪敌人达 2 个半小时。

此时，燃料竟然仍够飞回中途岛，当然是刚刚够，到家时油箱里的油料已经用得一滴不剩。

实际上，里德所观察到的，并非机动部队或山本舰队，而是走在最前面的运输舰队，只是因为声势浩大，使他产生了"主力"的错觉。运输舰队中也没有战列舰，只有重巡洋舰，这两个舰种都很大，飞行员误认是常事。

赛马德、拉姆齐从里德的报告中看出，确实是大鱼来了，于是立即决定出手。他们一边向尼米兹报告，一边下令斯威尼轰炸机群向"日军主力"出击。

这是拉姆齐所能派出的"经验最丰富的轰炸机群"，可这个"最丰富"其实已经注了不知多少水。

到中途岛开战前，中途岛的飞机猛增至120架，如果说因为有"飞行堡垒"等加盟，新增的飞机还能勉强凑合，飞行员就明显不行了，很多人刚刚才从飞行学校毕业，毕业后飞行时间不足4小时，连鱼雷都是生平第一次见到。

在匆忙练习起飞降落后，这些小伙子便进行了首飞——从珍珠港飞中途岛，途中由于没有人能将飞机罗盘校对正确，大家伙跟没头苍蝇一样瞎飞，若不是有一架老飞行员驾驶的"卡特琳娜"在旁陪同领航，他们都不知会钻到哪个窟窿里去了。

即便到了中途岛，一群"菜鸟"也不知道自己到了哪里，来干什么，有人还以为岛上要举办高级训练班，而自己就是那个荣幸的学员。

上岛的第一天，练习短距轰炸训练。就在当天，"菜鸟"在训练中毫不犹豫地摔掉了两架飞机，幸亏人没事，他们的第一个伤员也不是来自报销的飞机，而是被岛上的信天翁咬伤了脚拇指！

斯威尼轰炸机群里的飞行员，不在这些"菜鸟"之列，所以拉姆齐称为"经验最丰富"，但其实包括斯威尼上校在内，他们中间也没有一个人打过仗。另外，除斯威尼是正牌西点军校毕业生外，其他官兵全是珍珠港事件后的临时征召人员。比如斯威尼的副驾驶战前是货车司机，领航员战前是木材商。

不过这些飞行员好就好在士气旺盛，斗志昂扬，接到作战命令后，他们恨不得马上冲出去，把日本人的牛黄狗宝先给掏出来再说。

飞行3个半小时后，斯威尼首先找到了日军运输舰队。对方也同时看到了这架美军大型战机，负责护卫舰队的"神通"号轻巡洋舰立即开火，斯威尼一拉操纵杆，

中途岛大战（油画）

飞机陡然上升，脱离了高炮射程。

"神通"号刚停火，斯威尼带着机群的其余飞机又杀了回来，"神通"号再射击，飞机再消失，如是者三。

开巡逻机的里德以为既是"主力"，日军舰队必有战斗机护航，其实这支运输舰队并无空中掩护。飞机倏忽来去，巡洋舰对此毫无办法，舰上的日军更是被这种游击战术搞得坐立不安，心神不宁。

斯威尼在寻找最佳的轰炸时机。随着暮色降临，时机到了，斯威尼机群的9架B-17轰炸机从运输舰队的右后方扑了上去。天幕中，清晰地显示出"飞行堡垒"的优美轮廓，犹如在跳一曲空中华尔兹。

斯威尼将飞机分成3组，分别从8000、10000、12000英尺高度实施攻击。随后，他驾驶飞机进入轰炸航路，并用无线电通知其他飞机："我要在8000英尺投弹，你们跟着我。"

运输舰队意识到对方要给脸色瞧了，所有驱逐舰都拼命朝天空射击。刹那间，大炮轰鸣，炸弹呼啸，海面的水柱被打得嗖嗖蹿起，又哗啦哗啦落下。

几分钟后，喧闹停止，海战结束。

由于机群的攻击距离很远，每架"飞行堡垒"上只能装4枚600磅的炸弹，空出来的炸弹舱里必须装满汽油，所以轰炸时间不长。不过，没有空中干扰的情况下，9架飞机都得到了充分发挥，他们的集体华尔兹跳得旁若无人，非常优雅，差不多是以整齐的队形投弹，又以整齐的队形退出，返回中途岛时完好无损。

回到家后，飞行员凭记忆回顾战果，有人认为炸弹命中了一艘运输船并导致其燃烧，还有人说炸中了一艘战列舰或者是重巡洋舰。斯威尼在飞到离战场30海里外时回头看了一眼，确信至少有两艘日舰被打惨了："那两条船都离开了纵队，好像动弹不得，船身上空冒着许多菌状的大黑团烟。"

拉姆齐综合了飞行员的讲法，在给尼米兹的正式报告中载明："共有两颗炸弹命中敌舰，一颗命中一艘战列舰，另一颗命中一艘运输船。"

这已经是缩小了的数据，为的是尽量客观准确，然而，事实还是给大家开了个不大不小的玩笑。

新式武器

轰炸结束后，日本人对船队进行检查，除了一艘货轮被炸弹碎片碰了一下外，其余没有丝毫损失。

当时中途岛守军对此一无所知——或许不知道还是件好事，因为感觉打了个胜仗，官兵作战的积极性更加高涨，上过场的想再立新功，没上场的则跃跃欲试。

听说日军舰队无战机护航，赛马德和拉姆齐忽然来了灵感：何不让"卡特琳娜"也去领它几枚军功章？

这个主意乍看起来有些不可思议。"卡特琳娜"就是个摇车里的爷爷，挂拐的孙儿，速度慢，不经打不说，飞机上还没有鱼雷挂架，同时驾驶这一机种的飞行员也从未接受过投放鱼雷训练。

不管它，先试试再说。

志愿者组成 4 个袭击机组，他们用一种很特别的机械方法，在机翼下部挂上鱼雷，然后隆隆升入夜空。

不久，飞机就遇上了坏天气，一开始，天黑得如同置身于煤窑，到后来就真的什么也看不见了。飞行员能够在黑夜中接近和寻找到目标，靠的是雷达。

二战初期，雷达在日本人眼中还是一种颇为神秘的新式武器，但许多美军军舰、潜艇和飞机上都开始进行装备。依赖雷达的指引，袭击机组重新咬住了运输舰队。

这时天已放晴，运输舰队前番有惊无险，心理已经放松下来，正像企鹅一样大摇大摆地朝前继续航行，哪里能想到又会来一群贩鱼雷的。

施放鱼雷无法像高空扔炸弹那么潇洒，为了寻找最好的投弹位置，飞行员必须把飞机降到一百英尺高度，这样投弹时就很容易受伤，有一架"卡特琳娜"的机头便因此被打穿了好几个洞，机身、机翼包括机尾伤痕累累。

与上一次一样，众人一扔就走，同样没看清战果到底如何。

运输舰队的实际损失是，"曙丸"号油船被击中，死伤了20多人，并因速度下降而暂时掉队。不过这点轻微伤势实在不值一提，没多久，"曙丸"号就赶上了舰队，仍然能保持编队航行。

继两番出击后，又有一个巡逻机中队长请战，要求让他率更多的"卡特琳娜"前去攻击，以进一步阻止日本舰队向中途岛进发。

他的请求遭到赛马德的否决，原因是赛马德已从尼米兹那里得到了新的指示。

几天里，尼米兹24小时不离办公室，疲倦了只在一张行军床稍微合一合眼。时光一分一秒都那么难挨，但他什么都不能做，只能焦灼地等待着来自中途岛的消息，为此几乎到了望眼欲穿的程度。

中途岛发来的电报让老爷子喜形于色，匆匆看完，他不由自主地从座位上站了起来。

漫长的等候终于有了结果，日军的目标就是中途岛，而不是瓦胡岛，更不是美国西海岸，这说明之前对形势的估计完全正确。

犹如突然拉开了窗帘，眼前光明一片，对尼米兹来说，战局的发展将不再是一盘散沙，而是完全进入了他的预设轨道。

作战室内的尼米兹（油画）

尼米兹没有亲临现场，但他不同意侦察情报中发现"日军主力"的说法。从情报上看，没有大型航母，也就是意味着，日军的主力突击部队尚未出现，而按照莱顿先前的预测，日军主力应在明天早晨现身。

尼米兹对莱顿预测的准确性始终坚信不疑，他随即用舰队密码向中途岛发出急电："那不是日军主力，只是登陆部队，再重复一遍，日军主力将于明天天亮时，从西北方向发起进攻。"

太平洋舰队在当天的作战纪要中写下结束语："未来两三天内，战斗情况将影响太平洋战争的整个进程。"

接到尼米兹的最新指示，赛马德、拉姆齐立即决定停止向日军运输舰队继续发动攻击，以便保存实力，养精蓄锐，迎战即将从西北方向出现的日军主力。

中途岛的气氛显得凝重起来，整个航空队都陷入了极度的紧张和不安之中。

天衣无缝

有句话叫，无知即天堂，或者说，知得多老得快。起初大家都以为自己打击的是日军主力，没想到主力尚未登场，那些彪悍的零式和大型航母还一个都没出现。

航空队的战机虽多，但别说"卡特琳娜""飞行堡垒"，就算是战斗机，无论老迈些的水牛式，还是主流配置的野猫式，无一是零式的对手。

热情归热情，实力归实力，灯影戏好看，但戳破那层纸就不好看了。飞行员中，连平时一贯自信开朗的人都变得表情严肃起来，同伴故作轻松地上前劝解："到明天这个时候，一切就会过去了。"

这话不说还好，一说，听者心里更不是滋味，只得苦笑着点头："是啊，对于那些还能活下来的人，自然一切都会过去。"

一位飞行员一向以胆大出名，也从不购买军人保险。这时候，他也害怕了，赶紧找人要购买1万美元的保险。负责人的答复是："抱歉，填写保险的表格已经被抢光了。"

紧张是难免的，但没有人怯战做胆小鬼。有的发誓只要明天日军航母进入攻击范围，他就自愿驾机攻击，有的晚上睡觉时连衣服都不脱，以便能够随时应战，还有的未雨绸缪，在飞机里放上一堆牛肉罐头和菠萝汁，说万一迫降海面，不至于饿着自己。

美国人有着一种天生的乐观和幽默，不管是多么困难的环境下，他们总能想出点法子来跟紧张做斗争。

美国知名大导演、以拍西部片见长的约翰·福特这时也参了军，职务是海军预备队中校，他正在中途岛上拍纪录片。赛马德建议他明天到电站顶上去拍，福特欣然同意，还说那里确实是个拍照的好地方，没准能弄出一批好作品。

赛马德听了一咧嘴："还是请你尽量把摄影的事忘掉吧，我们明天会遭到攻击，我希望你能准确报道即将到来的轰炸。"

福特起先还不大相信仗会真打起来，见赛马德都这么说，也不得不信了。

为了让自己和别人都不致过于紧张，福特便大讲特讲好莱坞的香艳故事，有的没的都吹一箩筐，把周围的官兵听得眼睛眨都不眨。

酒色亦能壮胆，感觉马上就好了许多。不知不觉，天亮了。

1942年6月4日清晨，负责巡逻的"卡特琳娜""飞行堡垒"按惯例起飞，并向西北方向进行重点搜索。

5点34分，"卡特琳娜"穿越海面云层，忽然看到20海里外出现了两艘航母。由于时间已十分紧迫，飞行员摒弃密语，直接用明语向中途岛发回了一份急电。

电报很快便被转发给太平洋舰队司令部，尼米兹将它称为"中途岛战役中最重大的接敌报告"。

看完电报内容，包括尼米兹在内的所有人都被惊得目瞪口呆，在日军主力出现的距离、方位及时间上，莱顿的预测接近天衣无缝，其误差分别为5海里、5度和5分钟！

机动部队就在中途岛西北180海里的地方。

对前面运输舰队被发现且两度遭袭的事，南云居然不清楚。照理，山本舰队是掌握这一情况的，虽然机动部队处于无线电静默状态，但山本舰队可以向其单向转发情报。

然而没有，自始至终，南云什么情报都没收到。

中途岛战役结束后，南云及其幕僚得知内情气得暴跳如雷：横竖风雨洒不着你们头上是吧，为什么不知会一声？

山本的幕僚满脸都是委屈，他们觉得当时这么做，恰恰是为了机动部队好："如果因为无线电通信，暴露你们的位置怎么办？我们还以为，敌人被运输舰队缠住，你们进攻中途岛会更顺利！"

清水下杂面，你吃我看见，可那时候大家都在埋着头吃面，谁会料到机动部队早已暴露了呢？

在向中途岛推进的过程中，山本舰队和机动部队为了保密所需，就像是配好的夫妻，一个装天聋，另一个充地哑，结果弄巧成拙，反而误了事。

其实就算没有电报联系，机动部队本身也可以派舰载机侦察，但日本海军的传统是，对攻击看得重，对侦察和搜索看得轻，机动部队那么多舰载机，却没有专门的侦察机，需要侦察的时候，都是由攻击机临时客串。

珍珠港事件以后，机动部队到印度洋作战，非专业的侦察机在搜索英国舰队时经常迷航，以至于航母不得不发出无线电信号来引导返航，航母的位置也因此暴露。有了教训后，南云能不派飞机侦察，就尽量不派，中途岛战役便是这样，守军早已发觉了他，他还以为自己穿着隐身衣，神不知鬼不觉哩。

几乎就在美军巡逻机侦知机动部队的同时，机动部队向中途岛发起的第一冲击波开始了。

5点40分，攻击机群被美军巡逻机发现，飞行员用明语向中途岛发出警报："大批飞机朝中途岛飞来！"

十几分钟后，中途岛雷达站报告，日机已经逼近。岛上警报声大作，有些飞行员正在暖机，噪声非常大，指挥所怕他们听不见，就派卡车拉着警报沿跑道飞驰。

岛上飞机升空时，赛马德按照尼米兹先前的要求，用无线电向各机队发出指令："战斗机截击敌机，俯冲轰炸机和鱼雷轰炸机攻击航母！"

一场空中白刃战即将打响，在这里面，最弱的"卡特琳娜"连参战资格都没有，赛马德让它们赶快远离中途岛，先到周围偏僻的礁湖去避上一避。

当雷达显示，日机距离中途岛只有29海里时，中途岛上能起飞的飞机已经全部派了出去，返回的飞机则全部被拖入了掩体。机场上空空如也，只有一架用木板和铁皮拼装的假飞机一动不动地躺在跑道附近。

死心眼的货色

日军的第一攻击波由108架飞机组成，36架零式护卫着16架九九式俯冲轰炸机和16架九七式鱼雷机，最后除一架因故障返回外，共有107架飞机接近中途岛。

中途岛战斗机中队出动了25架战斗机，其中包括20架水牛式，5架野猫式。在与日军攻击机群相遇后，它们朝轰炸机和鱼雷机冲了过去，想拦住对方，在上空进行护卫的零式急了眼，立刻张开血盆大口，对美机进行反噬。

尽管早就听闻零式厉害，见了面才知道，这不是一般的厉害，美军飞行员从来没见过飞得这么快、爬升得这么好，又这么灵活的飞机，真的好像长了几个脑袋、几只手一样，在空战中占尽了优势。美机性能远远不及，用它们去斗零式，如同在拿草根戳老虎的鼻子眼，讨不着一点便宜。

　　"野猫"还稍好一些，"水牛"算是坐实了"空中棺材"的恶名，它动作迟缓，最高俯冲速度竟然还没有零式的水平飞行速度快，以至于作战时零式常常可以绕着它转圈飞。在这次空战中幸存下来的飞行员一谈起"水牛"，简直是深恶痛绝："我认为，指挥官在命令飞行员驾驶水牛式出发时，这名飞行员就已经被宣判了死刑。它根本不是战斗机，应该老老实实在家里当教练机用！"

　　美军飞行员承认，零式机确实是当时战场上机动性能最好的飞机，美军正在使用的战斗机根本无法与之相比。除此之外，零式飞行员的技战术水平也相当高超，射击时非常准确，几乎是弹无虚发。

　　美机本来在数量上就处于劣势，硬件又比不过人家，场面很快就变得异常难看，大部分美机都处于被追杀的困境之中，他们只能用全速俯冲的办法，一边尝试摆脱追击，一边希望得到地面炮火的掩护，以便死里求生，但是成功者寥寥无几。

　　布鲁克斯少尉是比较幸运的一个。在他与战友击落一架日机后，有两架零式向他猛扑过来，布鲁克斯的仪表和座舱被打得全是洞，他急忙飞向高炮群的上空，依靠高炮赶跑了那两架零式。

　　接着布鲁克斯看到有两架飞机在格斗，他便想上去助患难中的伙伴一臂之力。可是当飞近时，这两架飞机却一起向他扑来，布鲁克斯定睛一看，大吃一惊，原来这两架都是零式，刚才只是在假装格斗，以便诱人上当。

F2A"水牛"战斗机。美国海军第一架单翼舰载机，装备于太平洋战争爆发前，其性能已经过时，远不能与零式匹敌

布鲁克斯只好开足马力全速撤退，一路上飞机又挨了不少子弹，当他的"水牛"降落在岛上时，机身上一共留下了 72 个弹洞，他本人也受了轻伤。

冷静有时能在关键时候起到关键作用。科里少尉被四架零式逼住，在较量中，他发现零式也并非无懈可击，只要运气好，用机枪打中它的某个部位，零式竟然比普通战斗机还要不堪一击。

科里的技术和运气都很好，他击落了 1 架零式，在避开另外 3 架零式后，又乘隙将一架日军轰炸机给揍下了海，最后驾驶着体无完肤的"野猫"安全返回。

重要的是，你不能首先被零式咬住尾巴，一咬住就很难摆脱，这些死心眼的货色，会像鬼魅一样地追得你上天无路，入地无门。一名中尉飞行员被零式咬住后，以每小时 300 海里的速度全力俯冲，从 10000 多英尺直降到 3000 多英尺，将飞机拉平后一看，并没能甩脱零式。

再俯冲，到 500 英尺，仍然咬着不松口。中尉实在没法，只能冲进大海，回头再瞧，零式还在那里不依不饶地进行射击。

当然不一定迫降海面才能逃生。一名上尉飞行员也是被咬尾后，怎么甩都甩不掉，他后来灵机一动，突然收小油门，并向外侧滑，零式刹不住车，立即冲过了头。

这场空中对拼没有太大悬念。仅仅 15 分钟后，美机就败下阵来，25 架战斗机，有 17 架被当场击落，7 架受重创，不复能战，参战的 26 名飞行员中，有 25 人在点名时永远也不会喊"到"了，这个战斗机中队已近乎全军覆没。

趁着美军战斗机被零式缠住，日军俯冲轰炸机和鱼雷机闯入了中途岛上空。这时候鱼雷机用不着反舰，所以它是作为水平轰炸机使用，并与俯冲轰炸机进行协同配合。

中途岛由桑德岛和东岛两座礁岛组成，日机也兵分两路进行轰炸。当天早晨，天气晴朗，对高炮射击来说，能见度良好，两路日机还未来得及投弹，桑德岛猛烈的高射炮火就击落两架日机，并击中了领队飞机。

日军飞行员菊地六郎在发现座机中招后，没有跳伞——日军在战争中的无节操行为可谓伤人又伤己，战斗机对攻中，有美军飞行员跳伞逃生，就被日本人用机枪射死了，或许菊地也怕落到美军地面，遭遇同样下场，所以索性不跳。

菊地知道自己必死无疑，他打开舱盖，向同伴挥了挥手，表示诀别，然后关好舱盖，随着机身一头栽了下去。

另一架日机中弹后轰然起火，不过没有落在地面，而是插进了礁湖之中。

看到菊地的飞机坠毁，一名聪明的美军黑人炊事兵一个箭步奔到飞机残骸旁，将菊地的尸体拖了出来。拉姆齐也闻讯而至，他检查死者衣袋，想找出一点儿有情报价值的东西，没等他翻出个所以然，炸弹已像雨点一样倾泻而下，拉姆齐赶紧纵身跳入掩体。

同一时间，东岛也遭到空袭，但是突袭开始前，守军见到了匪夷所思且让他们记忆深刻的一幕。

悲愤到了极点

领队日机突然离开机群，在俯冲到离地面大约 100 英尺时，竟然翻转机身，仰面朝天，优哉游哉地从停机坪上方一飞而过。驾驶员一边飞，还一边把拇指放到鼻子上，对美军的轻蔑和嘲弄之情溢于言表。

地面的美军高炮手看得目瞪口呆，有好几秒钟，大家都忘了射击，不明白这鬼子究竟想干什么。一名陆战队员骂了一声"搞什么鬼名堂"，随后一发炮弹就打了过去。

领队日机以为自己有七个头八个胆，但其实身上并无金钟罩铁布衫，中了炮弹一样只能摇摇晃晃地摔进大海，这就叫作蚊虫遭扇打，只为嘴伤人。

和桑德岛突袭类似，东岛上空的炸弹同样多得跟下饺子一样。不过东岛机场上的飞机早就全部派了出去，只有跑道上的那架假飞机被当成真飞机给炸了个稀巴烂。

大导演福特出于职业本能，他的第一反应不是赶紧找地方躲避，而是赶紧把摄影机对准桑德岛的机库，因为他知道机库一定会成为日军轰炸的主要目标，虽然实际上里面空空如也。

果不其然，机库在突袭中得到了"贵宾式"的待遇，整个机库都飞上了天。拍摄过程中，出现了让福特为之惊心的一幕，一块巨大的爆炸碎片冲摄影机直飞过来，他整个人都被震傻了。

还好，福特只是肘部和肩部受了伤，还获得了补偿：不仅得以拍下机库被炸的经过，镜头里还留下了碎片飞来的影像，这些后来都成为纪录片《中途岛之战》的重要资料。

日本人没有也不会放过任何一座地面设施，继机场、机库之后，食堂、小卖部也未能幸免，啤酒罐头被炸得像霰弹一样四散横飞，一只罐头正好砸在一名机枪手的头上，把他砸昏了。这哥们儿醒来后喘着大气说："我从来不会像现在这样空着肚子喝啤酒。"

也有让人高兴的事。小卖部里装香烟的纸箱子也被震开了，白色的香烟雨落得到处都是。真是天降福利啊，陆战队员乐坏了，他们可以满地捡外快了，反正不要钱，谁捡到算谁的。

在轰炸机之后，结束空战的零式紧跟着蜂拥而至。这些日机一边向所发现的地面目标扫射，一边追杀剩下的美军战斗机。

日军战斗机飞行员还是那么惹人痛恨，这是一群地地道道的冷血之辈。如果说美军的英勇是一种战斗精神，点到为止的话，日军则不然，生命的价值在他们眼里似乎连个屁都不是，美军逐渐发现，"我们千万不要上当，以为小鬼子会像我们一样想活命"。

小鬼子自己不想活，也不让别人活，美机明明被击落，飞行员已经跳伞，零式机仍然用机枪进行追逐。地面美军出动了两条救生筏，试图营救那名飞行员，但为礁石所阻，无法通过，结果只能眼睁睁地看着飞行员被子弹射死。

目睹此情此景，幸存者悲愤到了极点。战斗可以一边倒，甚至可以接受失败和死亡，这都是光明正大的，但如此卑劣和恶毒的行为，

被空袭中的中途岛

他们生平还是第一次遇到。

没有一个人愿意对零式机发善心，都想不惜一切代价把这些吃人怪兽揍下来，无奈飞机不争气。两架水牛式与一架零式厮杀，当零式进攻时，那两架"水牛"就像被绳子拴住了一样，只能被动挨打，二比一，被击落的却不是零式，而是其中的一架"水牛"。最后靠地面火力的掩护，另一架"水牛"才得以保住性命。

地面的观战者愤愤不平："我相信，我们的飞机性能只要有零式机的一半那么好，就完全可以制止这次空袭。"

地面高射炮也难以对零式造成足够威胁：零式飞得高了，够不着，飞得低了，又捉不住。

高射炮弹似乎总是晚一个节拍，只能在零式背后爆炸，直到有一架零式飞得实在太低，到100英尺甚至于25英尺的时候，高射炮才击中了其油箱，把这架忘乎所以的日机打得轰然起火。

空袭结束，香农和赛马德检点损失，除空战中丢掉了一个战斗机中队外，地面的主要防卫设施受损不大，飞机跑道、汽油库、无线电和雷达设备都基本保住了。

日军在空战中被击毁5架飞机，空袭时又有4架被高炮击落，另外还有30多架飞机受损，其中有两架零式因受损程度过大，返回航母后就报废了。

对保卫者来说，情况比预想的要好，袭击者的感受正好与之相反。

代替渊田指挥空袭的友永丈市对空袭成果显然并不满意，他没有遇到岛上的轰炸机或巡逻机，不知道它们去了哪里，但可以知道的是，机场跑道仍可使用，上述飞机返岛时均能在跑道上安全降落。此外，中途岛的高射炮群和地面防御阵地未遭到摧毁，日军登陆部队在登陆时得到的"欢迎待遇"也一样不会降格。

友永的领队机受了伤，发报机也被打坏了，他把自己对南云的作战建议写在一块小黑板上，举起来出示给二号机看。二号机看到后，以友永的名义向机动部队发报："有必要发动第二次攻击，时间7点整。"

友永不会想到，不见踪影的那些美军轰炸机此时正在"先发制人"，它们即将对机动部队展开攻击。

神奇的钞票

中途岛之战爆发的前一天晚上，也就是岛上气氛最为紧张的那个不眠之夜，海军飞行员欧内西斯少尉一个人沿飞机跑道跑步，想用这种方式来为自己解压。

跑着跑着，他看到路上有一张 2 美元的钞票。这种钞票的发行量少，颜色也不讨喜，大多数美国人认为，如果不小心捡到它，就像遇到黑猫一样，是不吉利的，不过也有少数人觉得大吉大利。

欧内西斯属于后面这一种，他把钞票作为幸运物塞进皮夹，以便保佑自己第二天能有个好运气。

欧内西斯太希望自己能拥有好运气了。他于 6 月 1 日从珍珠港调到中途岛，此前在飞行训练队仅仅待了 6 个月，不仅飞行时间很少，飞行范围也没超出过陆地——也就是说，欧内西斯一无技术，二无经验，是中途岛诸多"菜鸟"飞行员中的一个。

欧内西斯驾驶的是鱼雷机。美军原来使用的鱼雷机是 TBD "破坏者"，就像战斗机中的水牛式一样，这种鱼雷机已经过时，爬高很慢，速度仅为 100 英里，鱼雷的质量也是臭名远扬，引信和定深装置均不可靠。在珊瑚海海战及其之前的一系列战役中，美国海军已经为此吃足了苦头。

鱼雷机飞行员朝也盼暮也盼，苦等改进型鱼雷机，直至 6 月 3 日，欧内西斯才得到了一架崭新的 TBF "复仇者"式鱼雷机。

老式鱼雷只有 135 节的速度，"复仇者"的鱼雷为 200 节，进攻时当然更有效率，但是光配备好的鱼雷和鱼雷机

SB2U "复仇者"俯冲轰炸机。早先美国海军舰队尚有装备，但太平洋战争爆发后只有海军陆战队仍在使用，中途岛之战是"复仇者"的首次参战

还不行，必须有相应技术与之匹配。

欧内西斯的训练纪录是，他只在美国本土的靶场投过一条鱼雷，来到中途岛后，出于汽油紧张等原因，就没能再练过……

前去攻击机动部队的飞行部队是一支标准的空中杂牌，分别有 TBF 复仇者式鱼雷机、B-26 掠夺者式轰炸机等，这些飞机的速度和飞行高度各不相同，从技术上讲，根本无法协同作战。

按照原计划，所有轰炸机、鱼雷机起飞后要首先会合，组成一个攻击大编队，可实际上无人遵守，也没法遵守。欧内西斯所在的鱼雷机分队第一批向日本航母上空飞去。

途中，欧内西斯发现一座零式机从侧旁飞过。零式看样子已准备好射击，欧内西斯也打算还击，但两架一掠而过，谁都没机会开火。这座零式机显然急于去进攻中途岛，要不然以日军飞行员的刻毒，是不会这么轻易就放过欧内西斯的。

仿佛那张神奇的钞票第一次发挥了作用。

这批攻击机群最薄弱之处，便是无战斗机掩护。按照尼米兹的指示，飞机应该集中对付日军航母，防守中途岛可以由岛上的地面部队承担，然而赛马德并没有不折不扣地执行这一命令，他把所有战斗机都留下防守中途岛了。

站在赛马德的立场，心情完全可以理解，只是苦了攻击机群，也连累了整个攻击任务。

鱼雷机分队在 7000 英尺高度恢复了水平飞行，这时的云层条件非常不错，厚薄相宜，既隐蔽了飞机，又便于飞行员透过云层间隙朝下观察。

鱼雷机分队共有 6 架"复仇者"，它们只有一个任务，就是攻击日军航母。尼米兹战前就明确，联合舰队的关键是机动部队，而机动部队的关键又是 4 艘老航母，它们也是偷袭珍珠港的原班人马："赤诚"号、"飞龙"号、"苍龙"号、"加贺"号。

机动部队在不到 6 个月的时间里，从珍珠港打到印度洋，使英美的许多小吨位舰船葬身海底，自己却一舰未失，基本倚仗的就是这 4 艘大型航母。尼米兹认为，这 4 艘老航母是机动部队在进攻中的关键力量，也只有它们才具有摧毁中途岛陆空防御，并保护机动部队其他舰只的能力。

事实也正是如此，向中途岛攻击的那 107 架日机，全部都来自 4 艘老航母。

　　7点10分，即南云接到友永电报后10分钟，鱼雷机分队到达日军舰队上空。这是欧内西斯有生以来第一次看到舰队，机动部队在洋面展开后那种壮观场面，更令他几乎为之着迷，但是很快，他的心跳开始加速。

　　包括欧内西斯在内，鱼雷机分队集体从云层中钻出，向日军航母冲去，一场惊心动魄的海空大战瞬间爆发。

第八章 ／ 黄鹰抓住鹞子的脚

南云捏着友永的电报正在沉吟，处于舰队最前方的一艘驱逐舰已打出旗语："发现敌机。"

随着信号旗在日舰桅杆上升起，警报声响彻海空。"赤城"号等主力舰立即对空射击，随后10架零式升空阻杀。

战前，鱼雷机分队曾统一过作战方法，规定如果只遇到一艘航母，6架"复仇者"就一分为二，一个攻左舷，一个攻右舷，这样，无论那艘航母怎么巧妙避让，都免不了要撞上鱼雷，但要是航母不止一艘，便只能各自寻找最有把握的攻击目标。

机动部队的航母显然不止一艘，大家不约而同选中的都是位于舰队中心部位的"赤城"号。

为了防止液压装置失灵而无法投弹，每架"复仇者"都打开了弹舱门，这无疑影响了飞行速度，加上没有战斗机掩护，它们自身的安全状况变得异常薄弱。

对于以速度见长的零式来说，面前的这些鱼雷机都不过是供他们练射击的活靶子而已。可是心急吃不了热豆腐，由于10架零式争着要上前干一票，你拥我挤，反而妨碍了各自的技术动作，使得看上去不堪一击的"复仇者"穿过高射炮火，奇迹般接近"赤城"号。

鱼雷机分队的另外一个要求是，时机不成熟不投弹，所以欧内西斯驾驶的"复仇者"一边用机枪对敌舰进行扫射，一边寻找着合适的投弹位置。

几秒钟后，欧内西斯的报务员费里尔发现，炮塔里忽然无声无息，机枪手停止了开枪。

为什么不开枪，费里尔回头一看，就全明白了。

靠猜测，靠上帝

机枪手已经被零式的子弹击中，一头扑在了机枪上。

费里尔的年纪也不大，才18岁，刚刚成人。在这之前，他和作为驾驶员的欧内西斯、阵亡的机枪手都一样，死亡只是停留在脑子里的概念，一个似乎显得非常遥远的东西，但如今它近在眼前，随时可能把你扯下深渊。

人的成熟，有时只需几秒便可完成。在没有战斗机护航的情况下，欧内西斯、费里尔已自知难以生还，但这两个年轻人都没有丝毫犹豫，他们继续着自己的勇敢行动。

一架零式俯冲下来，一阵扫射过后，"复仇者"的液压系统被打烂，紧接着，另一架零式射出的子弹穿过费里尔的帽子，他立即昏死过去，欧内西斯的脖子负伤，血顺着脖子往下淌。

三个人的机舱，一个挂了，一个昏迷，一个像被戳了一刀，而飞机的升降舵也出现了失灵，欧内西斯再无时间和机会去攻击航母。于是他朝左侧的一艘巡洋舰飞去，将仅有的一条鱼雷"转赠"给了这艘军舰，但由于投弹位置太高，鱼雷并没能击中目标。

6架"复仇者"，3架已被零式击中起火，坠海后激起了高高的烟柱。另外3架，除欧内西斯对准巡洋舰外，其余飞机的鱼雷都飞向了"赤城"号。

但是可惜，缓慢行进中的鱼雷都没能击中"赤城"号，"赤城"号使出浑身解数，一个左满舵，接着一个右满舵，避开了袭来的鱼雷。在完成攻击后，两架鱼雷机没能逃过被零式击毁的命运，它们像火球一样坠入航母甲板附近的海水之中。

整个鱼雷机分队只剩下欧内西斯，这时他的飞机已两度受创，一个伸出去的机轮让机身失去了平衡，在这种情况下，即便不受零式

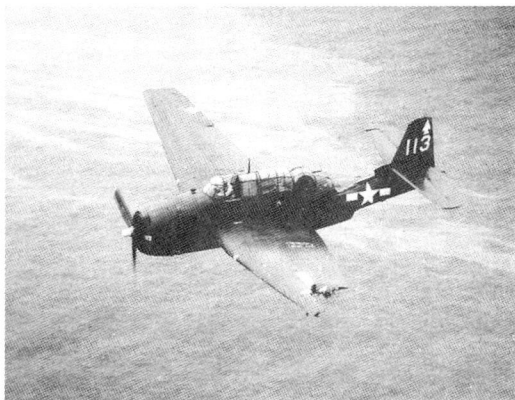

一架几乎被打掉半个机翼但还在飞行的"复仇者"

攻击，也会自行坠毁。

千钧一发之际，欧内西斯本能地抓住着陆用的调整片，把它往后拉，这一非常举动居然产生了奇效，机头有了翘起的迹象。欧内西斯见状，赶紧继续拉，最后终于一点一点，小心翼翼地将飞机拉了起来。

也许是神奇钞票再次显灵，飞机又能继续飞了，然而，这并不意味着脱险。

两架零式紧紧缠住欧内西斯，并从不同位置不断向他射击。欧内西斯似乎是到了绿茵场，他不得不像一名带球突破的足球运动员那样，用各种假动作左摇右晃，以便在密集的子弹中找寻存活的一丝空隙。

零式咬尾，通常不见血是不肯轻易撒嘴的，它们足足追了20多公里，把子弹全部射光，才不情不愿地被航母召回。大难不死的欧内西斯松了口气，此时他和他的飞机都只剩半条命了：机上的重要部件，从液压系统到罗盘全都碎了，升降舵、电器系统完全失灵，唯一还在运转的就是一个发动机。

万般无奈下，欧内西斯只能采取古代航海家"靠猜测，靠上帝"的办法，他揩掉蒙在眼睛上的鲜血，努力猜测着回航路线，凭着感觉，死猫碰活老鼠式地往中途岛方向摸。

好不容易，当他穿出云层时，发现下面正是库雷岛。库雷岛与中途岛隔海相望，欧内西斯通过这座岛搞清了自己的方位，这意味着他抓到了求生的绳索。

鱼雷机分队18名队员，生还者只有欧内西斯和费里尔两人，大难不死的欧内西斯获颁海军英勇十字勋章。

此战之前，"复仇者"的性能究竟如何，大家都心中无数，鱼雷机分队的战斗过程，以及欧内西斯的经历，说明"复仇者"完全有资格取代"破坏者"。斯普鲁恩斯向尼米兹建议："尽快以新型的'复仇者'代替'破坏者'。"

尼米兹则感叹："'复仇者'装备精良，但由于缺少战斗机掩护，它还是无法突破敌人战斗机的拦截。"

显然，鱼雷机分队的战斗失利，问题不在于飞机，而在于战术。

那边南云刚刚摆脱"复仇者"，尚未顾得上喘息，轰炸机分队又杀了上来，当然它们的左右也无战斗机护佑。

宝贝油箱

轰炸机与鱼雷机一前一后，几乎同时到达目的地。由于跟得很紧，在日本人看来，甚至轰炸机比鱼雷机来得还要早。

轰炸机分队包括 4 架陆军"掠夺者"轰炸机。不过这次轰炸机不用炸弹，用鱼雷，每架"掠夺者"的机身下都挂了一条鱼雷，这也是陆军飞机首次使用鱼雷攻击目标。

轰炸机的攻击目标与鱼雷机没有两样，巡洋舰之类再大也提不起他们的兴趣，飞行员径直朝"赤城"号猛扑。

在分队长科林斯上尉的率领下，4 架"掠夺者"先向左舷，而后一个急转向右，以避开舰队密集的高炮火力。美军飞行员的勇敢精神大大超过了飞行技术，面对着高炮火墙，一名飞行员大叫道："哗，如果妈妈这时能看见我就好了！"

当日军枪炮手连续射击时，他们看到这些大型双引擎轰炸机离得非常近，以致可以估算出机翼上白星机徽的大小，机动部队参加过的战斗也可谓数不胜数，但这是以前从来没有经历过的。

6 架零式从 700 英尺高空俯冲下来，在进入攻击航路之前，位于轰炸机分队尾部的一架"掠夺者"中弹坠毁。不过这批零式的毛病还是密度太大，结果互相妨碍，无法瞄准，科林斯等 3 架飞机乘隙突破战斗机防线，并向"赤城"号发射了鱼雷。

"掠夺者"的鱼雷发射装置系临时改装，飞行员根本不熟悉，他们不停地捏板机，扭插头，还是无法确定鱼雷是否已经投了下去。

其实早就投下去了，但由于距离较远，鱼雷速度又慢，"赤城"号闪掉了两枚，另外一枚被"飞龙"号的机关炮给打爆了。

还没有完。

科林斯和队友穆里中尉将飞机拉起，从"赤城"号的上方掠过，同时用机关枪猛烈扫射航母的飞行甲板。据穆里回忆，这是他全程战斗中觉得最安全的时刻，机枪打伤了两名日军高炮手，航母上的一门高炮也被打坏，有半个小时无法转动。

在科林斯和穆里撤退时，他们又遭到了一群零式的咬尾追杀。

碰上战斗机群，什么轰炸机也不是对手。"掠夺者"的主要功能不是打空中白

"复仇者""掠夺者"不断向日舰发起攻击，飞行员英勇赴死的精神绝不逊于任何日军飞行员

刃战，一打起来，火力配备就特别让人恼火，其中，科林斯的两挺炮塔机枪都不断出故障，一挺机枪刚一打就哑了火，另外两挺机尾机枪的子弹带都带不动，还得机枪手自己送弹，而机枪手又缺乏足够的射击训练，常常瞄不准，打不好。

穆里的情形更糟。他的飞机上没有固定机枪，仅有的自卫武器就是一挺机尾机枪，还老卡壳，只能间歇射击。

没多久，两架"掠夺者"便受到重创，穆里的机身被几百发子弹打中，油箱被打得全是洞。

驾驶鱼雷机的欧内西斯多少沾了点神奇钞票的光，靠运气，科林斯和穆里事后却对油箱赞不绝口，认为正是油箱救了他们的命。

"掠夺者"装备的是防漏油箱，被子弹击中后，特殊橡胶填充物会自动胀大，并堵住被击穿的漏洞，同时阻燃剂还会迅速与油混合，形成不能燃烧的液体。

没有这宝贝油箱，飞机早就起火爆炸了。

既然中了这么多子弹都没事，科林斯和穆里的胆气也壮了起来，他们一边跑，一边还击，穆里还惋惜地说："要是有固定机枪，我好几次都能把敌人的战斗机揍下来。"

当两架轰炸机摇摇晃晃，喝醉酒一般返回中途岛时，它们已经面目全非，成了两堆破铜烂铁，不经大修是无法再飞了。

科林斯和穆里没有看到第三架"掠夺者"返回。在3架飞机投完鱼雷后，那架"掠夺者"的驾驶员没有将飞机拉起，他选择了一个更英勇也更为壮烈的攻击方式。

黄金预备队

空海作战时，"赤城"号上还未升空的日军飞行员全都聚集在甲板上观战，就连做完手术，刚刚能下床的渊田也挣扎着跑出来，倚在舰桥旁的一只降落伞上进行观看。

当时航母上的所有高炮都在对空射击，但仍有一架美机呼啸着朝航母直接过来，飞行员和船员都十分惊慌，他们都以为美国人不敢做这种同归于尽的事，有人惊呼："要撞到舰桥了！"

渊田已能清晰地看到深蓝色机身上熠熠闪光的五角星，这位王牌飞行员很容易就识别出这是B-26"掠夺者"。

飞机终究未能撞到舰桥，它在航母的左舷位置击弹，然后骤然下跌，一头栽进了海里。

见此情景，"赤城"号上的人全都乐得手舞足蹈，但是有那么一会儿，同样作为王牌飞行员的"菩萨"村田没能笑得出来。

他表情严肃地注视着轰炸机坠毁的地方，那里升起很高的水柱，接着又跌落下去。

村田不知道眼前这位敌方飞行员姓甚名谁，但对方的表现已经说明了一切：这是一个勇士，他愿意为国家献出生命，哪怕是在冷酷无情的战场上，这种行为也足以使人肃然起敬。

假如处于同样的境地，村田相信自己会做出同样的选择，这是飞行员的最好归宿。

一阵肃穆之后，村田又恢复了常态，毕竟是在打仗，敌败我胜，总是件值得高兴的事。看到村田大笑起来，舰上一阵欢腾，渊田来了一句："真逗。"

美机的两次攻击没有对机动部队造成多少损失，基本上是有惊无险，然而南云等人还是受到了极大震动。

和渊田一样，源田也从病床上爬起来，勉强站在南云身边协助指挥。这位幕僚刚刚仰着头，眯着眼，对来袭的美机进行了仔细观察，所得出的结论是："他们实施鱼雷攻击的水平太差，这次进攻简直是一败涂地。"

可无论源田还是南云本人，都无法否认，如果这些美机不是在对付速度快、机动性强的机动部队，而是攻击相对笨拙的运输舰队，效果可能完全不同。

友永的电报在手中都还没焐热，美军鱼雷机和轰炸机就一个接一个来赶场，这似乎更加说明，对中途岛发动二次攻击确有必要。

南云决定采纳友永的建议，并提前动用第二波攻击机。

第二波攻击机的本来使命，主要是为了应付侦察机可能发现的水面部队。在印度洋作战时，当攻击机从航母起飞后，就曾有英军水面部队突然冒出来，对航母形成威胁。

虽然南云以为太平洋舰队仍在夏威夷海面，但鉴于这些教训，他不得不为自己留上一手。

第二波攻击机也可以说是南云的黄金预备队，机动部队航空兵中的精锐主力都集中于此，这点只要看看各战队的领队名字就知道了：鱼雷机的村田重治，绰号"雷击王"；俯冲轰炸机的江草隆繁，绰号"舰爆之神"；零式的板谷茂，与渊田、村田一起在"赤城"服役的飞行队长。

难怪自己无法上阵的渊田在看到预备队名单后，脸上愁云顿消，在目前的日本海军中，还没有任何一支航空兵部队能超过这一组合，无论实战经验还是作战能力。

渊田相信，美国舰艇最好不出现，一旦出现，预备队完全能控制战局并予以歼灭。

南云派出的 7 架侦察机已与第一波攻击机一同起飞。侦察行动在海图上就像一把日本檀香扇，它以机动部队为中心向外辐射，从而形成 7 个独立搜索区。

日军舰载机

这时南云估计派出的侦察机已到达搜索扇面的尽头，但还没有一架侦察机报告说发现美军舰艇。

既然附近海面没有敌舰，再留着如此精良的预备队不用，那就太浪费了。在源田的建议下，南云下达了"换弹命令"，也就是给第二波攻击机换装弹药，将原来攻击舰船的鱼雷机换成攻击中途岛的轰炸机。

收到命令，升降机赶紧将鱼雷机送回甲板下的机库，卸下鱼雷，改装高爆炸弹，然后再起吊到飞机甲板上来。这不是一个容易的小活，航母上顿时一片忙乱。

南云 7 点 15 分下达的命令，7 点 28 分，一架水上侦察机传来惊人报告："发现 10 艘水面舰艇，疑是敌舰。"

这个报告犹如晴天霹雳，差点把"赤城"号的舰桥都震塌掉。

一人追两兔

"疑是敌舰"，这周围除了机动部队，还有谁，不是敌舰又是什么？

如果按照原方向与航线，7 架日军侦察机只会一个不少，全部一无所获，但是这架机长名叫甘利洋司的侦察机算错了航行方向，偏离了预定的侦察路线，这倒让他有了意外发现。

情报参谋把甘利报告的美舰位置标注在图上，经测算，离机动部队正好有 200 海里之遥。

在"MI 行动计划"中，山本给南云及机动部队规定的目标有两个，一是攻占中途岛，二是在太平洋舰队出现时，将其一举歼灭。

日本有句谚语："一人追两兔，一只也捉不住。"南云尽管狂妄，但面对双重任务，他也会分出个先后次序。相比于攻占中途岛，后面那只兔子无疑更肥更有油水，同时也更烫、更扎手，因此要是能早一点发现太平洋舰队，南云一定会选择首先歼灭太平洋舰队，那样的话，说不定航母上的鱼雷机此刻正朝美舰队飞去呢。

早一点发现——南云曾经拥有这样的机会，由于弹射器发生故障，甘利的侦察机推迟了半小时起飞！

晚了半小时的结果是，鱼雷机已经降到甲板下去换炸弹，所有的人都手忙脚乱，南云陷入了左右为难的尴尬境地。

南云和他的幕僚有了一种受骗上当的感觉，参谋长草鹿气急败坏：他们原来在那儿！

是攻打中途岛，还是专心对付美舰队，在思考斟酌了十几分钟后，南云重新传令："准备攻击敌舰队，还没有换装炸弹的飞机不要卸下鱼雷。"

需要换弹的鱼雷机都停在"赤城"号和"加贺"号上面，这时差不多换了一半，当南云急令停止时，两舰的飞行甲板上已经停放了10~15架准备进攻中途岛的装弹鱼雷机。

再次修改攻击次序，已不是究竟捉哪只兔子这么简单，南云的心底里还有了另外一层恐惧和担心，他生怕突然出现的美舰队会是一支航母编队。

换句话说，如果对方只是一支普通舰队，那还不打紧，反正尚处于己方航母舰载机的攻击范围之内，等第二波攻击机把中途岛摆平，再回来收拾它们也不迟。

可倘若这支舰队中有一艘或几艘航母，结果就完全不一样了，很有可能，不是打别人的兔子，而是被别人当成兔子打。

南云无法假定美舰队里没有航母，毕竟这个风险太大了，大到他和机动部队都承受不起。

对南云来说，现在头等重要的大事，是查明10艘美舰里究竟有没有航母，这将决定他是否需要在最后关头放弃二次攻击中途岛的计划。在和甘利进行无线通话后，他让对方务必弄清美舰类型，随时报告。

正在南云举棋不定的时候，中途岛航空队发动了新的袭击。

第三批来客是亨德森轰炸中队。按照编制，分队长亨德森少校手下应有18架SBD无畏式俯冲轰炸机，但其中两架因发动机故障无法起飞，所以实际只有16架。

飞机少两架倒还关系不大，最让亨德森为之困扰的，还是飞行水准问题。轰炸中队的飞行员中有10人全是新手兼"菜鸟"，他们刚调来才一个星期，来到岛上后，又苦于岛上缺油，只进行过1个小时的飞行训练。

要想训练出一支过硬的队伍，必须给予足够时间，可亨德森已经没有时间了，他被迫另辟蹊径。

亨德森将他的飞机分成两组，技术较为熟练、平时训练成绩较好的一组，新手在另一组，并由经验丰富的分队长来传帮带。

尽管有分队长带着，但新手那一组仍未让亨德森省心，当天起飞时，许多飞机争着飞，弄得欲速则不达，足足花了10分钟，所有飞机才得以升空。

在长达1个小时的时间里，中途岛指挥所都未能联系到亨德森中队，他们发出的攻击日军航母命令也没能得到回复，这使指挥所曾一度担心，俯冲轰炸已经化为泡影。

然而从事后来看，这种担心完全多余。亨德森早就接到了命令，也回了话，只是当时正值中途岛遭到空袭，无线电联系已被迫中断。

即便亨德森真的没收到命令，他也不愁没有信息来源——经过前后三轮攻击，美军各航空单位都在不停地转发日军航母的方位、距离与航向，在这种情形下，盆儿罐儿也有耳朵，何况是四处找肉吃的攻击机群。

亨德森中队以9000英尺高度编队飞行，在美军攻击机群中，他们第一个将机动部队全部的四艘老航母尽收眼底。

亨德森毫不犹豫地下达了攻击指令。俯冲轰炸是海空大战中行之有效的一种攻击战术，但要在快速俯冲的情况下投弹，大多数"菜鸟"别说完成基本动作，反应都反应不过来。基于这一原因，亨德森不得不放弃了俯冲轰炸，代之以速度较慢，但效果也相应欠佳的下滑轰炸，为的就是让新手不致临场晕菜。

当轰炸机盘旋下降时，护航的零式冲了过来。

九死一生

这些零式战斗机色彩斑斓，令人眼花缭乱：有的机身银光闪闪，上面的识别标记和整流罩呈现红色；有的机身是暗褐色，识别标记和整流罩则呈紫色。

依起落架不同，零式有两种机型，一种为收缩式起落架，一种为固定式起落架，它们分上下层作战，从战术动作到协同配合意识都非常好。

面对如此厉害的对手，轰炸机中队困难重重。亨德森第一个被零式咬住，日军飞行员凭直觉就感到他是个技术娴熟的老手，于是集中火力对他展开攻击，枪炮射出的炮弹带着缕缕白烟，不时在亨德森的机身周围形成道道烟圈。

亨德森双拳难敌四手，在零式进行第一次攻击时，他的座机便起火坠落，第一分队领队格利登上尉立即从中队长手中接替指挥。

格利登在队友中被称为"铁人"，但行事并不鲁莽，眼见零式的攻势凶狠犀利，他便主动避敌锋芒，率领中队钻入了云层。

目标是航母，不是零式，零式正是急于护航，才会跳出来截击。格利登再次发出攻击信号，并率先从大约2000英尺的云层冲杀而出。

中途岛大战（油画）

机会凑得很好，格利登在前，中队的其余飞机依次跟进，"飞龙"号航母正好处于他们的下方。

格利登和他的队友看到，"飞龙"号的飞行甲板呈浅黄色，整个甲板闪闪发亮，除了中段画着一个巨大的太阳徽，上面没有任何伪装。

拼尽九死一生，为的就是绝杀它，飞行员个个心痒难耐，全体飞机陆续进入攻击航路，投弹间隔为 5 秒。

零式急忙跟踪而至，在失去云层保护后，有近一半"无畏"被零式击落，但剩下的另一半仍然如同飞机的名字一样，无畏无惧，勇往直前。

炸弹在"飞龙"号两侧筑起了一道漂亮的弹幕，巨大密集的水柱和滚滚浓烟将这艘航母罩得严严实实。可是很快，"飞龙"号又像一名有气派的老演员出来谢幕一样，从烟雾中钻了出来——连在"赤城"号上观战的渊田都觉得奇怪，那么多炸弹竟然一枚都没有命中，即便落点最近的两枚炸弹，也离它有 50 米左右，一枚落在左舷外侧，一枚落在右舷外侧。

美军飞行员艾弗森中尉自浓云中下滑后，便选择了与大家都不太相同，或者说忽视的目标，他所攻击的是"加贺"号航母。

"加贺"号的飞行甲板前后各有一个太阳徽，无上部结构，看上去要比同等级的美国航母短些、宽些。可能也正是出于这个原因，它没有像"飞龙"号那样引起大家的关注。

艾弗森向"加贺"号的尾甲板扔了 3 枚炸弹，这 3 枚炸弹都差一点就命中，其中最近的一枚离左舷舰尾仅 20 米。

炸弹虽没能敲到航母脑袋上，可也把它打急了，"加贺"号像只开了锁的猴子一样，上蹿下跳，拼着命还击，飞行甲板上的对空火力几乎形成一个完整的环形。

艾弗森猛地把飞机往上一拉，脱离了对空火力网，但随即就被一群零式咬住了，这些零式撵在后面发了疯似的猛追，一口气追了三四十公里，直到艾弗森钻入云层方告罢休。

　　艾弗森的座机被打得跟马蜂窝一样，连喉头送话器都给打坏了。当飞机在中途岛降落时，检修人员发现机身弹痕累累，仅弹洞就多达259个，而且没有副翼，只有一个机轮，机修人员纵然见多了受伤的战机，也不禁为之愕然，他们实在难以置信，艾弗森居然还能活着归来乃至迫降成功。

　　16架无畏式，只有8架返航，并且全都受了伤，有的当场就报废了。这次攻击虽未对机动部队造成明显损失，但也足以令南云的心情变得更加糟糕，他满心满耳能感觉到的，都是越来越多的美军攻击机，就连美军的无畏式似乎也从未离开过，仍在航母上空不停地呼呼盘旋。

　　战场对最高指挥官的要求，通常不是上阵厮杀，而是冷静思考，可是在这种环境下，南云就算是修养再好，也已经冷静不下来了。

　　他心急如焚地等待着侦察机传来情报，然后时间一分一秒地过去，甘利那里音信皆无。

　　7点58分，"大和"号航母终于收到了甘利传来的无线电报告，南云不看犹可，一看恨不得揭了对方的皮。

乱到不能解题

　　甘利报告，美舰队的航向发生了变化，除此之外，什么都没说。

　　让你查有没有航母，扯这些没用的犊子干什么？南云脸都气黄了，他怒气冲冲地命令甘利："查明舰种！"

　　这句话一出，就说明南云不仅心绪不宁，而且思路已乱，他只记得追问舰种，却忽视了甘利报告中另一个极具价值的信息。

　　美舰队航向变化，是航母即将逆风航行的征兆。一般军舰用不着如此改变航向，只有航母，需要通过逆风航行，来为舰载机提供更大的升力。

　　不需要举别的例子，远在天边，近在眼前，每当"赤城"号需要放飞飞机时，采取的可不就是这种位置？

　　从中至少可以得出结论：一是美舰队中有航母，二是有战机将从航母上起飞。

答案早已潜藏其中，只可惜南云的头脑已经乱到不能解题了，他需要的，是别人把答案一字不漏地完完整整端上来。

南云的幕僚和他们的主将一样陷入了思维空白，无论源田还是草鹿。这似乎也怪不得他们，在当时的环境下，轰炸机的隆隆声，战斗机的呼啸声，炸弹的爆炸声，高炮的怒吼声，响成一片，以致舰桥上的军官只看到同事的嘴在一张一合，根本听不到对方在讲什么，至于南云在广播中下达了什么命令，他们也完全听不清楚，更不用说静下心来细细思考分析了。

8点09分，甘利终于发来机动部队企盼已久的报告："敌舰队中共有巡洋舰5艘，驱逐舰5艘。"

情报参谋如释重负，自以为得计："到底给弄清楚了，果不出我所料，没有航母。"

新的报告让南云及其幕僚感到了一阵宽慰，但表现得并没有情报参谋那么轻松。丰富的指挥作战经验，使他们隐隐觉得，事情不会这么简单，根据甘利提供的报告，只能证明舰队里无航母，不能说明这一海域里就没有美军航母。

中途岛附近海域属于美日海战的前哨，试想一下，谁会把一支轻型舰队单独派到这里来活动呢，可以肯定那是一支护航舰队，没准航母离舰队不会很远。

果不其然，南云随即收到"筑摩"号巡洋舰的报告，称有敌机正朝舰队飞来，并且言之凿凿地说："是舰载机，系我舰发现的首批。"

巡洋舰的报告犹如给了南云当头一棒，接着"苍龙"号也报告说，该航母发现了大批双引擎飞机。

机动部队将领的神经由此变得十分紧张，但当看到这批飞机时，他们在愣了一下之后，又全都哈哈大笑起来。

"苍龙"号的瞭望哨可能真是被吓昏了头，连数数都不会了。来者是美机不假，却不是双引擎，而是四引擎！

美机的再度袭来，反而令机动部队的紧张心情得到了释放，增加了他们的安全感，因为只要不是脑袋发了昏，谁也不会认为四引擎的轰炸机会是舰载机，而只可能是陆基飞机。源田专门查对了一下机种识别表，认出是B-17"飞行堡垒"。

没错，这是中途岛的第四批客人，那个"经验最丰富的轰炸机群"，曾袭击过日军运输舰队的斯威尼轰炸机群。

天还没亮的时候，斯威尼就率领 B-17"飞行堡垒"出发了，他本来是想再次找运输舰队撒撒火气，但出发前，拉姆齐曾提醒他，"卡特琳娜"正在西北方向搜索日军航母，一旦找到，他要随时改变攻击目标。

在收到"卡特琳娜"传来的情报后，中途岛指挥所立即用明语通知斯威尼。斯威尼机群随即转向，并继其他美机攻击分队之后找到了机动部队，但不巧的是，日军航母被云层遮住了，而斯威尼的胃口也是除了航母之外，别无所求，因此他只好在 6000 米高空盘旋，以便云开雾散后投弹。

经过一段时间的等待，斯威尼如愿以偿，机群向 4 艘老航母进行了连续轰炸，航母四周不断升起黑色水柱。

斯威尼的运气并没有比上回袭击运输舰队时更好，由于瞄准精度过低，轰炸过程雷声大雨点小，虽然足以吓对方一跳，但其实连一枚炸弹都没能够命中。在高炮火力的掩护下，日军航母迅速逃到云层下，将防卫和驱逐任务交给空中巡逻的零式。

斯威尼机群扔光炸弹，开始返回中途岛。"飞行堡垒"不像其他轰炸机或鱼雷机，这是一种具有坚固防护的高速飞机，即便零式猛烈开火，也不能对其造成严重损伤，而"飞行堡垒"只需飞行员紧踩油门，一个俯冲，就能把零式给甩到老远。

斯威尼以为零式会在后面紧紧追赶，但是往身后一看，一架零式都没能跟得上来，他由此感到十分诧异："哼，我还以为这是他们的精英呢！"

战后尼米兹对"飞行堡垒"的性能大加称赞。"飞行堡垒"是陆军飞机，尼米兹极力主张立即给海军航空兵也配备这种战机，用以进行侦察、追踪以及轰炸。

不过在当时，"飞行堡垒"成效甚微的攻击，却让南云等人暂时吃了颗定心丸。事情明摆着，如果美国人在这一带海域有航母，他们为什么不派舰载机来支援这批陆基飞机作战呢？

躲避 B-17 轰炸的"飞龙"号，可以看见炸弹落入海中的巨大水柱。不过作为高空水平轰炸机，B-17 对于战舰攻击的精确性并不是很好

南云初步判断，"筑摩"号所报告的"美军舰载机"，很有可能是友永的首批返航日机。

在机动部队的官兵看来，如"飞行堡垒"似的攻击，别说已来了四批，哪怕是五批、六批，又有什么可怕呢？

就算是这些美军飞行员与想象中不同，他们个个英勇无畏，并不输于日军的疯狂凶悍，可是只要把航母舱盖关紧，内部就毫发无伤。同时从战术上来看，中途岛派出没有战斗机掩护的轰炸机来进行攻击，简直是愚蠢透顶：进攻，毫无协同可言；组织指挥，乱七八糟；投弹的准确性和破坏程度，更是差到了不可理解。

正这么思忖着，第五批说来就来了。

连轴空袭

依旧是中途岛的陆基机，诺里斯少校率领的 SB2U 俯冲轰炸机群。

中途岛原有轰炸机型中，那个要用医疗胶布遍裹全身的，便是 SB2U。这种老古董飞机还有个诨名叫"震动器"，或者叫"风向标"，言其又笨又慢，尤其是俯冲时，动作显得十分僵硬，就跟石头一样。

按照计划，"震动器"应与新型的无畏式一起行动，但"震动器"多慢哪，亨德森中队等半天等不到，只好先走了。

诺里斯机群在 8 点 20 分才飞到机动部队外围，当飞机即将降低高度时，遭到了大批零式的攻击。

若是参照之前的多次空战场面，老迈的"震动器"似乎转眼间就要被扫得一干二净，可是这次情形有些不同。

慑于来袭的美机像赶集一样，令人应接不暇，南云已经把所有战斗机都派上了天空，其中包括被指定用于第二波攻击的飞机。飞行员中有老手，也有新手。

前面应付美机的几轮攻击，靠的都是老飞行员，但整整 4 个小时折腾下来，是头驴也要口吐白沫了，在极度疲惫的状态下，其反应自然就没法再做到准确迅速。至于补充进来的新手，他们除基本动作外，没有受到过进一步的强化训练，在飞行和作战技术上也并不比中途岛的"菜鸟"强上多少——从这一点上，也可以看出联合舰队对中途岛的备战远不及珍珠港充分。

日机还是采取双机协同的战术，然而效果已大打折扣，诺里斯机群居然不费吹灰之力，就像赶苍蝇一样驱散了大多数零式，有一架零式还肚子朝天地被揍了下去。

诺里斯机群钻入了 2000 英尺高度的云中。从这里到达位于舰队核心部位的航母，还有一段距离，诺里斯清楚地知道，要想闯过这段路非常不易。

零式刚刚表现疲软，一则是老手太累，新手太嫩，二则毕竟处于舰队外围，进攻态度上没有那么坚决，可要往里面突击就不一样了，零式一定会变得穷凶极恶。说不定，还没看到航母，自己手下的这批"震动器"就会所剩无几。

为什么不找个就近目标进行攻击呢？

诺里斯的座机下面便有，那是一艘名为"榛名"号的漂亮战列舰。诺里斯向各机发出攻击指令，随后率领机群进行长距离高速下滑，11 架"震动器"一架接一架扑了下去。

"榛名"一边做"之"字运动，一边高炮齐鸣，空中到处都是爆炸，这使得"震动器"很难准确瞄准，诺里斯机群竭尽全力，也没有突破差一点就命中敌舰的纪录。

当机群突围和返航时，再次遭到回过神来的零式的包围，其惨状与亨德森中队相比，有过之而无不及，共有两架坠毁，两架因油料耗尽而报销。一名飞行员靠扔硬币的方式才找到回岛的正确道路，岛上的军官上前问候："好啊，没想到能再见到你。"他回答道："该死，我也是！"

中途岛的连轴空袭终于告一段落。5 批机群，出去的时候全是整整齐齐，回来的时候已变得七零八落，航空队总计损失 2/3 的战机，有一半飞行人员阵亡或失踪，往日繁忙的飞行跑道也因此变得沉寂下来。更为可悲的是，当零散战机返回时，都不约而同地把岛上巨大的黑烟柱当成了导航方向，而这个黑烟柱来自遭空袭后的燃料库。

机动部队的 4 艘老航母仍旧完好无损，它们还会卷土重来，并置中途岛守军于死地，而根据上次日

出击中的零式战斗机。这些零式战斗机都采用了一种斑驳的绿色涂装

机发动攻击的时间，以及日军航母的已知方位，赛马德和拉姆齐估计，这个间隔不会超过 3~4 个小时。

3~4 个小时后怎么办？中途岛几乎没有战斗机可以御敌，只能靠高炮和一些小型防空武器来守卫天空——从第一次防守的实践来看，充其量也不过是起点干扰作用罢了。

不管官兵如何英勇，残酷的事实就摆在大家面前：岛上实际已失去了对付航母的第二次空袭，以及挡住日军运输舰队登陆的能力。

仅就中途岛的这一轮鏖战而言，美军毫无疑问是败了，赛马德向尼米兹发去了一份令人伤感的损失统计报告。

在得知中途岛遭到空袭之后的 2 个小时内，尼米兹一直没有收到过来自前线的任何消息，无论中途岛还是特混舰队。

从中途岛之战开始到现在，特混舰队就像完全置身事外一样，出去空袭日军航母的轰炸机、鱼雷机飞行员，甚至都不知道，附近有航母的舰载战斗机可为他们护航。

这并不是老爷子的疏忽或失策。

向看羊狗学习

参加中途岛战役的美日两军，在实力上非常悬殊。日军拥有 4 艘重型航母、2 艘轻型航母以及 11 艘战列舰，水面作战的舰船总计达到 86 艘，美军仅有包括 3 艘重型航母在内的 27 艘军舰，数量上不及对方的 1/3。

实战中，山本却犯了一个巨大的错误，他没有把兵力全部推到最前沿。比如旗舰"大和"号，那是世界上体积最大、火力最强的战列舰，被山本用作海上司令部，与其他一些大的战列舰一起被置于最后方，这等于斩掉了联合舰队的一只利爪。

蛇钻窟窿蛇知道，各人干的事儿，只有各人心知肚明。山本这么做，据说是要省下战列舰作为机动兵力，以便在防止美军偷袭东京的同时，还可以对救援中途岛的太平洋舰队实施突然打击。

按照山本的如意算盘，太平洋舰队只会在中途岛被日军拿下后再出现，到时机动部队先上去将对方杀个稀里哗啦，而他所控制的战列舰战队将会采取突袭战术，负责把猝不及防的美军舰队残部全部清除掉。

除此之外，还有证据表明山本受到了一本军事专著的影响，这本书的作者反对用战舰炮击岸上设施。山本可能是从中得到了启发，他把不用舰艇攻击地面部队，视为海军作战的基本原则。

于是当中途岛的空海大战打得如火如荼的时候，令山本为之得意的战列舰集体当了闲客，假如他能将这11艘战列舰全部集中起来，不靠空袭，只凭舰上的巨型火炮就完全有可能拿下整座岛。

无怪有人评论说，与其如此，倒不如让"柱岛舰队"依旧留在柱岛，那样起码还可以节约燃料呢。

山本和战列舰一样，打仗的盛年已过，他给尼米兹留下的漏洞和破绽连自己都无法弥补，不过即便这样，日军在前沿依旧占有明显优势。

金子须拿金子换，南云的4艘老航母在太平洋战场上闻名遐迩，你就算是要一对一地拼掉对方都很难，更别说数量上还少着一艘了。

尼米兹自然而然地把目光聚焦在了另一组数据上，这是双方可使用飞机的数量对比，上面美机的总数为348架，日机为325架，美机多出23架。

所谓无巧不成书，多出的23架，正好是中途岛上"掠夺者""飞行堡垒"等陆基飞机的数量。

尼米兹让中途岛航空队对机动部队展开连轴攻击，为的就是争取打掉或损坏南云的老航母，以便在正式决斗前先削弱日军的优势。

他怀着无比焦虑的心情，等待着中途岛方面来电，在经过长达两个小时的无线电静默后，赛马德终于发来了一份很短的电文，电文中披露，中途岛航空队已经基本上被打残了，而机动部队损失轻微，除了受了点惊吓，航母连一艘都没被炸沉或破坏。

多出的23架陆基飞机，几乎没有起到任何作用。这消息也太打击人了，尼米兹沮丧不已，他紧锁着眉头，如同笼中困兽一般，在房间里不停地走来走去。

接下来必须看特混舰队如何表现了。

战前尼米兹就知道日本人不仅要攻占中途岛，还企图诱歼太平洋舰队主力，也

被编入特混舰队的"企业"号

就是说，山本在中途岛战场设了个圈套，安了个夹子，要像捉老鼠一样捉住尼米兹的精锐部队。

尼米兹将计就计，你把我当老鼠，那我就做老鼠，不过是一只聪明的老鼠，在不触动你夹子上弹簧的同时，我会一口一口地将夹子上的奶酪吃掉，从而让你偷鸡不着蚀把米。

于是两支特混舰队悄悄地进入了中途岛海域，直到海战打响之前，山本和南云全都被蒙在鼓里，以为对方尚在夏威夷。

当然，南云的机动部队绝非入口即化的那种奶酪，弄得不好，不但吃不下去，还极有可能崩掉你的门牙——两支特混舰队加一起，与之相比也处于劣势，若正面交锋，时间一长，就会像印度洋上的英军舰队那样陷入灭顶之灾。

唯一有可能取胜的打法，是向看羊狗学习。

当看到有野狼威胁羊群时，一只训练有素的看羊狗，绝不会傻乎乎地从正面跑出来驱赶，它会静待时机，从侧翼发起进攻，然后闪电般冲上去，死死地咬住狼的脖子。

特混舰队有没有被日方提前发现，这将是决定胜负的关键。

夏威夷情报站密切监控着机动部队的任何无线电信息。他们截获了甘利侦察机的一份口头报告，并由罗彻福特破译出来，自从联合舰队启用新密码后，破译日机飞行员报告，也是短时间内美军的重要情报来源。

当尼米兹从莱顿手里接过情报时，他心里猛然一惊。

迫在眉睫

这是甘利交给南云的第一份报告，即发现10艘水面舰艇的那一份。

毫无疑问，南云已经从中得知了美军舰队的存在，问题是，他是否已经确认那就是太平洋舰队的航母编队呢？尼米兹对此最为关心。

从预测机动部队何时何地进攻起，莱顿就几乎成为一个无所不晓的神人，他认为，从报告显示的内容来看，南云还没有发现美军航母。

尼米兹沉吟着又问了一遍："你敢确定？"

莱顿回答："是的，长官。"

尼米兹点点头，他拿着报告走进作战室，让值班军官按照报告内容，将特混舰队可能出现的位置标注在地图上。

从甘利发出报告的时间估算，目前特混舰队与机动部队相距150海里，已进入了有效攻击半径。这意味着，田径赛到了最后几圈，可以准备掐表了。

甘利要想把特混舰队的情形打探清楚，也确实不是件容易的事，这就跟隔着玻璃往汽车里面偷窥一样，一方面得提防着被主人发觉后揍个臭死，另一方面，汽车里究竟有几个人，外面看总是模模糊糊。

上午8点30分，甘利传来最新报告："敌舰队中似乎有一艘航母殿后。"

仿佛是有炸弹掉在了"大和"号上面，而它的烈度还要超过上午美军扔下的任何一枚炸弹。

草鹿大吃一惊："糟糕！"

南云同样备感震惊，有一种误入对方埋伏圈的感觉。他倒是也做了进攻美军舰队的准备，但是准备又不充分，能够立即起飞的，只有"飞龙"号、"苍龙"号的36架俯冲轰炸机，以及"赤城"号、"加贺"号已改装了炸弹的鱼雷机。

术业有专长，日本海军航空兵的专长，是实施鱼雷轰炸，俯冲轰炸的水平并不理想，效果也差，作为水平轰炸机使用的装弹鱼雷机在命中率和破坏力方面，更是无法与装了鱼雷时相比。

还有更为棘手的一点是，南云派不出战斗机来为轰炸机做掩护。他的零式已全部升空，有的在空中盘旋，有的在追赶中途岛袭击机群，还有的受了伤，不过这些战斗机的共同特点是，机上油料都已所剩无几。

没有战斗机掩护的轰炸机群会落到什么下场？中途岛的那5批袭击机群就是最好的例子。

有战斗机掩护，轰炸机群也不等于高枕无忧，不过那是点根香，怕冒烟的事，但如果完全没有战斗机护驾，就不是冒烟不冒烟了，而是随时会被人放火，然后一了百了。

倘若早一点发觉美军航母，或者早一点下决心，将"赤城"号、"加贺"号上的装弹鱼雷机全部恢复原样，就不致如此狼狈了。

正在南云后悔不迭的时候，友永机群已经返航归队。

"筑摩"号巡洋舰起先把友永机群错当成了美军舰载机，其他护航舰艇则以为是中途岛新一批的袭击机群，有那么几分钟，它们都在七手八脚地朝天空开火，幸亏有人眼尖，认出是返航机群，这才避免了损失。

现在南云面前又多出了一个问题，而且迫在眉睫。友永机群正盘旋着待命降落，其中的一些飞机经过远距离飞行，油料已严重不足，在空中多待一秒，都可能扑通一声落海里去。

觉得拿不定主意的时候，核心幕僚往往能起到别人无法替代的作用，所以尼米兹会问莱顿，南云则把脸朝向了源田。

源田这位机动部队第一智囊的思维很简单："难道眼睁睁看着100多架战机因在海面迫降而报销，任由200多名机组人员在海上漂来漂去，等待驱逐舰上前救援，这叫什么事？"

源田向南云和草鹿建议，先清理飞行甲板，一边把装弹鱼雷机送下机库换鱼雷，一边回收友永机群，加足油料后让其中的战斗机为轰炸机护航。

如此一举两得的妙计，不是天才怎么想得出来。源田鼓动他的主帅："当机立断的人是绝不会犹豫不决的。"

这话就好像在说，你要是个男人，就不要做软蛋。南云自认袭击珍珠港的胜利者，哪里肯做软蛋，听了源田的话，他立马下令："舰载轰炸机准备第二次攻击，装鱼雷！"

计划向中途岛的第一次攻击都没开始，这又要换了。飞机可以起吊，那些笨重的炸弹和鱼雷都要靠人工来搬运和装卸，光1枚炸弹都有800公斤重，卸弹人员即使穿着短衫短裤，也累得汗流浃背。

在莫名其妙的同时，有人只能无奈认命："你看看，又得重来一遍，这玩意儿弄得像是快速换装比赛了。"

更多的人牢骚满腹："司令部究竟在搞什么名堂？"

经过5分钟紧张突击，飞行甲板清理完毕，友永机群可以降落了。接近上午9点，友永的最后一架轰炸机降落，只剩下几架战斗机还没有回收。

日军航母甲板上起起落落的舰载机

南云改变了原定的中途岛航向，他一边让机动部队后撤，以避开再度来袭的美机，一边计划给航母上的所有飞机都加足油，所有鱼雷机都挂满鱼雷，以便在积蓄力量后，再向"含有一艘航母"的美军舰队发起全力进攻。

从理论上讲，南云的指挥称得上无懈可击，但在失去战场主动权的情况下，所谓"积蓄力量"，只能是延误时机。

时间早已不在他这一边，斯普鲁恩斯和弗莱彻比他先走了一步，就这一步，便足以改变整个战局。

好钢要用在刀刃上

美军的两支特混舰队由弗莱彻统一指挥，但在行动时，两舰队又各自出击，彼此都保留着充分的机动能力，这就叫小有小的好处，或者说，不把所有鸡蛋放在同一个篮子里。

决战开始之前，斯普鲁恩斯一直保持着沉默。他和他的前任哈尔西在性格上完全相反，哈尔西是黑旋风式的，喜欢咋咋呼呼、先干后想，斯普鲁恩斯则冷静得像个机器人，在任何时候，对任何事情，他都会三思而后行。

就算在酒席宴前，也能看出两人的区别。哈尔西来者不拒，拿起杯子就喝，喝得高兴时，甚至可以把舰队中酒量最好的人都喝得钻到桌底下去。斯普鲁恩斯则绝不会这样，他说："我不会拿这种东西惩罚自己的胃。"

尼米兹对两员战将都很喜欢和欣赏，曾精辟地归纳为："斯普鲁恩斯是将军中的将军，哈尔西是水兵中的将军。"

中途岛战后，尼米兹由衷感慨，认为由斯普鲁恩斯来代替哈尔西是歪打正着，在美军实力有限的情况下，他比勇猛冲动的哈尔西做得更为成功。

善于在压力面前保持清醒头脑，正是斯普鲁恩斯最大的长处。自进入中途岛海域后，他多次面临歼敌于眼前的诱惑，若换成哈尔西，可能早就提着板斧上去砍了，但斯普鲁恩斯选择了视而不见。

都是将军，谁不希望击沉的日舰越多越好呢，可斯普鲁恩斯必须正视现实。现实是，美军还极度缺乏航母，出击部队中，一共就3艘宝贝航母，万一有个闪失，被打沉了怎么办？就算不沉，损伤太重也不行，航母的唯一用途是用作水上机场，要是弄得连起降飞机都不行了，打起仗来就变成了废物一个。

出征时，尼米兹反复交代的命令是："你们必须遵循不轻易冒险的原则……"

不轻易冒险，不是说不冒险，是说好钢要用在刀刃上。

机动部队一现身，便什么都有了，第一个发现其行踪的里德除向中途岛指挥所汇报外，还直接将情报传给了特混舰队。斯普鲁恩斯当时便决心出动舰队的全部舰载机攻击敌航母，弗莱彻也做出了同样的决定，不过他在珊瑚海海战中吃过被日机反袭击的亏，因此留下了"约克城"号的舰载机作为预备队。

斯普鲁恩斯本人和尼米兹一样，无飞行员经历，但参谋长布郎宁是个航空方面的专家，连哈尔西都认为他很了不起。

要想给敌航母造成最大限度的打击，选择适当的出击时机，显得非常必要。老练的布郎宁估计，机动部队的第一波出击飞机将会于9点左右返回航母，在此之前，南云几乎可以肯定不会改变航母的航向，所以时不宜迟，应立即发起攻击。

立即攻击意味着牺牲，特别是"大黄蜂"号的舰载鱼雷机还是TBD"破坏者"，不仅机型老旧，而且战斗航程仅175海里，可以肯定，它们在完成攻击后将无法返回航母。

斯普鲁恩斯虽然性格深沉内敛，但他对部下的感情，绝不亚于豪爽的哈尔西，可是没有办法，指挥官的责任需要他毫不犹豫地做出决断：牺牲少数，保全多数。

当甘利向南云报告，美军舰队正在改变航向的时候，也正是斯普鲁恩斯所属的两艘航母"大黄蜂"号、"企业"号转向逆风之时。

当时斯普鲁恩斯已经通过雷达发现了日军侦察机，但甘利这小子"躲猫猫"颇有一套，美军战斗巡逻机搜了一遍，没能找到它。

找不到也没有关系，因为舰载机群已经出动了，这是一个由116架战机组成的庞大机群。

时间到了上午9点17分，再过1分钟，南云就可以把友永机群全部收回，然而这时"大黄蜂"号上的攻击机群来了。

攻击机群在飞行途中已经失散，其中的轰炸机群迷了路，没找到机动部队，只好又返回航母。战斗机比轰炸机更倒霉，它们全部因油料耗尽而在海上迫降。

斯普鲁恩斯。第十六特混舰队指挥官，为人低调，但在中途岛之战中表现出色

轰炸机、战斗机找不到机动部队，并不是没有缘由——机动部队在后撤，当这两个机群到达原先所判定的位置时，早已是人去楼空。

最后成功飞临机动部队上空的，只有沃尔德伦少校率领的鱼雷机机群。

飞蛾扑火

沃尔德伦对打仗特别投入，平时没有出机任务，别人在那里侃大山或者开玩笑，他总是一个人坐着，望着天花板，琢磨着战术问题以及如何揍日本人。

这种琢磨没有白费工夫，沃尔德伦的战场直觉已达到了一种令人惊异的程度。出击之后，他似乎始终有一根绳子拴在机动部队身上，别人还在茫然不知所措，他率机群一转弯就找到了目标。

9点18分，友永机群的最后一架飞机在甲板上降落，就在这同一瞬间，负责警戒的"筑摩"号巡洋舰也发现了美军鱼雷机，于是立即筑起两道烟幕屏障，并对空射击。"赤城"号闻风而动，开始进行规避。

在"赤城"号上观察的源田自言自语："他们终于来了。"

一眼扫过去，来袭的鱼雷机群就像是远处湖面上飞翔的一群水鸟，不仅速度慢，而且飞不高，以至于源田还以为飞机是故意要飞那么低的，不禁暗自嘀咕："他们的接敌方式真怪呀！"

没有战斗机护卫，有些飞行员担心受到攻击，但队长沃尔德伦毫不犹豫地晃动着机翼，招呼队友跟他一起俯冲。

还未到达可以发射鱼雷的地方，鱼雷机就遭到了多达40架零式的攻击，前后左右，几乎全是日军战斗机。

大部分鱼雷机没来得及投下鱼雷，便被零式无情击落。它们的机翼刚刚还在阳光中闪闪发亮，转眼之间，机身就爆裂成一团火球，拖着黑烟摔进大海。

草鹿亲眼看到，一架鱼雷机拼着命撞向"赤城"号，要与之同归于尽，看到这一幕时，连草鹿自己都觉得快要完蛋了，但飞机终究没能撞着舰桥，最后还是一头栽入了海底。

草鹿肃然起敬，他为这个英勇的飞行员进行了简短祈祷。

整个鱼雷机中队，只有飞行员盖伊一人接近目标，进入日军高炮的射击范围。

盖伊参军之前是农业机械学院的学生。这还是他生平第一次开鱼雷机，并且是从航母上起飞，以前别说开，连见也没见到过，但飞机一升空，他的脑子里便没有了疑虑二字。队长沃尔德伦平时言传身教，每天给他们讲课，带着他们做各种高难度的演练，这使他知道在什么情况下应该做什么。

在全队如飞蛾扑火一般的俯冲过程中，沃尔德伦的飞机油箱率先被零式击中。当着火飞机从盖伊旁边掠过时，他看到沃尔德伦站起来，竭力想从烈焰滚滚的座舱挣脱，但是显然没有成功……

剩下的几架"破坏者"全都旋转着消失了。接着，盖伊机上的报务员兼机枪手也战死当场，他成了鱼雷机机群唯一的幸存者。

中途岛一战，美军飞行员在攻击中表现出的坚决和勇敢，打破了美国航空史上的所有纪录。早在起飞前，沃尔德伦就想到，"破坏者"一旦上阵，便可能有去无回，因此他特地给每个飞行员发了一份油印材料，上面写道："如果我们只剩下最后一架飞机，我要求这架飞机冲上去，击中敌人。"

盖伊牢记着队长的话，他将飞机从一艘驱逐舰上方急速拉起，朝"苍龙"号航母猛冲过去。

由于电动投弹装置失灵，盖伊扳下手动装置，向"苍龙"号发射了一条鱼雷，随后便向舰前部的一门高炮冲去。他已完全不顾个人的生死安危，一心要用机枪把日军炮手给干掉，但是机枪卡了壳，他只好在靠近舰桥的地方将飞机猛地拉起，然后从舰尾上方急转弯飞走。

在接近舰桥的一刹那，盖伊看到舰桥上的一个小个子日本舰长正急得又跳又叫。

"苍龙"号转了个弯儿，鱼雷从它旁边疾驰而过，但令人意想不到的是，航母其实并没有发现盖伊已经射出鱼雷，那个规避动作完全是瞎猫碰上死耗子，撞到运气的结果。

盖伊刚刚飞离"苍龙"号，就有5架零式呈一直线朝他扑了过来。盖伊座机的机翼被击中并突然折断，机身像石头一样直线下坠，他急忙跳出飞机，并顺手抓起了一只黑色坐垫和橡皮救生筏。

零式机群仍然在穷凶极恶地向他进行扫射，盖伊被迫用坐垫盖着头顶，以避开敌人的视线。直到空战逐渐往北面转移，他才从垫子下钻出，并把救生筏充上气。

盖伊一个人在浪中颠簸着，他最尊敬的队长死了，那些生气勃勃的兄弟全都音容不在，全队20个人，仅他一人逃出生天，对于一个涉世不深的年轻人而言，这是怎样的孤独与悲怆。

盖伊于第二天获救。在他的座机被击落之后仅仅十几分钟，又有一批鱼雷机向日舰发起搏命冲击。

一二三四五六七

这是"企业"号的鱼雷机群，一共包括14架"破坏者"，队长是林赛少校。

当"企业"号从珍珠港起航时，林赛驾驶的破机降落失败，冲出甲板，他也因此受了伤，被摔得鼻青脸肿，连飞行风镜都戴不上，但是当机群出击时，有人问他能否起飞，林赛仍然平静地答道："我受飞行训练，为的就是上天。"

"企业"号待命室内的飞行员

相比于沃尔德伦团队，林赛机群的飞行员在战斗经验上要丰富得多，他们参加过多次战役，就算是最新的飞行员，飞行时数也在2500小时以上，而且大部分时间飞的都是鱼雷机。

可糟糕的协同作战问题同样发生在了林赛机群身上，"企业"号的战斗机机群与之失去了联系，他们也不得不独自作战。

林赛将飞机平均分成两组，分别杀向"加贺"号和"飞龙"号。这时因为已受到过一次袭击，机动部队早已加强了戒备，"加贺"号舰长娴熟地指挥着航母，看上去就像牛仔驾驭小马驹一样自如，他让"加贺"号以时速30海里的速度行驶，将舰尾朝向鱼雷机，从而使得舰上火炮和零式有充裕时间来解决慢腾腾的对手。

见此情景，源田长吁了一口气："'加贺'号的战斗看来很出色。"

南云也是一副信心十足的样子："它没事。"

鱼雷机要命中目标，就必须维持稳定的航线，并且必须保持飞行高度至少两分钟，在这一过程中鱼雷机最为脆弱，偏偏它们还没有战斗机掩护，任飞行员的技术再好，水平再高，也只能沦为案板上的鱼肉。

掉下去的全是美机，一架接一架。天空中交织着三种烟雾：曳光弹雾、高炮炮弹烟云，以及着火美机拖着的螺旋状黑烟。

又是一次飞蛾扑火式的悲壮，源田发现，有些美军飞行员已经开始"踌躇畏缩，不敢冲杀"。

但其实这是他不了解"破坏者"的速度究竟有多慢，尤其当这破机挂上一枚沉重的鱼雷后，任何人驾机时，都好像是堂·吉诃德骑着一匹筋疲力尽的骡子在作战。

在"赤城"号航母的舰桥上，瞭望哨不断报告着击落美机的消息。源田得意非凡，照这个样子打下去，就是数数嘛，一二三四五六七，用不了多久，他们就可以将美军的舰载鱼雷机全部予以消灭，并能迅速向美军舰队发起全面攻击。

舰桥上的人，南云、草鹿，以及其他人员也都乐得手舞足蹈。瞭望哨以一种戏剧化的口吻大声汇报着战果："还剩 5 架……只剩 3 架……1 架，1 架！"

哪的一声，比赛结束，瞭望哨喜形于色地宣布："全部击落！"

原来南云等人对机动部队能否抵挡住美军的空中袭击还无充分把握，经过接连 7 场空战的胜利，已经没有人再有这种顾虑，他们认为，美机来得再多也不用害怕，你来一双我灭你一双，你来一群我灭你一群，一起来，全灭。

南云虽急于做好攻击美军舰队的准备，但现在他的心情已放松了许多。反正龙争虎斗，苦了小獐，就索性先拿无比弱小的美机开刀吧，等把美机全部吃掉，再收拾空无一机的航母和其他军舰，岂不易如反掌？

林赛机群没有被全部击落，但也差不了多少，一共被击落了 10 架，余下的 4 架能逃回航母，简直称得上是个奇迹。

斯普鲁恩斯舰队的鱼雷机伤亡殆尽，弗莱彻派出的战机又接着上阵。上午 10 点，包括 12 架鱼雷机的梅西机群从"约克城"号飞来，比前面两拨人幸运的是，他们没有与战斗机失散，为之护航的是撒奇战斗机机群，只是撒奇麾下的战机太少了，只有区区 6 架野猫式——没办法，弗莱彻要防备日军反袭击，他派不出更多的飞机了。

"野猫"在性能上不及零式，要与对方缠斗，只能居高临下，以便获得足够的俯冲速度。实战时，撒奇派两架"野猫"在 2500 英尺的高度飞行，他带领其余三架"野猫"在 5000 英尺以上飞行，一旦飞得低的那 2 架"野猫"遭到日军截击，它们便用无线电发出警报，收到警报后，飞得高的 4 架"野猫"再实施俯冲。

到达机动部队上空后，飞得低的"野猫"果然先遭零式的攻击，撒奇率机如约而下。撒奇自创了一种对付零式的战术，后来被称为"撒奇闪避术"，也就是实行双机活动，一架被零式咬住，另一架便转身反噬。因此，尽量双方战斗机的数量对比极其悬殊，但在格斗中还能勉强抵挡。

撒奇机群被击落 1 架，重伤 1 架，其余 4 架因油料耗尽而退出了战斗。至于他们的主要任务——掩护鱼雷机，则根本不可能完成了，对梅西机群而言，这些战斗机参战不参战，在效果上并无差别。

梅西机群没有能够逃脱厄运。尚未到达投放鱼雷的有效距离，梅西等 7 架飞机就被零式击落，其余 5 架飞机继续呼啸着冲向"苍龙"号，然而他们的鱼雷确实是太蹩脚了，"苍龙"号几乎被鱼雷的航迹包围，但这些慢得要命的鱼雷竟然仍无一枚可以命中航母。

当天上午，美军航母派出了3批共41架"破坏者"鱼雷机，最后只幸存4架，而且都被打得狼狈不堪。

这倒也罢了，"破坏者"陈旧而笨重，早就应该由新型的"复仇者"代替。真正惨重的损失还是人，才1个多小时，美军就失去了69名飞行员，尤其是沃尔德伦、梅西等飞行中队长的战死，能让特混舰队痛到骨髓。

由于特混舰队仍保持着无线电静默，太平洋舰队司令部收不到关于前线的一点消息，焦急的情绪弥漫着作战室，尼米兹虽然表面还故作镇定，但了解他的人都知道他心事重重。

终于，尼米兹忍不住了，他把通信官叫来，责问对方："为什么收不到电报？为什么听不到一点情况？"

周围的人惊讶地看到，一贯冷静沉着的尼米兹变得异常暴躁，从来没见他情绪如此激动过。

情报官既委屈又无奈，没收到就是没收到，他也不可能凭空变出一份电报来，于是只好回答："不知道。"

危险的局势，令每一位美军指挥官的神经都变得高度紧张。弗莱彻、斯普鲁恩斯分别坐在"约克城"号和"企业"号航母的舰桥上，指挥调度着战局。上午10点08分，"企业"号率先打破沉默，太平洋舰队的通信中心听到舰上在频繁地呼叫："进攻！进攻！"有人听出是斯普鲁恩斯的参谋长布郎宁在下达作战命令。

下面是一声干脆有力的呼应："是，只要我发现那些杂种。"这预示着，决定命运的时刻正在一步步降临。

从美军舰队上空飞过的 TBD "破坏者"编队，这是他们最后的留影，大约两个小时后，这些飞机几无生还

最重要的判断

布郎宁是在向"企业"号俯冲轰炸机群下达命令，该机群由大队长麦克拉斯基少校率领，包括33架无畏式。

麦克拉斯基早年学的是战斗机，飞的也是战斗机，对轰炸机很陌生。就在十几天前，他刚刚晋升为飞行大队长，负责指挥"企业"号航母上的全部飞行人员，从这时候起，他才忙里偷闲，开始加班加点地恶补，熟悉有关无畏式的性能。

应该说，他驾着无畏式在航母上起降已经没有问题了，但还从未用这种轰炸机投过弹。

没有投过不要紧，试一下就全知道了，不过比这更糟糕的是，他到了预期截击点，却找不到机动部队在哪里，"大黄蜂"号轰炸机群曾遭遇到的困境，如今一模一样地复制在了他的身上。

由于路途中已耗去了大量油料，所剩油料只能再维持15分钟的侦察飞行，15分钟后，如果不想掉进大海的话，轰炸机群就必须返航。

麦克拉斯基快速判断了一下，他断定机动部队只会掉头后撤，于是决定朝西北方向再飞35海里。

他的这一判断，后来被称为整个中途岛战役中最重要的判断，因为如果他不这么做，等到机动部队发动全面反击，美军特混舰队注定会被打得落花流水，战争的天平将完全倾斜。

飞了一会儿，麦克拉斯基忽然看到海面上有一道军舰驶过留下的白色航迹。他赶紧抓起望远镜，找到了那艘军舰。

麦克拉斯基认出这是一艘向北疾驰的巡洋舰，他意识到，这艘巡洋舰如此行色匆匆，肯定是掉了队，正急于找组织呢。于是，他立即下令，就以巡洋舰为向导，将航向由西北改正北，一路跟着跑。

无意中为美机带了路的军舰其实不是巡洋舰，而是"岚"号驱逐舰。它先前与特混舰队前导的一艘潜艇狭路相逢，呼呼地向对方投了6枚深水炸弹，那时候正值整个机动部队在改变航向，"岚"号投完炸弹，一回头，怎么其他军舰都没了？赶紧追。

要是早知道因此会沦为美国人的义务向导，何苦多扔那 6 枚炸弹呢，现在是黄鹰抓住鹞子的脚，两边扣了环了。

麦克拉斯基寻踪而至，他很快看到了一幅蔚为壮观的景象：洋面上阵容庞大的战舰，组成了一个巨大的环形队列，在护卫圈当中，众星捧月般夹着 4 艘航母，这里面除"飞龙"号尚躲在云层下犹抱琵琶半遮面外，其余 3 艘都敞着肚子大大咧咧地列在外面。

更妙的是，在舰队的上方和四周，看不到零式的影子——鱼雷机飞行员没有白白牺牲，此时零式或在丧心病狂地追杀残余鱼雷机，或刚刚回到航母的飞行甲板上，对航母的危险处境显得一无所知。

飞行甲板上倒是热闹得像个超市，日机一架架地被从机库里提出来，并迅速在航母的飞行甲板上排好了队。10 点 20 分，南云下令，一旦准备工作完成，飞机立即起飞。

"赤城"号开始逆风航行，在它的飞行甲板上，飞机已经发动起来，5 分钟后全部飞机即可起飞。

"企业"号轰炸机群实际包括两个轰炸中队，麦克拉斯基下令贝斯特 VB-6 中队攻击"赤城"号，他亲自率领加拉赫 VS-6 中队直取"加贺"号。

麦克拉斯基。中途岛海战后获海军十字勋章

说时迟，那时快，麦克拉斯基利用间歇云的掩护，顺着阳光，率机从 10000 英尺高空向"加贺"号发起猛力俯冲，无畏式刺耳的尖叫声由远及近，令人魂飞魄散。

等"加贺"号看到轰炸机时，规避已来不及了。空中的零式因为追击鱼雷机，都被引到了低空，没有一架还具备如此快的速度，能够爬上去驱散轰炸机编队。

在首批 3 枚炸弹落空后，第四枚炸弹在"加贺"号的右舷舰尾开了花，甲板上顿时一片火海，集中排列于此的飞机被炸得东倒西歪，有的飞机机头朝下，机身成了烟囱的烟道，不停地喷吐着烈火和浓烟。

千里搭长棚，没有不散的宴席，机动部队的顺心快活日子终于到头了。

未来派雕塑

随后落下的两枚炸弹均未能命中"加贺"号，但这时航母已发生倾斜，电源全部切断，内部通道也被大火封住，大部分船员都被困在下面出不来。

舰上的射击指挥官急忙跑上舰桥，催促舰长冈田次作和幕僚尽快离舰。

冈田似乎还没明白发生了什么事，他站在舰桥上，直愣愣地仰望着天空，听完射击指挥官的话，他喝醉酒一样地摇了摇头："我要留在舰上。"

男人没信，寸铁无钢，看来冈田是想履行"人在舰在"的誓言，但其实这时候践诺非常不智，缘于"人不在，舰也不在"的情况很快就要出现了。

美军飞行员轮番攻击，连续投弹，紧随而来的第七枚炸弹落进舰首的升降机井，在机库停放的飞机当中发生了爆炸，这些已加足油，载好弹的飞机永远没有机会再回飞行甲板了。

第八枚炸弹击中舰桥，转瞬之间，舰桥便不复存在，冈田和那位射击指挥官化为齑粉。

飞行长天谷孝久中佐成了舰上职务最高的军官，他代替死去的舰长进行指挥，并试图通过灭火来挽救这艘航母。

可是灭火得有电源，在缺乏照明和电源的情况下，根本没法扑灭大火，当第九枚炸弹落在航母中段，更证明这种努力属于白费劲——航母上的炸弹和鱼雷发生连锁爆炸，舰体速度明显降慢了下来，也就是说开不动了。

在战争中，即便5秒都能改变战局，何况是5分钟。后来人们评价，正是"5分钟之差"，让日军的大型航母一脚踏入了熔炉。

"赤城"号上的大多数人正全神贯注地准备让自家舰载机起飞，因此没有过多留意"加贺"号受攻击的情况，而且就算知道美军轰炸机再次来袭，南云、草鹿、源田等人也并不特别担心。

机动部队已经经历了7轮机群的光顾，那么多飞机全盯着航母打，都没有给航母造成什么损伤，这次亦然，纵算高炮火力够不着，航母也能通过规避逃脱打击。

可是他们没想到，前面屡屡得逞，其实运气占了很大成分，而好运气不会永远站在他们这边。

10点24分，从"赤城"号舰桥的话筒里传出了起飞命令，飞行长摇动着小白旗，一架零式战斗机开足马力，第一个飞离甲板。就在这一瞬间，瞭望哨大呼："俯冲轰炸机！"

舰桥上的渊田闻讯抬起头，他看到3架轰炸机正笔直地进行着俯冲，而且似乎是直奔舰桥而来，从飞机的粗短外形上，他识别出这是无畏式。

和"加贺"号一样，规避是来不及了，"赤城"号开始用舰炮上的高炮进行猛烈射击，但采取这个措施也已经显得太晚，无畏式越来越近，突然，飞机上掉下3个黑点，晃晃悠悠地垂直落下。

炸弹！渊田本能地卧倒在地，接着小心翼翼地爬到了一块防弹护板背后。

贝斯特VB-6中队的第一枚炸弹失之毫厘，落在舰首左舷外约10米处。爆炸后掀起的水柱落在舰桥上，把一众军官全都浇得犹如落汤鸡一般。

来是是非人，去是是非者，南云及其幕僚走南闯北，从来只有他们惹别人，没有别人敢碰他们，到此地步，纵算心里再怕，外面还得端着架子，装成个泰山崩于前都不为所动的样，所谓"惊而不慌"是也。其他人则早已被吓得脸色发紫，抖个不停。

发抖是对的，因为"惊而不慌"也维持不了多久了，准确地说，只有几秒钟，

几秒钟后，第二枚炸弹落在了舰中部的升降机附近。

渊田朝四周望了望，几秒钟时间造成的破坏令他毛骨悚然：升降机后面被炸开了一个大洞，升降机本身被炸得像是一尊未来派雕塑，或者说是一块烧卷了的玻璃板，七扭八歪地掉在机库里。飞行甲板的钢板奇形怪状地向上翻卷着，上面

VB-6中队在"企业"号上做起飞准备的情景。该中队的14架飞机损失10架，仅有4架得以返回母舰

待发的飞机机尾朝上，机身里冒着浓烟，并且不断向外喷出青蓝色的火舌。

大家都预见到了第三枚炸弹的破坏力，没人敢"惊而不慌"了，渊田跟跟跄跄地沿着扶梯，跑进了飞行员待机室。

都是才生过病的人，比他官衔更高的源田在逃生时一点儿不见迟钝，只见这位南云的首席幕僚就地一滚，之后把脸紧贴着甲板，用双臂交叉保护着头部，若不是处在非常时期，几乎还让人觉得有些潇洒。

第三枚炸弹很给"二田"面子，没有在他们身上找眼，最后落在了飞行甲板的左舷后段，有200多人被爆炸引起的气浪掀进了大海。

"赤城"号上出现了一阵可怕的寂静，源田见自己毫发无损，竟然又莫名其妙地变得乐观。

源田的这种乐观并非完全无凭无据，正常情况下，航母中上两枚炸弹还不至于致命，尤其是这种重型航母。

在这方面，摇纸扇的显然不及曾在一线上刀口舔血的人更老到，躲进待机室的渊田跟源田的想法就完全不一样。

我们搞砸了

渊田哭了，因为他想到了可怕的一幕。

飞行甲板上全是满载炸弹和油料的飞机，甲板下面待提吊的飞机里，鱼雷和油料一样装得满满的。炸弹、鱼雷、油料，这些都成了刺伤自己的利剑，飞机因此一架一架地起火。

这些还不是最糟的。

"赤城"号的机库刚刚经历了一番忙乱。船员在卸完炸弹之后，又要抢时间装鱼雷，卸下的炸弹便没来得及送进弹药库，而是全部胡乱堆放在机库附近……

做个假设，要是机动部队打胜了，也许就没人计较如何装卸了，说不定卸弹人员还会作为有功之臣，被夸得比菩萨还好呢，可惜，马上他们将被贬得连牲畜都不如。

在短暂的寂静过后，渊田所设想的可怕场面变成了现实。汽油燃烧产生的高温，诱发了堆放在机库里的那些 800 公斤大炸弹，剧烈的爆炸，把机库变成了一座呼呼燃烧的大高炉，连使用二氧化碳灭火器都控制不了火势。舰长被逼无奈，下令放水淹掉了弹药库。

飞行甲板上同样惨不忍睹，起火的飞机一块儿凑趣，炽热的气浪令救火队难以靠近。

按照航母操作规程，舰上官兵必须穿着长衫长裤，这样可有助于防火，但是中途岛战前日本人自大到了极点，他们甚至连这一最基本的防范措施都没有准备，全都穿着热带的短裤和短袖衬衫作业，结果导致了许多不必要的伤亡，水兵撞尸的撞尸，挺床的挺床。

渊田所在的待机室正在迅速变成一个急救室，里面挤满了严重烧伤者。渊田问一个救护人员，为什么不把伤员送到病员舱去，那人告诉他，别说病员舱，下面所有的舱都起火了。

渊田一听，就想跑回自己的舱里去参加抢救，但是哪里回得去，烈火和浓烟很快就让他变得规矩起来。

渊田出了一身汗，他心有余悸地想到，若是他此时还像其他病号那样舒舒服服地躺在床上，一条小命可不就完结了。

随着机库内连锁爆炸的加剧，待机室也不安全了，浓烟穿过过道直冲进来，渊田只好又爬回舰桥。

当渊田神情恍惚地回到舰桥上时，正好碰到了源田。"二田"曾一起在海军学校受训，是老同学，源田这时已不再乐观，他瞧了渊田一眼，只说了一句话："我们搞砸了。"

"赤城"号的情况正变得完全不可收拾，舵轮系统被炸坏了，主机已经停车，此外，报务室和天线也已成为粉末，无法再对外联络。曾经威风八面的"赤城"号成了瘫子、聋子兼哑巴。

参谋长草鹿催促南云立即撤离"赤城"号，将司令部迁移到另一艘军舰上去。

可是南云始终忸忸怩怩不挪窝，草鹿催了两三次，他还是站在舰桥的一个罗盘旁边做耗。

南云是机动部队的统帅，不是舰长，如此作态，实无必要。草鹿又不好当面道破，只能按捺住性子，继续恳求："长官，我们大部分军舰还好无损，您务必负起指挥部队之责。"

"赤城"号舰长青木泰二郎也上前一道劝说："长官，有我照管军舰。我们大家都恳求您把司令旗移走，以便继续指挥部队。"

中途岛大战中具有决定性的一击（油画）

正在这时，副官跑上来向草鹿报告，说舰桥扶梯已被大火封住了，逃出去的唯一办法只能是抓绳子溜下去。

一听副官的话，众人的脸都吓黄了，可越是这样，南云越不好说马上逃跑之类的话了，相反，他还得做出更加视死如归的表情来：你们别跟我这杀鸡抹脖子地使眼色，我不怕！

草鹿急啊。阎王说三更要过来，就一定不会等到五更，他老人家就差直接发请柬过来了，你还在我们面前装什么胖呢？

事已至此，也顾不得脸面问题了，草鹿提高嗓门，罕见地批了南云一通，说南云在这个问题上是以感情代替理智，你以为你是多愁善感的小军官哪，错！

南云被批得脸红脖子粗，这才顺水推舟地答应服从理智，也就是赶紧离舰逃命。

副官的话还真不是吓唬大家，因为南云装腔作势延误了时间，所有人都只好先爬出舰桥的前窗，然后抓住绳子往下滑。

草鹿身材矮胖，差点儿挤在窗户中出不去，后面的人使劲推了两把，才把这矮胖子推出去。他还抓不住绳子，结果中途脱手，摔在了飞行甲板上，不仅扭伤踝骨，还烧伤了手脚。

渊田最后一个往下滑，这时绳子已经烧着了，扶梯又烫得不能沾手，他只好硬跳。

刚跳起来，机库恰好又发生一次爆炸，"赤城"号猛烈地颠簸了一下，渊田被抛到半空，然后重重地摔在了飞行甲板上，他顿时失去了知觉。

醒后，渊田发现自己虽然没有立即挂掉，但其实比挂掉也好不了多少，他的踝骨、脚脖子、脚跟都摔断了。

渊田是因祸得福。他不是南云的幕僚，按照规定，其他飞行员不撤，他也不能撤，可受了伤——而且属于重伤，就不一样了。两名士兵从浓烟中冲出，把他抬起来放进绳网，荡秋千一样把他荡进救生艇，和南云、草鹿、源田等人挤到了一块。

在救生艇上，渊田勉强撑起身子，回头注视着正在燃烧的航母。他曾经是日本海军航空兵中最出风头的飞行队长，但现在他和自己的航母一样，都面临着双翼被剪的命运，从此再不可能起身飞翔了。

在机动部队中，"赤城"号、"加贺"号属第一航空舰队，"苍龙"号、"飞龙"号属第二航空舰队。当"赤城"号中弹，变成烈火熊熊的地狱时，源田还有所期冀，他一个劲儿地给自己打气："我们一定不会败，因为我们还有第二航空舰队。"

逃离"赤城"号之前，源田朝"苍龙"号望了一眼。就是这一眼，让他生平第一次真正感到了震惊，他变得目瞪口呆，不知所措。

"苍龙"号原来也冒着白色的浓烟！

赤橙黄绿青蓝紫

"约克城"号俯冲轰炸机群只比"企业"号同行晚到了几分钟。该机群由莱斯利少校率领，共有17架无畏式。

本来要与莱斯利机群作配合的应该是梅西、撒奇两机群，但是都没联系上，只好独自作战。莱斯利当时还不知道，他不是一个人在战斗，"企业"号的两个轰炸中队已经把机动部队搅到了天翻地覆，南云甚至抽不出空来迎接他——你就是让这三个中队在一起练上几个星期，也未必能配合得如此天衣无缝。

莱斯利很倒霉，出发后他和其他3架飞机的投弹装置出了毛病，炸弹全都掉进了海里，这样能投弹的飞机就由17架减少到了13架，但是既然出来了，哪有空手而归的道理，尤其是在他看到"苍龙"号的时候，眼珠子就不会转了。

没有炸弹，就用机枪扫，扫了两下，败兴的事情发生了：机枪卡了壳。

莱斯利快快退下，指挥权移交给了霍姆伯格少尉，霍姆伯格将望远镜式瞄准器对准"苍龙"号甲板上的大红圈，实施了一个长距离俯冲。

炸弹准确地落到了"苍龙"号身上，中弹后的航母就像开了烟花铺一般，看上去赤橙黄绿青蓝紫，五彩缤纷，倒也挺养眼的。

冷灶唤急火，但热灶其实也同样需要再添上一把柴，否则不够热闹哇。3分钟内，有3枚炸弹接连命中"苍龙"号，其中第二枚炸弹击穿了升降机，在机库甲板上爆炸，并陆续引爆了航母的炸弹舱、鱼雷舱、弹药舱、油罐。

三记连环窝心脚差点把航母的肠子都给踹出来，大火笼罩了整个舰体，机库甲板烫得像油锅一样，连甲板的门都被烧得熔化卷曲起来，活着的人赶紧逃到飞行甲板上。

医生和卫生兵团团乱转，像机器人一样忙个不停，由于伤员太多，他们只好把显然活不成的那些搁一边，先抢救多两口气的。多两口气的被集中到了一块儿，但是悲剧马上发生了，一个剧烈的诱发爆炸把这些人全给掀到了海里。

3分钟，俯冲轰炸机完成了前面7批机群3个小时也没有完成的任务，在勇气、决心和牺牲精神上，飞行员们并没有差别，他们的成功，只是一浪推一浪，坚持不懈，水到渠成的结果。

"企业"号的33架无畏式，损失了14架，其中大部分是由于汽油用尽而在海上迫降。当大队长麦克拉斯基在"企业"号降落时，飞机上的油只够洗一条领带了。

无独有偶，莱斯利机群的17架无畏式里面也有两架因油尽迫降水中，但这些与他们取得的决定性胜利相比，已经显得无足轻重，因为日本海军精锐舰队的3/4的力量已经被消灭了。

在机动部队遭攻击的3艘老航母中，"苍龙"号是短时间内受创最严重的，破烂的船壳像火炉一样烧得通红。仅仅半个小时，它已完全陷入瘫痪，剩下的不过是起一个焚尸炉的作用而已。

"苍龙"号舰长柳本柳作下令弃舰，并监督举行了一个仪式，即将天皇的照片转移到一艘驱逐舰上。当人们争相离舰后，却发现柳

攻击"加贺"号后返回"企业"号的"无畏"，可以看到水平尾翼已被打坏，机身上也有中弹的痕迹

本不在，抬头寻找，他正站在信号台上，嘴里高呼"谁也不要走近我，万岁"，摆明了是要与舰共存亡。

柳本在水兵中的人缘不错，据说他不管什么时候集合船员训话，大家都会提早一个小时甚至更长的时间前来集合，以便能站在前排听讲。

一名军曹被推选出来搭救舰长。军曹先上前敬礼，请柳本离开，柳本却手握军刀，双目凝视前方，仿佛什么都没有听见。

这名军曹获得过海军相扑冠军，见软的不行，便来硬的，将柳本一把抱了起来。

柳本转过身，眼睛死盯着军曹。柳本在"苍龙"号航母拥有绝对权威，即便在这个非常时期，也一样对军曹具有威慑力。军曹怵了，他把柳本放下，敬了个礼，然后含着眼泪转身离开。

柳本轻轻哼唱着日本国歌《君之代》，与这个熊熊燃烧的庞然大物一起葬身海底。

下午5点，"加贺"号代理舰长天谷下令弃舰，之后储油罐受热爆炸，许多人来不及逃出，被活活困死在机房里。

"赤城"号的火势也越来越难以控制。下午6点，青木舰长决定弃舰，他来到尚未被大火波及的抛锚甲板，让人把自己捆绑在锚链上，准备与舰同沉。

部下不可能眼睁睁看着舰长就此死掉，"赤城"号航海长登上航母，叽叽歪歪地跟青木咬了一阵耳朵，告诉他，"赤城"号将由日本鱼雷来击沉，而不是敌人的鱼雷，所以舰长无须自绝。接着，一名官阶比青木还高的海军大佐又亲自登舰，下令青木离舰，青木方才服从。

午夜，日军驱逐舰用鱼雷击沉了这艘航母。尽管它是南云的旗舰，被日本海军奉为航母中的皇后、海军航空兵的象征，可战场上实无后门可钻。

机动部队的三艘航母一个也没能逃脱覆灭的命运。曾经，它们都那么威风凛凛，然而不到半天工夫，就化为太平洋海底的一堆废钢烂铁。

传说中的桑田沧海也不过如此吧。

当源田乘着救生艇逃离"赤城"号时，他说了一句话，正是这句话让身边的人感到无比惊恐和愕然。

前浪死在沙滩上

救生艇挤到了人满为患。源田当时跟摄影师牧岛坐一起，牧岛的照相机、胶卷和其他东西都丢了，光剩了条命，正在恓恓惶惶的时候，他听到源田低声说："如果'翔鹤'号、'瑞鹤'号在这里，就不至于落得如此惨败了。"

前面半句无关紧要，吃了这么大的亏，难免会令人想起本该参战的"翔鹤"号、"瑞鹤"号。要害是后面半句，因为它揭示了一个谁都心知肚明，但又谁都不敢提及的字眼。

"惨败"，机动部队竟然也会惨败！

自从偷袭珍珠港成功以来，机动部队就跟一朝得逞的暴发户一样，战场上由着自己性子来，那真是取了银的又要金的，有了珠子又要宝石，吃了肥鹅又宰肥鸭，从东打到西，从太平洋打到印度洋，别说惨败了，小胜都觉得脸上无光。

可是突然有一天，暴发户也吃了瘪，他们甚至连吃饭的桌子都被人家毫不客气地推倒了。对于一个过惯优裕生活的人来说，这简直太可怕了。

每个人都知道桌子翻了，可是除了源田，没有人会把它说出来。牧岛听到后，神情紧张地环顾了一下四周，想看看南云或草鹿是否听见了"惨败"这两个字。

南云、草鹿有没有听到不知道，但一个海军大佐显然是听得真真切切。他望着源田，不动声色地说："这一仗的结果，肯定将决定日本的命运。"

战前的"苍龙"号倒真像一条海中长龙，可怕的是，转眼间就已化为太平洋海底的一堆残骸

海军大佐的声音很高，听他一说，艇上的人猛然抬起头，可是仍旧无人吱声。

草鹿没有吱声。他以日本剑宗传人兼佛教信徒自居，就算是装，也得装得泰然自若，旁人只有仔细观察，才会发现他嘴角的肌肉在难以控制地抽搐着。

南云也没有吱声。他先是目不转睛地凝视着"赤城"号的舰桥，接着又垂下头去。牧岛看不出这位机动部队的大佬心里有何涟漪，但注意到他脸上的皱纹似乎更深了。

南云坐着救生艇登上了"长良"号，并将这艘轻巡洋舰作为新旗舰。不过在此之前，他已将临时指挥权移交给了机动部队副指挥官阿部弘毅，并授权阿部以仅存的"飞龙"号航母为核心继续作战。

阿部受命后，向第二航空舰队司令官山口多闻下令："攻击敌航母。"

山口是山本的同门师弟，在从海军学校毕业时，他的成绩是全班第二，以后又一度被当作山本的接班人。此人性情急躁，自命不凡，同南云的关系也不好。别人都把南云当个人物，唯独他不屑一顾，认为如果由他来当机动部队的司令，肯定比南云更称职。

在获知美军舰队有航母后，山口曾通过驱逐舰向山本打信号，要求在没有战斗力掩护的情况下，就立即派轰炸机向特混舰队发动进攻，但南云没理他。

3艘航母被击中的惨状令山口的幕僚惊恐不已，山口却正中下怀：不理我？有报应了吧，这可不正是我大显身手，力挽狂澜的机会吗？

山口情绪激昂，他仿佛已经看到，当机动部队返回日本时，他以孤军奋战、反败为胜的英雄身份走在最前面，而曾经趾高气扬、不可一世的南云则灰溜溜地跟在身后。

长江后浪推前浪，前浪死在沙滩上，早该如此！

别人当然没他这份幸灾乐祸的好心情。"飞龙"号是唯一没有受到损伤的航母，当舰上飞行员被告知，他们已是机动部队的最后一批飞行员时，这些飞行员不禁大吃一惊。

山口决定让小林道雄率机攻击。在小林机群出发之前，他和舰长加来止男一起，在舰桥上和参战飞行员一一握手。山口野心勃勃，脸上始终是一副和蔼可亲的样子，那个舰长比他更会来事，告诉飞行员："我不会只让你们去牺牲。"

日本人都很容易受情绪感染或左右，率队的小林激动得连牙齿都在颤抖，在旁陪同的军官也受到了影响，"如此感人的场面还从来没有见到过"。

10点58分，小林机群全部升空，共有18架俯冲轰炸机和6架战斗机，这是山口在现有情况下能派出的所有战机。

11点30分，南云抵达"长良"号，恢复行使职权，但是由于他正忙着拟订新的作战计划，山口仍然是实际的空战指挥官。

由于缺乏新的侦察情报，本来单靠小林机群自己要找到特混舰队并不容易，但是小林想到了一个和他的对手相似的办法。

冻死饿死都是个死

麦克拉斯基按图索骥，跟着"岚"号驱逐舰找到了机动部队，小林机群通过尾随莱斯利返航机群，发现了"约克城"号。

小林的要求是"打枪的不要，悄悄地进村"，有两架零式却按捺不住性子，自顾自地向美机扑去，结果使得小林又平白少了两架护航机。

"约克城"号装有雷达，隔着老远就把小林机群逮个正着，它马上做好了防御准备。

在向机动部队出击之前，弗莱彻就建立了舰载机预备队，有12架"野猫"可以截击，斯普鲁恩斯又派来6架进行支援，当小林机群离"约克城"尚有12海里时，空战便提前爆发。

4架对18架，相比之下，零式的数量太少了，纵算性能再优越，空中格斗中被人家扒光裤子，也是情理中的事。不过能让小林展眉一笑的是，仍有8架俯冲轰炸机突破拦截，死活飞到了"约克城"号的上空，并开始呈曲线向下俯冲。

有预备队还是挡不住，望着越飞越近的日机，弗莱彻说："我现在是无能为力了，好吧，我把钢盔戴上。"

转眼之间，"约克城"号中了3枚炸弹。美军航母的飞行甲板上没有配备装甲，极易起火，锅炉气压也出现了下降，舰身因此停在海面上一动不动。

要不是"约克城"号刚刚在珊瑚海海战中受过伤，又有两天修复的经历，这艘

被击中起火的"约克城"号

航母就差不多要完蛋了，但现在从舰长到损管队全都经验丰富，通过紧急修复，它很快便恢复了航行能力。

"约克城"号是弗莱彻的旗舰，暂时也不存在危险，可弗莱彻仍然做出决定，他要离舰，将帅船转移到一艘重巡洋舰上去。

在日本海军看来，这种做法几乎等同于怯懦，而且就算要离舰，南云这些人也一定要矫揉造作地推让拉扯一番。弗莱彻不是，他严格按照程序和规定做事：舰队司令和幕僚可以离舰，"约克城"号舰长和船员不能离舰，彼此各司其职，互不打扰或耽误工夫。

做事风格上，弗莱彻和南云真是相差太多了。弗莱彻也碰到了要从右舷攀绳而下的尴尬事，他刚刚跨出一条腿，就停下来对负责的水手长说："我有点儿老了，干不了这玩意儿，最好能用绳子把我吊下去。"

水手长说好，一挥手，两名水手上来，拴鱼一样地把弗莱彻拴在绳子的一端，然后慢慢放下去。

这就是美国人，你站在旗舰上，那是值得尊敬的统帅，下来了，也就跟一般士兵一样，这样大家也许更自在。

与弗莱彻一样，斯普鲁恩斯从不会感情用事。当得知"约克城"号遭袭时，性情急躁的参谋长布郎宁建议立即采取报复行动，对"飞龙"号发起攻击，他则坚持，攻击可以，但一定要先派侦察机搞清机动部队现在所处的位置。

冷静沉着的报偿，就是纵使亏本，也不会亏得太多。这时山口早已改变了航向，要是斯普鲁恩斯冒冒失失地派飞机过去，不仅会白白消耗兵力，还根本发现不了"飞龙"号。

侦察都被双方提高到了至关重要的地位，机动部队本有两架新式的高速侦察机，只是始终没能派上什么用场，直到被打得嘴里青烟直冒，南云才如梦方醒，赶紧命令其中的一架出去侦察。

飞行员返航后，几艘航母全都着了火，他只能选择在"飞龙"号甲板降落。山口闻讯，就直接把他叫了过去问话。

从南云到山口，原先都以为美军只有1艘航母，这回一问，让山口大吃一惊，原来不止1艘，有3艘！

已经打掉了1艘，理论上还剩2艘，少不得还是我去拆开这鱼头。山口决定组织残余日机发起第二波攻击，这批残余日机由友永等人率领，一共包括10架鱼雷机和6架战斗机。

山口关照友永："不要再攻击被小林机群击中起火的那艘航母了，要攻击另外几艘航母。"

与早上出征时相比，可以出战的日机已经寒碜到可怜，参战飞行员也大多知道此行可能有去无回，但当他们爬进机舱里，还是个个作强颜欢笑状。

冻死饿死都是个死，能死在蓝天上，也不枉飞了这么一场，起码美日飞行员都还有这个觉悟。

友永座机的一只机翼油箱在袭击中途岛时被打漏了，尚未来得及修补，地勤人员问怎么办。友永笑了笑，说坏掉的那只油箱就算了，把另一只加满便成。

其他飞行员要求跟友永调换飞机，但都被他谢绝了，他的理由是："敌人离得很近，我攻击之后是可以返航的。"

友永出发后，把已经灭火的"约克城"号当成了"另外几艘航母"，再度率机对它发起攻击，"约克城"号的右舷和中部，分别被两条鱼雷击中，随后友永座机也被猛烈的高射炮火击得粉碎。

虽然"约克城"号只是挂了两处彩，可是挂彩的地方都是要害部位，舰上的动力、照明和通信设备全部瘫痪，航母被炸得无法动弹，并发生严重倾斜。最危险之处还在于，"约克城"的燃油舱也被炸坏了，因为航母倾斜，漏出来的油又向各个部位蔓延，形成

"约克城"号在弃舰前用防空炮拦击日机的情景，上空已经冒出了大团的浓烟

一层薄薄的油膜，在这种情况下，只需沾上一点儿火星，就能酿成席卷全舰的大火。

随便哪个舰长，要他们做出弃舰决定，都如同割自己的肉。"约克城"号的舰长虽然尽可能挽救，最后还是不得不下达弃舰命令，并撤出了舰上的3000名官兵。

弗莱彻非常实际，他认为舰长弃舰不是对不对的问题，是弃得太晚了。要知道"约克城"号随时可能彻底报销，任何优柔寡断的举动，都可能伤及舰上的人员，弗莱彻一直到后来还对此耿耿于怀，他说："我当时是真着急，想快点把人撤下来。对我而言，重要的是把军官和那些优秀的士兵救出来。"

放弃"约克城"号，就意味着弗莱彻舰队歇了火。当斯普鲁恩斯向弗莱彻请示，对下一步作战有何指示时，他答复说："按你自己的意图打。"

意识到自己手中已没有了航母，无法最有效地指挥空中力量，弗莱彻坦然地把指挥权交到斯普鲁恩斯手中。他的无私和智慧，使同僚的指挥才能得到了更为淋漓尽致的发挥。

斯普鲁恩斯一直在等待侦察报告，下午2点45分，侦察机终于传来消息，特混舰队再次获得屠龙之机。

一鸡死了一鸡鸣

美军侦察机看到，"飞龙"号果然已不在原有位置，它正朝着特混舰队的方向驶来，准备发起第三次发起攻击。

斯普鲁恩斯不下决心便罢，一旦做出决断，便毫不拖泥带水。他马上下令特混舰队所有还能参战的俯冲轰炸机全部起飞，首功之臣麦克拉斯基因伤未能参战，指挥混合机群的任务交给了职务和资历仅次于他的加拉赫。

提防着"飞龙"号的攻击，斯普鲁恩斯没有派战斗机护航，加拉赫率24架无畏式轰鸣着向"飞龙"号奔袭而去。

山口正在家里得意着，所谓一鸡死了一鸡鸣，当机动部队的其他3艘航母即将呜呼哀哉的时候，他的"飞龙"号却重创了特混舰队——敢情山口和那个死鬼友永一样，都以为日机两次出击，打沉的是不同的两艘美军航母呢！

"飞龙"号上的船员也兴奋起来，这些人齐声高呼："'飞龙'号，要报仇雪恨。"

什么时候报仇雪恨，山口向南云报告是黄昏。整个机动部队能剩下的飞机都已少得可怜，飞行员也疲于奔命，也只有到黄昏时才能完成攻击准备。

美军航母只剩一艘，关键是得出它藏在哪里，山口决定派一架高速侦察机前去打探。下午5点03分，侦察机刚要起飞，加拉赫机群已到达了"飞龙"号的头顶。

机动部队在出发前曾得到两套实验性雷达，但安装这两套雷达的战列舰都编在北方的高须部队里面。缺了这种至关重要的高科技设备，单凭肉眼观察的局限性很大，当瞭望哨发现美军机群逼近时，已经太晚了，有4枚炸弹全部击中舰桥附近，把舰桥上的玻璃窗震得粉碎。

加来舰长亲自掌舵，为免再度中弹，他只好全速前进，"飞龙"号像头发了狂的牛一样拼命奔跑，然而弄巧成拙，由此产生的风反而助长了火势，大火从舰首一直烧到舰尾，"飞龙"号被烧成了一个烂羊头。

机动部队的最后一艘航母也无救了。除弃舰外，已别无他法，山口万念俱灰，他与加来舰长一起选择了与舰同沉，谁的劝阻也不听。在诀别演讲时，他对即将离舰的官兵们说："虽然胜败同样难免，但对于今天的结局，我死有余憾。"

是的，就只差一点，如果不是误认为已击沉两艘美军航母，如果不继续冒进，如果不拖到黄昏再发起攻击，现在他也许就坐定胜利者的宝座了。

明月初上，山口从清水桶中倒了一杯淡水，以水当酒，与幕僚饮别。他回头看了看月亮："月色太美了，让我们边赏月边聊天，度过这最后一夜吧。"

言罢，便向舰桥走去。临走时，山口把自己的将军帽摘下来，扔给首席幕僚作为纪念物，然后下令："全体离舰，这是我的命令！"

依照弃舰前山口的嘱咐，一艘驱逐舰奉命击沉了"飞龙"号。

随着"飞龙"号的沉没，南云的4艘老航母已全部归零，日军舰载机迎来了噩梦。先前被击落的美军飞行员，当他们漂浮在海面等待救援的时候，可以清楚地看到，那些日军同行先是驾着飞机在半空中绕着圈子飞，试图找到一个可以降落的地方，但是根本无枝可栖，随着时间的延长，飞机耗尽了最后一滴汽油，终于无可奈何地堕落到了深不见底的大海里。

晚上，尼米兹收到了斯普鲁恩斯发回的战报，上面表明，显赫一时的机动部队主力已遭到彻底倾覆。胜利对一个将军而言，几乎就相当于起死回生的灵丹妙药，尼米兹疲惫的面庞一下子显得容光焕发、喜气洋洋。他知道，就在这一天里，太平洋战局已出现了重大转折。

当晚，太平洋舰队司令部内灯火通明，几乎无人能够入睡，他们一方面是兴奋得闭不上眼睛，另一方面也得密切注视日方的动静，以免到手的胜利果实再从手中白白丢失。

尼米兹沉吟着说："我估计日本人仍想登陆中途岛。"

莱顿表示赞同。

尼米兹突然反问莱顿："他们已经吃了败仗，难道不怕付出更为巨大的损失吗？"

莱顿已经回到了假想中的角色，他极力体会着山本的感觉："我想，他们是不会顾及的。这是一支相当顽强的部队，只要命令下达，就会拼尽全力。"

不过这一次，莱顿只猜对了一半。

蒙着眼睛扔石子

山本和幕僚这一整天算是被命运给戏耍够了。在机动部队发起对中途岛的第一波空袭后，"大和"号上气氛轻松而愉悦，山本的脸上也露出一丝发自内心的微笑。

中途岛附近海域出现美军舰队，是山本始料不及的，他在夏威夷和中途岛之间设置的那三道潜艇警戒线动都没动，他还以为特混舰队仍在夏威夷或别的地方呢。

被击中起火的"飞龙"号。随着"飞龙"号的沉没，机动部队彻底失去了攻击能力

和南云一样，山本紧张了。

之后得到报告，说这支编队里还有一艘航母，南云的反应是更为紧张，山本却突然转忧为喜，他哈哈大笑："这岂不是敌人送到我们嘴边的一大块肥肉吗？"

就怕特混舰队躲在夏威夷，每天睡到日头晒屁股都不肯出来，现在他们巴巴地来赶集，正是手到擒来的好时机啊。

谁都不会质疑南云和机动部队手到擒来的能力，包括山本自己，于是"大和"号上又恢复了其乐融融的氛围。有的说："好啊，机动部队的这一仗，一定能打得很漂亮。"还有的说："剩下的残兵败将，就等我们去收拾了。"

然而，"大和"号收到的不是捷报，而是3艘航母中弹起火的噩耗。

"大和"号犹如被一记晴天霹雳击中。这种规模超过珊瑚海战役的大海战，山本不会天真到以为机动部队会完好无损，但是，损失一艘航母，他可以泰然处之，损失两艘，尚能忍受，一下子拿掉3艘，搞拆迁哪？

再也无人装镇定，扮沉着了，大家都手脚冰凉。一名幕僚异常着急地对山本说，如果让机动部队赶紧出动鱼雷机，还来得及与特混舰队拼死一战。

实际上早就来不及了，3艘航母虽然还没沉没，但飞行甲板上无一不是火光冲天，飞机哪里能够起飞。

山口的临危指挥，让山本和幕僚总算抓住了一根救命稻草。山本一边传令本舰队加速，向中途岛方向驰援，一边低声祷告，希望他的日本菩萨能保佑那艘仅存的"飞龙"号。

此时海面上正起着大雾，在山本和宇垣的督促下，舰队不顾危险，把速度升到了当时情况下的极限，以至于各舰之间谁也看不见谁。

再赶，也赶不上坏消息。随后"大和"号就接到了"飞龙"号中弹起火的电报，真是心中一伤未愈，凭空又多添了一伤。宇垣都快被揍哭了："在这仅存的航母身上，寄托着我们全部的希望。它最后也罹难了，我的天哪！"

后来宇垣在日记中哀叹，这是他一生中"唯一蒙受重大失败的一天"。

如此收场，谁也不会甘心。在重新核查剩余海军的部署后，山本发现战局并不是完全无法挽回，他甚至仍有希望赢得一场未来的海上决战。

按照"MI行动计划"，联合舰队要先摧毁中途岛的陆基航空兵力，再占领中途岛，最后把特混舰队引诱过来并予以歼灭。

现在山本被迫将次序颠倒过来，他要从别的海域调来航母，并采用日军擅长的夜战方式，首先与特混舰队决战，以便将日方的损失找补回来。

这是个不错的方案，但同时又是个一厢情愿的方案，因为它的前提是对手得上当，也就是只有当特混舰队继续西进，乘夜追击机动部队残部时，双方才有在中途岛附近发生夜战的可能。

斯普鲁恩斯没有如山本所愿。即便打了胜仗，他也有自知之明，舰载机要在白天命中机动部队的其余快速舰艇，就是件颇费劲的事，用一名飞行员的话来说，是在凭目力所及，向受惊的老鼠扔石子，打得中是运气，打不中一点都不意外。

到了晚上，连看都不让看了，得蒙着眼睛扔石子，安可得哉？

航母能在海上傲视群雄，靠的就是舰载机，那是它的翅膀和利爪，一旦翅膀被剪，利爪被断，便毫无威力可言。

舍去航母比其他的，美军劣势明显。南云的机动部队加上运输舰队，所拥有巡洋舰数量与特混舰队基本相当，但是在战列舰方面，斯普鲁恩斯是 0 艘，南云则有 4 艘之多，舰上配备火炮的口径全都超过美军巡洋舰。

更不用说，斯普鲁恩斯已得到情报，山本舰队等日军各支援部队正从各个方向压过来，一旦他过于冒进，特混舰队与夏威夷的联系就面临着被切断的危险，到时他和弗莱彻在白天赢得的胜利都将前功尽弃。

斯普鲁恩斯有一个独特的观点，在他看来，所有军事行动都像妇女上街买东西一样，有两个问题必须考虑，即花多大代价，以及值不值得。

白天打掉日本人 3 艘航母，自损 1 艘，这个代价他肯花，也值得，可是晚上这个买卖就太不划算了。所谓贪多嚼不烂，既然已经赚够，就没必要为南云剩下的那点鸡零狗碎再去冒险。

紧急修补被击中的甲板

斯普鲁恩斯决定放弃追击，不往西进，而往东退，这样特混舰队还可以进一步保护中途岛。

消息传到联合舰队司令部，山本、宇垣等人简直不敢置信。他们这些人在海军学院里接受的战术思想，都是"全力以赴打大仗"的类型，如果把他们放到斯普鲁恩斯的位置，早就向西追击过来了，怎么倒还退了呢？

可以肯定，特混舰队并非走投无路，为什么不再上前一步，进入我们的火力范围，山本对此百思而不得其解。

倒是受挫后的南云显得较为清醒和务实，他认为特混舰队在航母数量上占着优势，自己的驱逐舰又都在守护受伤的航母（当时尚未沉没），无法抽身实施夜战。

南云的实事求是让山本等人大为光火：你也太怯懦了，是魂被吓得飞掉，此刻还未归窍吧？

宇垣更是大发雷霆，咆哮着说，从南云的电报上，丝毫看不出这个败军之将还有什么斗志。

别人养猫拿耗子，我的猫只会缩到墙角发抖。山本忍无可忍，立即取消了南云的指挥权。

然而打部下的板子容易，迎来战机的希望却越来越渺茫。眼看离日出只有4个小时，还是无人上钩，夜战计划注定要破产了，联合舰队司令部内一片灰心丧气。

此时一名幕僚提出了一个新的作战方案，听完之后，一些人又激动起来。

大兵语录

新的方案是，集中包括"大和"号在内的全部战列舰，用舰炮齐轰的办法，在第二天白天直接抢占中途岛。

用战列舰来攻占中途岛，若放在机动部队的航母覆灭之前，称得上是个大胆而又高明的攻略，可惜现在为时已晚。

山本果断拒绝了这个方案："此次作战已近尾声。打仗如同下棋，在下棋时，应该当退则退，过多的拼杀交锋会造成满盘皆输，输得精光。"

宇垣也表示强烈反对。联合舰队已失去了航母群，而美军除了拥有舰载机外，还有岛上剩余的陆基航空兵力，以及基本完好的机场，在这种情况下，战列舰可能还没向岸上开炮，就会被美军航空兵和潜艇部队消灭。

别的战例不用多讲，马来海战中英国远东舰队的完结便是明证，"威尔士亲王"号、"反击"号那是多厉害的战列舰，还不是被鱼雷机给送入了海底。

把英国战列舰送入海底的，正是联合舰队，正因为曾给别人开过刀，所以他们对自己也将被送上手术台这件事，就显得格外敏感。

宇垣正处于郁闷之中，他可不会像山本那样温良恭俭让，而是直接用机关枪一样的犀利语调，继续阐述了山本的"下棋论"："一盘棋，败局已定，还一再逞强硬拼，只有没有头脑的笨蛋才会出此下策！"

打人休打脸，骂人休揭短，宇垣却把这两样都占全了。献计者就算真有韩信张良之策，此刻也早就被吓得缩回了肚子。

天快亮了，又不准备打中途岛，这意味着联合舰队不得不吞下失败这一苦果。有人说："就这样撤回去，我们没法向天皇陛下交代啊。"

一提到天皇，众人又习惯性地回复到了老调调，有做羞愧状的，有做悲愤状的，大多数人泪流满面，哭得喉咙哽咽，连气都喘不上来。

山本没有哭，但他也许比哭的人更难过、更痛苦，过了一会儿，他终于开腔，语调缓慢而沉重："交给我，我去向天皇谢罪，责任都在我一个人身上。"

就等这句话了，山本一语已毕，满堂皆散。

"大和"号随后发出了"取消中途岛战役"的信号，并下令各部西撤，离开中途岛的美军制空地域。莱顿曾预计山本会坚持到底，不达目的誓不收兵，但是这一次，他猜错了。

1942 年 6 月 5 日上午，在发现联合舰队西撤后，斯普鲁恩斯即刻衔尾追击。至 6 月 6 日，舰载机终于追上了日军的一对姊妹舰"最上"号、"三隈"号。

这对军舰属于重型巡洋舰，也被人戏称为"骗人巡洋舰"。它们表面按照伦敦海事会议的规定制造，但其实从规格到火力都远超额定标准，珍珠港的任何美国战列舰也没它们那么长，以至于美机纷纷看走了眼，还以为是日本人的战列舰呢。

接到撤退命令时，"最上"号、"三隈"号已经因为相互误撞而受了伤，等于还没起跑，腿上的筋就折了两根，自然难以逃脱追杀。

由于没有零式为之护航，美军飞行员在攻击时几乎是随心所欲，俯冲轰炸时也更加准确有效。

一名飞行员嘀咕着："看，狗日的起火了……打这些鬼子就像瓮中捉鳖，容易得很。"另一名飞行员大喊一声："东条，你个狗东西，把别的军舰也派出来吧，老子照样把它们都一一收拾掉。"

飞行员的通话在航母舰桥上都能监听得到，斯普鲁恩斯听得乐不可支。他知道尼米兹私下里也最爱听这些"大兵语录"，便专门让人抄了一份给尼米兹送去，独乐乐不如众乐乐嘛。

"最上"号、"三隈"号均中了许多炸弹，它们的区别只是，"最上"号经过抢救没沉，而"三隈"号沉了，这是太平洋战争开始以来，除航母外，被击沉的最大一艘日本军舰。

接到弃舰命令后，"三隈"号的主炮指挥官小山正夫选择了切腹自杀。

一个社会对人的道德标准要求过多过高，往往会产生完全相反的效果。美军被俘虏后，虽然并不会硬行对抗，但对于核心机密往往至死都不肯泄露，比如空袭东京时不幸被俘的美军飞行员。由于撬不开他们的嘴巴，日方在很长一段时间里，都搞不清楚美军空袭的具体方式。

日军是反过来，平时看似这个自杀，那个剖腹，但典型毕竟是典型，很多人还得不到这机会呢，而他们一旦被俘，回国后的下场就惨了，等待他们的，不是做英雄，而是当狗熊，无论在社会还是家庭，他们都会遭嫌弃，亲戚朋友没一个看得起。

在心理底线崩溃的情况下，日军俘虏通常都会自报假名，然后什么都愿意说，只要是知道的——被俘前，军官总是命令他们战斗到死，从没有教他们如何当俘虏，自然也没告诉他们哪些不能说或做。

"三隈"号上一个被俘的三等轮机兵就是这样，受审时不仅知无不言，言无不尽，当问到他今后何去何从时，他还坦率地表示更愿意留在美国。

胳膊折在袖子里

1942年6月7日，在败退途中，出师以来一直困扰山本的胃疼病突然痊愈。医生查出是蛔虫所致，吃了几片驱虫药也就好了。

受重创沉没的"三隈"号

肉体的疼痛虽然已经消失，精神的伤口还在滴血。山本走上舰桥，眼睛直勾勾地望着跟随自己的一群幕僚，若有所思地说："潜艇搜索干得不好，这是个大错误。"

没有一个输掉的赌徒会真正自觉自愿地离开赌桌，只要口袋里有一文钱，他都会希望凭此翻本。退至威克岛附近海域后，山本仓促组建了一支"牵制部队"，企图以此为饵，诱使特混舰队进入日军所控制的威克岛火力圈。

可是他的对手太厉害了，弗莱彻和斯普鲁恩斯都在中途岛战役中发挥了很高水准——当然在史学家看来，弗莱彻只是打得好，斯普鲁恩斯却是干得妙，也就是说，在指挥艺术和水准上，斯普鲁恩斯超过了弗莱彻。

斯普鲁恩斯具有一个海军航母舰队司令所需的一切最佳品质。他的脑子从不忽冷忽热，情绪从不忽高忽低，他不仅知道何时该进攻，而且知道何时该停止。最初他不遗余力地猛追，调动所有能攻击的飞机去攻击，但在即将驶入威克岛陆基轰炸机的攻击距离之前，特混舰队便迅速止步，收兵回营了。

这已是斯普鲁恩斯在面对诱惑时，第二次选择放弃，哪怕山本挖空心思为他设置出"稳坐吃三注"的氛围也无济于事。

山本看得目瞪口呆，他想不通斯普鲁恩斯怎么会不上当，会面对一桌看似举手便可搂过来的金钱无动于衷。

其实如果换成其他人来观察，就不难理解了：斯普鲁恩斯从来都不是赌徒，赌徒一定会吃的那一套在他那里完全吃不开。

6月9日，联合舰队实现会师，然而这并不是期待中的胜利会师。经过中途岛一战，日军4艘最精良的航母不复存在，除此之外，还损失了322架飞机、2155名技术优秀且富有实战经验的军事人员，其中包括100多名不可多得的王牌飞行员。

十颗星星也抵不过一轮月亮，在中途岛损失掉的飞行员几乎全是日本海军航空队的精华，日本高层人员透露，此后日本海军航空队的实力便受到极大削弱，而且直到日本战败投降，始终也没有能够恢复到原有水准。

当山本等人亲眼见到这一情景时，哪怕他们原来是铁心铜胆，也不禁又一次黯然神伤。宇垣如此描述自己的观感："我想骂人！"

不过山本很快显示出了个人独有的风度，他专门叮嘱部下："不要责怪南云和草鹿，失败的责任在于我。"

眼看失败已无可挽回，现在纵有十个罪，也只需一人受罚，没有砍两颗头的理，山本选择了让胳膊折在袖子里，倒是南云的一些参谋幕僚自觉无颜前来拜见，他们集体找到草鹿，提出要以自杀为战败赎罪。

草鹿躺在病员舱里，正哀叹自己为什么会如此点背呢，这群人就猛不丁地跑进来，把个草鹿气得倒仰：要死，就自己找个没人的地方切腹好了，干吗要嚷嚷到全世界都知道？

草鹿熬油似的熬到一大把年纪，什么名堂没见过，他两眼冒火，先狠狠将对方训斥了一通，然后大气凛然地当众宣布："我反对自杀，你们一个个都像疯婆娘！"

自杀在日本文化里几乎就代表着高尚，看到幕僚长连高尚都抨击起来，众人都傻了眼。

草鹿用一种鄙夷的眼光看着部下："当初轻取小胜你们就无比激动，现在一打败仗就慷慨激昂地要去自杀。仗还没打完呢，现在是说这话的时候吗？你们为什么不想想怎样反败为胜？"

给草鹿一揭老底，抓乖卖俏之辈个个面红耳赤，关于自杀的议论很快便自动消失。

草鹿将伤口包扎好后，便去找南云。他知道这位老兄的脾气，就怕南云被外面这些风言风语逼着，做出些不上路的事。

果然南云正愁眉苦脸，锯嘴葫芦一样地闷坐着，看样子也不想死，只是人言可畏，不能不做作一下。

草鹿又把惜身为国，拼全力再战斗之类的大道理复述了一遍。南云听完之后说了一句："你讲得很有道理，可是你必须明白，我作为机动部队的司令长官，所做的事不一定都要合乎道理。"

草鹿这个郁闷，都什么时候了，真以为你还是受了封诰的千金小姐哪？

他看人下菜碟，干脆揭了南云身上自披的画皮："得了吧，司令长官，你这叫失败主义情绪，对眼下局势没有任何益处。"

草鹿的这句话挺有效，当着真人的面，南云马上就不敢再装了："好吧，我绝不鲁莽行事。"

中途岛战役，奉命攻击"三隈"号的 SBD"无畏"生还，

当天，草鹿、源田等人被召至"大和"号开会。"大和"号上的山本、宇垣都穿着一身颇为清爽悦目的纯白军装，而草鹿、源田尚未脱去作战时用的黑色衣服，且个个面容憔悴，两下情景对比之鲜明，给在场人员留下了深刻印象。

草鹿首先表示，他和南云对这次战败负有重大责任，"战斗失策，忍辱接着便郑重其事地请求山本给予一点特别关照——让他俩能像以前那样到前线作战，以便"有机会还清这笔旧账"。

真会讲话啊，纵使山本曾经恨得牙根痒痒，忍不住要撕他们的肉吃，此时也只好热泪盈眶地说上两个字："行啊。"

草鹿为人何其老到，见情绪已经营造出来，赶紧抓到理便扎个筏，趁势问山本，南云战败是不是应该以自杀赎罪。

山本回答："不，战败这件事不怪南云，我负全部责任。如果说谁要为中途岛战败剖腹自杀的话，应该是我！"

山本的话，等于给南云和草鹿颁了免死金牌。宇垣站起来，顺着山本的步调，言不由衷地代表联合舰队司令部做了番自我批评，会议结束后，他又亲自把草鹿一行送回"长良"号，并向每个人都馈送了小礼品。

其实在内心里，同为幕僚长，宇垣很看不起草鹿。他在日记中写道："我是在前线的战斗人员，遇到这种情况该怎么办，我的决心早已下定了。"

当官的是没事了，无论山本、宇垣，还是南云、草鹿。南云尽管遭到了日本国内舆论的集中批评，但在山本的力保下，也没有像珍珠港事件中的金梅尔那样遭到免职或处分，乌纱帽照戴不误。

可是等待其他人的，是另外一种境遇。

最关键的一仗

机动部队的残余军舰一靠港，包括舰长在内，船员一律隔离，不准上岸，也不准与舰外的任何人接触。之后，他们没有得到休假，便又匆匆派往日本和太平洋上的前哨基地。

伤员更惨，渊田和大约 500 名伤员先被转移到一艘医院船上，然后又趁着夜晚，街上没有行人的时候上岸，最后沿着一条由警察严密警戒的道路，从后门秘密进入了一家基地医院。

在医院，所有伤员被分在两幢楼里，妻子及家属不能前来探望，也不能打电话和写信。

这是以治疗为名，行监禁之实！爱说爱动的渊田有时甚至觉得自己是被美军俘获了，正关在集中营里受苦。

事情做得如此蝎蝎螫螫，鬼鬼祟祟，不过是为了对伤亡和损失保密而已。闻知中途岛惨败之后，首相东条英机当时就曾指示参谋次长："切不可把消息透露出去，要绝对保密。"

为了把知情者减少到最低限度，除了隔离伤员外，日本政府还把了解战况的军官统统派到偏远地区，有关中途岛战役的文件，不是列为绝密级，就是予以销毁。

有了好事，不等别人说，便你争我抢抓尖儿，有了坏事，也不等别人说，便你一句我一句地说谎话吹牛皮，这是昭和时期日本军方和官方的典型特征。在一份公开发布的战报中，日方声称，中途岛一战，日本海军击沉两艘大型美国航母，取得"划时代的胜利"，日本已由此成为"太平洋上的最强国"。

应该说，这牛吹得还不算很离谱，山口到死还以为他干掉了两艘航母呢，比较出格的是己方损失的统计。海军军令部仗着一张不怕臊的脸，硬说日本只损失了一艘航母及 35 架飞机，几天后，宇垣加了一张补充通知，要求除军令部公报外，在海军内部不准透露有关中途岛的任何信息，这样导致的后果是，连海军自己都对中途岛战役讳莫如深。

乍一看，外面还是亮亮堂堂，体体面面，里面则早已漆黑一团，可谓是香香喷喷在室外，臭臭烘烘在家里。

其实真相是掩盖不了的，而且一旦掩盖真相，公众就难以了解危险逼近的程度，军队也会由此失去继续改进的机会——不承认失败，那么下一次他们还可能继续失败，沿着同样的轨迹。

珍珠港事件后，美国政府的公报在损失一栏里也缩了水，但并不敢缩得太多。在美军军方内部，对所有损失全无隐瞒，有多少列多少，哪怕惨不忍睹，它显示出的，正是一种曾令山本为之不寒而栗的勇气和自信心。

当联合舰队败退的消息已经确凿无疑时，尼米兹相信太平洋舰队已令对手领教了"战争是可怕的"。幕僚拿出一大瓶香槟酒，用海军将领的肩章装饰起来，举行了一场内部庆祝会，太平洋舰队司令部内一片欢声笑语，这是尼米兹及其将士自珍珠港事件以来第一次如此开怀畅饮。

庆祝之余，尼米兹想到了罗彻福特，他派自己的车将罗彻福特接来喝香槟，并当着众人的面夸奖他心目中的情报战奇才："中途岛胜利的主要功劳应该归于这位军官。"

其他有功之臣也一一得到褒奖。尼米兹在将拉姆齐派往中途岛前，曾有承诺，只要中途岛战役结束，就把他调回夏威夷。因为岛上遭到轰炸，海军洗衣房的衣物已全部化为灰烬，所以当拉姆齐回到珍珠港时，身上的衣服还一直没有换过，上面沾满了尘灰和泥土。尼米兹盯了拉姆齐一会儿，低声说："我知道，你身上全是……嗯……全是鹰，也许你会喜欢这些银鹰的。"说罢，他当即把晋升拉姆齐为上校的推荐书拿了出来。

让尼米兹赞不绝口的，非斯普鲁恩斯莫属。斯普鲁恩斯既不乏哈尔西式的大胆，又具有弗莱彻式的谨慎，可以说把二者的优点都结合在了一起，但又没有上述二将的缺点，这样的指挥官，正是尼米兹非常需要的，他甚至把斯普鲁恩斯比作美国南北战争时期的名将格兰特。

中途岛战役，一架飞过"约克城"号的日军舰载机

在太平洋舰队正式发布的公报中，

尼米兹宣布："珍珠港现在得到了部分雪耻。尽管日本海上力量并没有完全丧失战斗力，我们还不算彻底报仇，但如果说雪耻之路已差不多走到中途，也许还不算过分吧。"

这的确是太平洋战争中最关键的一仗。在珍珠港事件后刚刚 6 个月，美军就放下了盾，拿起了剑，更重要的是，他们还获得了宝贵的调整时间，在新的美军航母服役之前，日本海军已无能力发动大规模战役，山本希望及早与美军决战的梦想就此化为泡影，他只能眼睁睁地看着美国人建造的舰艇越来越多，并逐渐超过日本。

不过战争并没有就此结束。宇垣曾说过一句非常精辟的话，"战争是不可预测的"，在通往胜利的道路上，美国至多才走到中途而已，它还必须举着刀枪剑戟，在波涛汹涌、浊浪排空的太平洋上继续厮杀。

参考文献

［1］立平，其明. 山本五十六亲历记［M］. 北京：国防大学出版社，1995.

［2］加藤正秀. 山本五十六［M］. 郭宏军. 译. 北京：京华出版社，2008.

［3］法眼晋作. 二战期间日本外交内幕［M］. 袁靖，等. 译. 北京：中国文史出版社，1993.

［4］赵鲁杰. 东条英机亲历记［M］. 北京：国防大学出版社，1995.

［5］实松让. 情报战［M］. 王云辅，杨坚，张林. 译. 南京：江苏人民出版社，1981.

［6］实松让. 偷袭珍珠港前的365天［M］. 史人. 译. 上海：上海译文出版社，1980.

［7］吉川猛夫. 潜伏珍珠港———一个日本间谍的回忆［M］. 巩长金. 译. 北京：解放军出版社，1986.

［8］约翰·托兰. 美国的耻辱———珍珠港事件内幕［M］. 李殿昌，郝名玮，等. 译. 北京：中国广播电视出版社，1994.

［9］李安华. 珍珠港事件的"魔术"背景［J］. 军事历史，2001（4）；62-65.

［10］服部卓四郎. 大东亚战争全史［M］. 辽宁大学日本研究所. 译. 北京：商务印书馆，1984.

［11］日本历史学研究会. 太平洋战争史［M］. 金锋，冷明，孔知行，王炳达，马君雷. 译. 北京：商务印书馆，1962.

［12］伊藤正德. 日军东南亚战史［M］. 蔡茂丰. 译. 昆明：昆明军区司令部二部，1962.

［13］小俣行男. 日本随军记者见闻录［M］. 周晓萌. 译. 北京：世界知识出版

社，1985.

　　［14］中原茂敏.大东亚补给战［M］.中国人民解放军总后勤部.译.北京：解放军出版社，1984.

　　［15］F.C.范·奥斯滕.爪哇海战［M］.钱苏安.译.北京：海洋出版社，1986.

　　［16］斯坦利·约翰斯顿.列克星敦号与珊瑚海海战［M］.相伟建.译.北京：新时代出版社，1991.

　　［17］道格拉斯·麦克阿瑟.麦克阿瑟回忆录［M］.上海师范学院历史系翻译组.译.上海：上海译文出版社，1984.

　　［18］杰弗里·佩雷特.麦克阿瑟［M］.王泳生.译.北京：京华出版社，2004.

　　［19］E.B.波特.尼米兹［M］.伍文雄，等.译.北京：解放军出版社，1987.

　　［20］爱澜.第一次反击——美军第八特混舰队袭击马绍尔群岛（上）［J］.军事历史，2006（3）.

　　［21］戈登·普兰奇，等.中途岛奇迹［M］.王喜六，等.译.上海：上海译文出版社，1991.

　　［22］爱澜.菜鸟们的天空（下）中途岛战役中陆基航空兵的奋战［J］.军事历史，2006（5）.

　　［23］渊田美津雄，奥宫正武.中途岛海战［M］.许秋明.译.北京：商务印书馆，1979.

　　［24］王世忠，武建平.战后日本对中途岛海战失败的反思［J］.军事历史，2001（2）：73-76.